DAY 16   What is the theme of this picture?   p.98

DAY 17   I sow the seeds.   p.104

DAY 18   Where is the toilet?   p.110

DAY 19   Would you like something to eat?   p.116

DAY 20   I play with a toy.   p.122

OVERALL TEST   Day 16~20   p.128

DAY 21   I do the laundry.   p.130

DAY 22   I want to be a police officer in the future.   p.136

DAY 23   Attention, please.   p.142

DAY 24   We are in a fairy tale world.   p.148

DAY 25   This size is too big.   p.154

OVERALL TEST   Day 21~25   p.160

DAY 26   Which season do you like?   p.162

DAY 27   How do you feel today?   p.168

DAY 28   I have a sore throat.   p.174

DAY 29   What's your address?   p.180

DAY 30   I observe this insect.   p.186

OVERALL TEST   Day 26~30   p.192

차례

DAY 01 My lips touch his forehead.

NAME :　　　　　DATE :　.　.　.　　　　　GOAL : 필수 10 / 추가 10

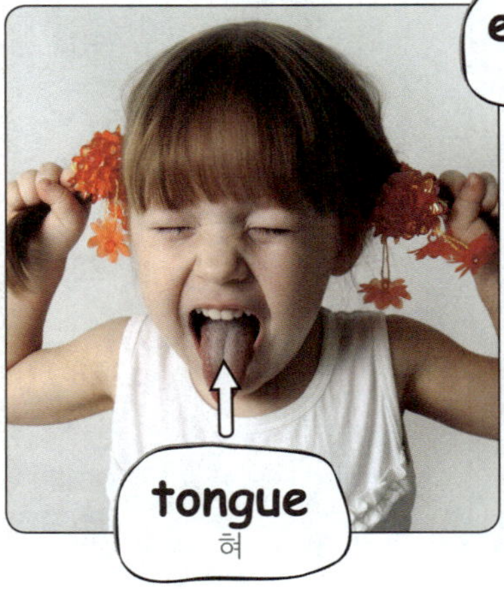

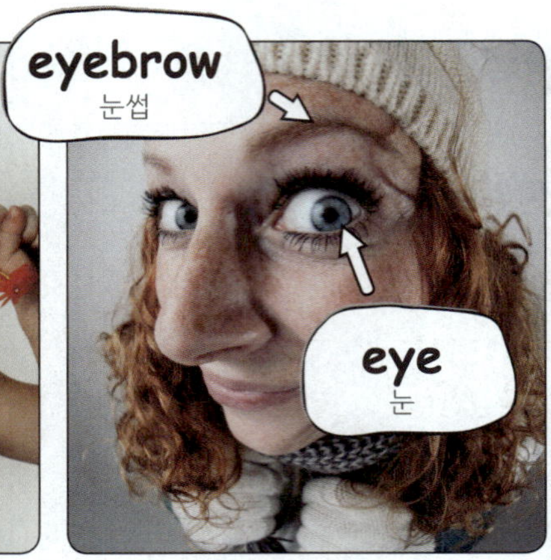

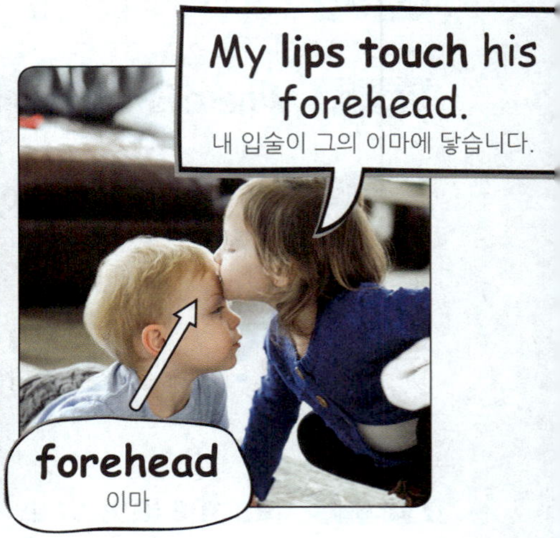

0001

tongue

[tʌŋ] 혀

☆초등필수☆

0002

eye

[ai] 눈

0003

eyebrow

[aibrau] 눈썹

0004

forehead

[fɔ́ːrhèd] 이마

☆초등필수☆

0005

lip

[lip] 입술

☆초등필수☆

0006 **touch** touch t t

[tʌtʃ] 만지다

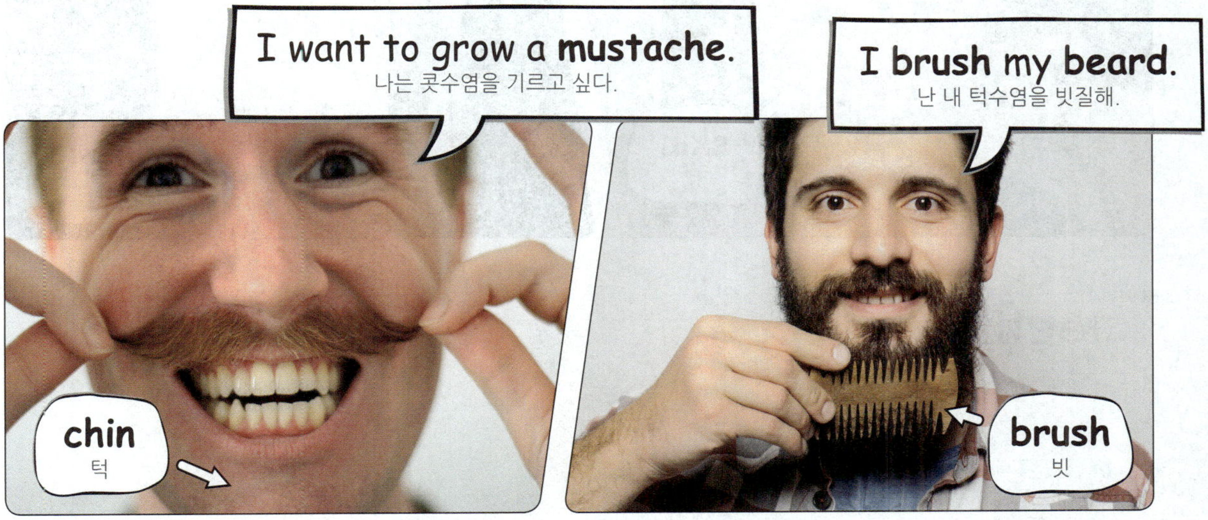

0007 **mustache** mustache m m

[mʌstæʃ] 콧수염

☆초등필수☆

0008 **guy** guy g g

[gai] 남자

0009 **beard** beard b b

[biərd] 턱수염

☆초등필수☆

0010 **brush** brush b b

[brʌʃ] 빗/ 빗질하다

0011 **chin** chin c c

[tʃin] 턱

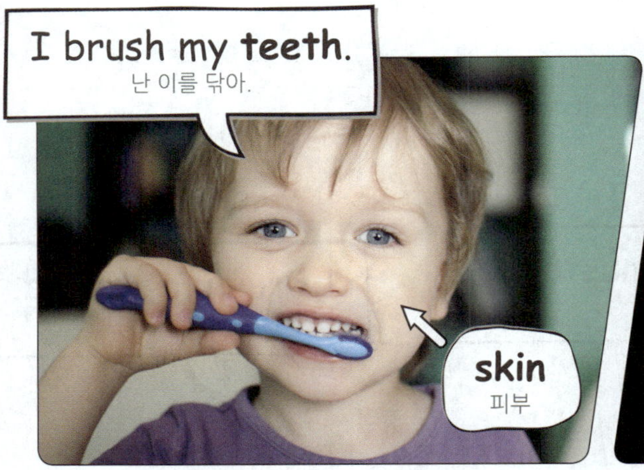

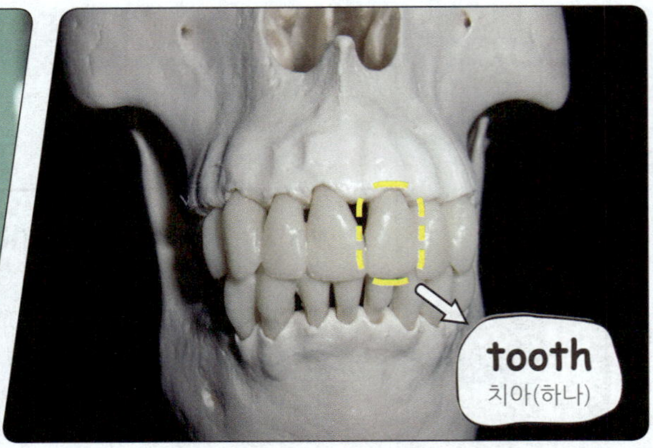

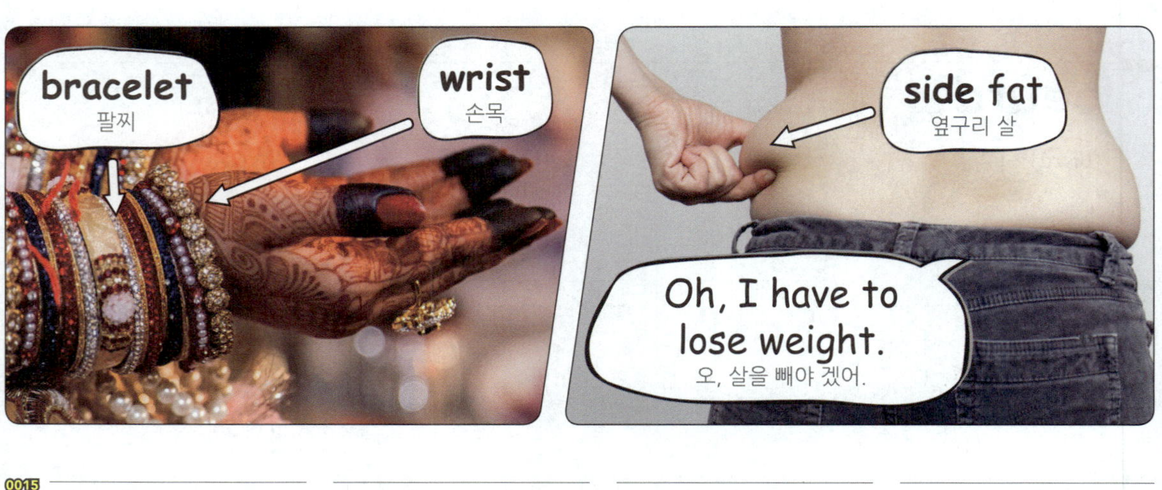

0012 **teeth** teeth t t

[ti:θ] 치아 (여러 개)

☆초등필수☆

0013 **tooth** tooth t t

[tu:θ] 치아 (하나)

☆초등필수☆

0014 **skin** skin s s

[skin] 피부

0015 **wrist** wrist w w

[rist] 손목

0016
bracelet

[bréislit] 팔찌

0017
side

[said] 옆구리

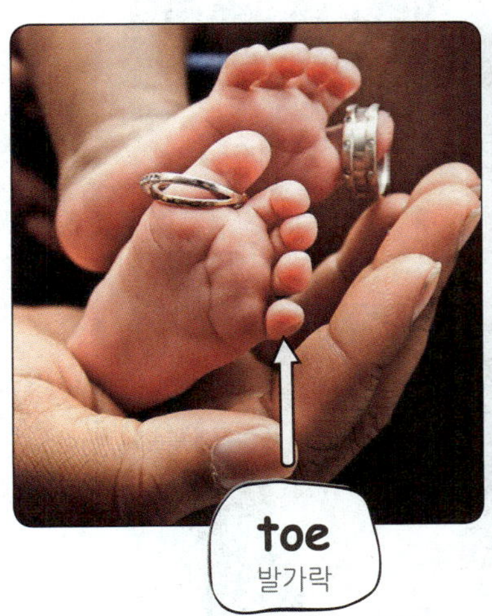

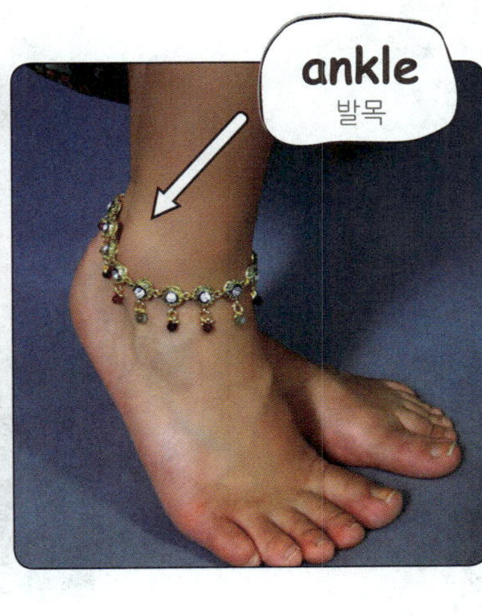

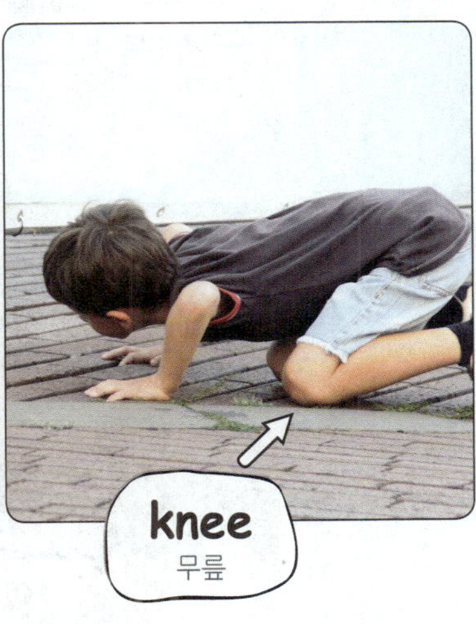

0018
toe

[tou] 발가락

0019
ankle

[ǽŋkl] 발목

0020
knee

[ni:] 무릎

DAY 01 Activity

A. 다음 사진과 설명을 보고 연상되는 영어 단어나 우리말 뜻을 고르세요.

1.

ⓐ 혀   ⓑ 입술

2.

ⓐ eyebrow   ⓑ lip

3.

ⓐ mustache   ⓑ beard

4.

ⓐ 눈꺼풀   ⓑ 피부

5.
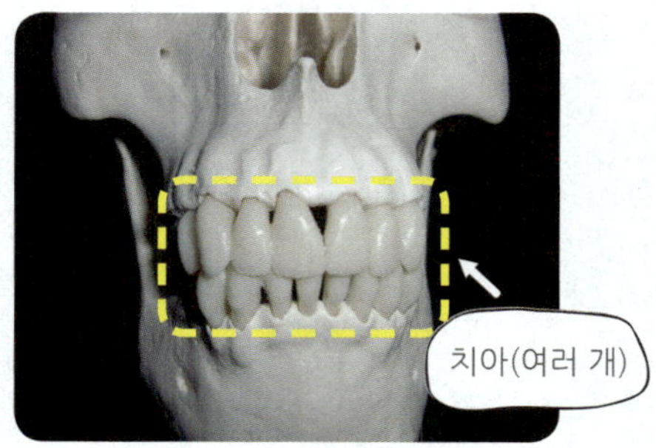

ⓐ teeth   ⓑ ankle

6.

ⓐ wrist   ⓑ knee

B. 우리말에 맞도록 주어진 알파벳으로 시작하는 단어를 써 보세요.

7. 이건 내 **눈썹**이야.　　This is my e___________.

8. 이건 내 **눈**이야.　　This is my e___________.

9. 이건 내 **턱수염**이야.　　This is my b___________.

10. 이건 내 **피부**야.　　This is my s___________.

11. 이건 내 **발가락**이야.　　This is my t___________.

12. 이건 내 **발목**이야.　　This is my a___________.

13. 이건 내 **무릎**이야.　　This is my k___________.

C. 다음 우리말을 보고 알맞은 영어 단어의 철자를 써 보세요.

14. 혀　　| t | o | | | u | |

15. 이마　　| f | | | e | h | e | |

16. 입술　　| l | | |

17. 만지다　　| | o | u | |

18. 남자　　| | | y |

19. 치아 (하나)　　| t | o | | |

20. 턱　　| | | i | n |

DAY 02 Let me introduce myself.

 NAME : DATE : . . . GOAL : 필수 8 / 추가 12

☆초등필수☆

0021
introduce
[ìntrədjúːs] 소개하다

0022
myself
[maisélf] 내 자신

☆초등필수☆

0023
from
[frəm] ~로부터

0024
shake
[ʃeik] 흔들다

0025
shake hands
[ʃeik hændz] 악수하다

0026

miss

miss   m   m

[mis] 그리워하다

0027

What's up?

What's up?   W

[*h*wəts ʌp] 요즘 어때?

0028

Excuse me.

Excuse me.   E

[ikskjúːz mi] 실례합니다.

0029

How about you?

How about you?

[hau əbáut ju] 너는 어때?

0030

Sure.

[ʃuər] 물론이죠.

0031

My pleasure.

[mai pléʒər] 저도 기뻐요.

0032

take care of

[teik kɛər əv] ~을 돌보다

☆초등필수☆

0033

thank

[θæŋk] 감사하다

☆초등필수☆

0034

may

[mei] ~ 해도 되다

☆초등필수☆

0035

help

[help] 돕다

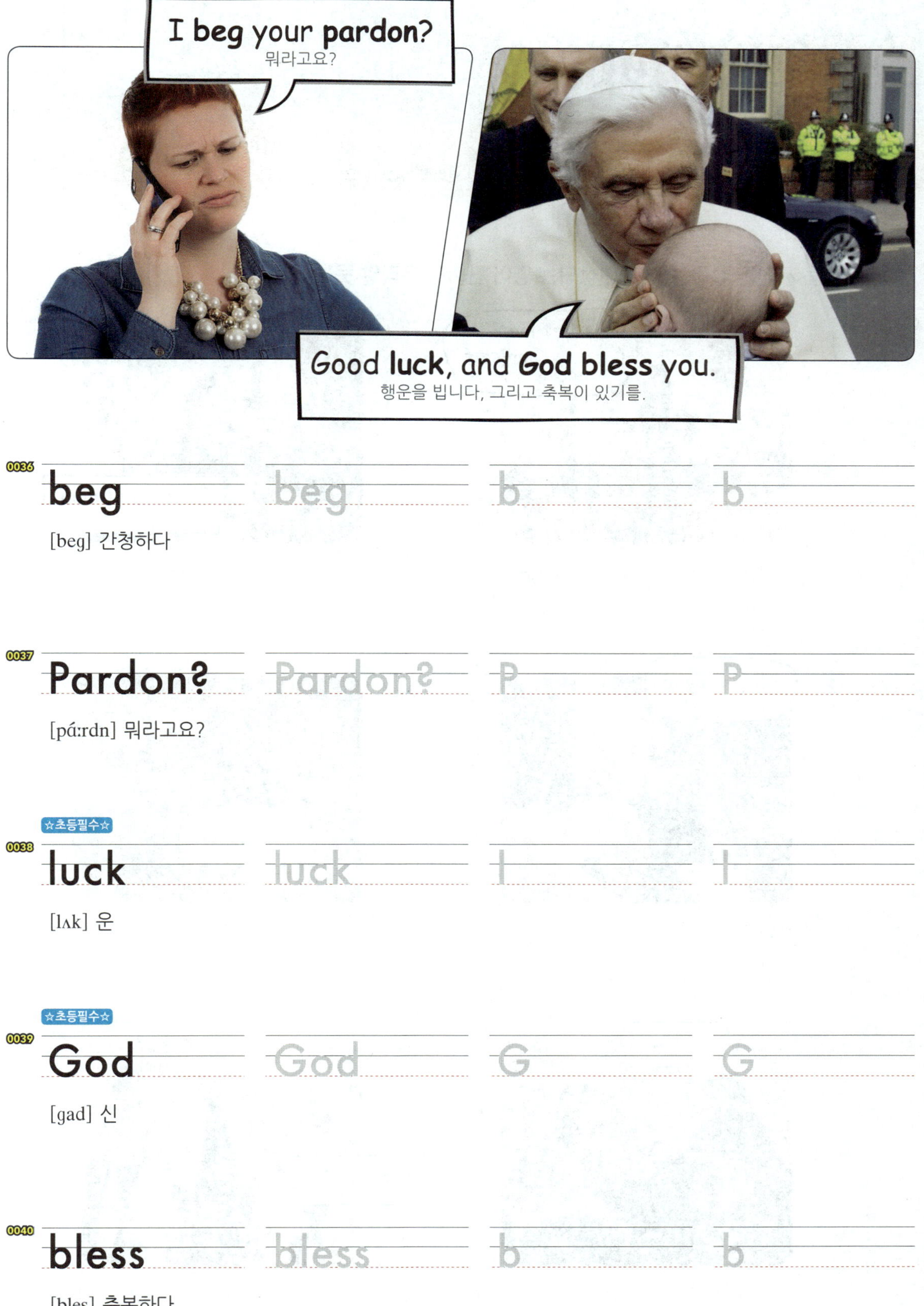

0036

beg
beg b b

[beg] 간청하다

0037

Pardon?
Pardon? P P

[páːrdn] 뭐라고요?

☆초등필수☆

0038

luck
luck l l

[lʌk] 운

☆초등필수☆

0039

God
God G G

[gad] 신

0040

bless
bless b b

[bles] 축복하다

DAY 02 Activity

A. 다음 사진과 설명을 보고 연상되는 영어 단어나 우리말 뜻을 고르세요.

1.

ⓐ help　　　ⓑ introduce

2.

ⓐ may　　　ⓑ from

3.

ⓐ shake　　　ⓑ miss

4.

ⓐ 실례합니다.　　　ⓑ 요즘 어때?

5.

ⓐ Pardon?　　　ⓑ How about you?

6.

ⓐ What's up?　　　ⓑ May I help you?

B. 우리말에 맞도록 주어진 알파벳으로 시작하는 단어를 써 보세요.

7. 네가 **그리울** 거야. I'll m___________ you.

8. **악수**하자. Let's s___________ h___________.

9. **요즘 어때?** W___________'s u___________?

10. **물론이죠!** S___________!

11. 저도 **기뻐요**. It's my p___________.

12. **고마워요.** T___________ you.

13. **뭐라고요?** I b___________ your p___________?

C. 다음 우리말을 보고 알맞은 영어 단어의 철자를 써 보세요.

14. 돌보다

	a	k			a	e

15. 돕다

	e		p

16. 뭐라고요?

P	a			n	?

17. 운

		c	

18. 신

	o	

19. 소개하다

	n	t		d			

20. 축복하다

		e	s	s

DAY 03 Happy birthday to you!

초2400_4_w3

STEP 1 사진으로 단어/표현 학습하기 　**STEP 2** 음원을 듣고 영단어 따라 읽기 　**STEP 3** 손으로 줄에 맞춰 단어 쓰기

NAME :　　　DATE :　.　.　.　　　GOAL : 필수 11 / 추가 9

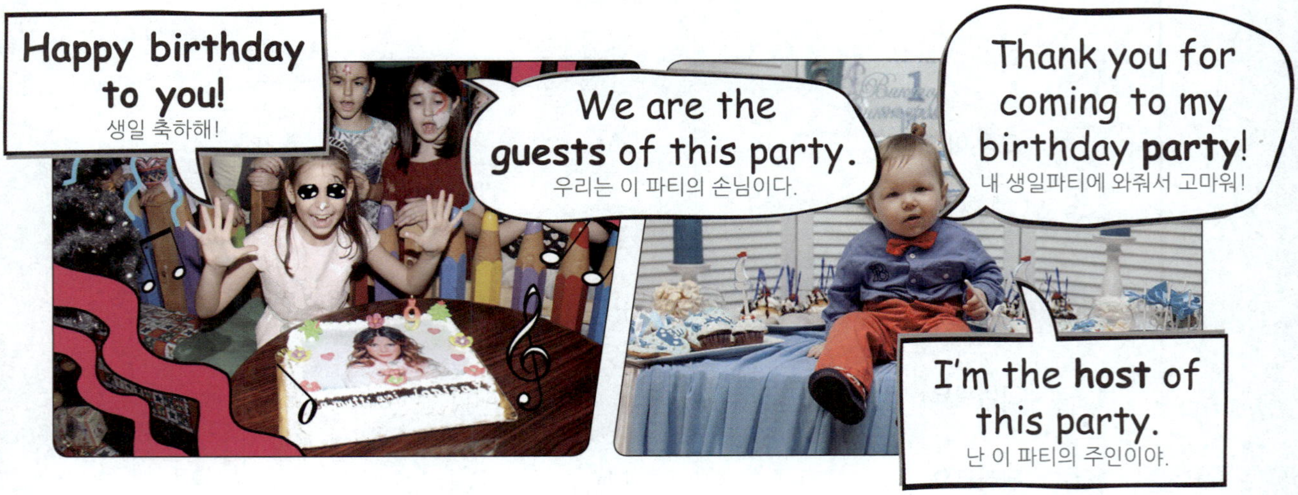

0041

Happy birthday to you.

[hǽpi bə́:rθdèi tu ju] 너의 생일을 축하해.

☆초등필수☆

0042

birthday

[bə́:rθdèi] 생일

0043

guest

[gest] 손님

☆초등필수☆

0044

party

[pá:rti] 파티

0045

host

[houst] (손님을 초대한) 주인

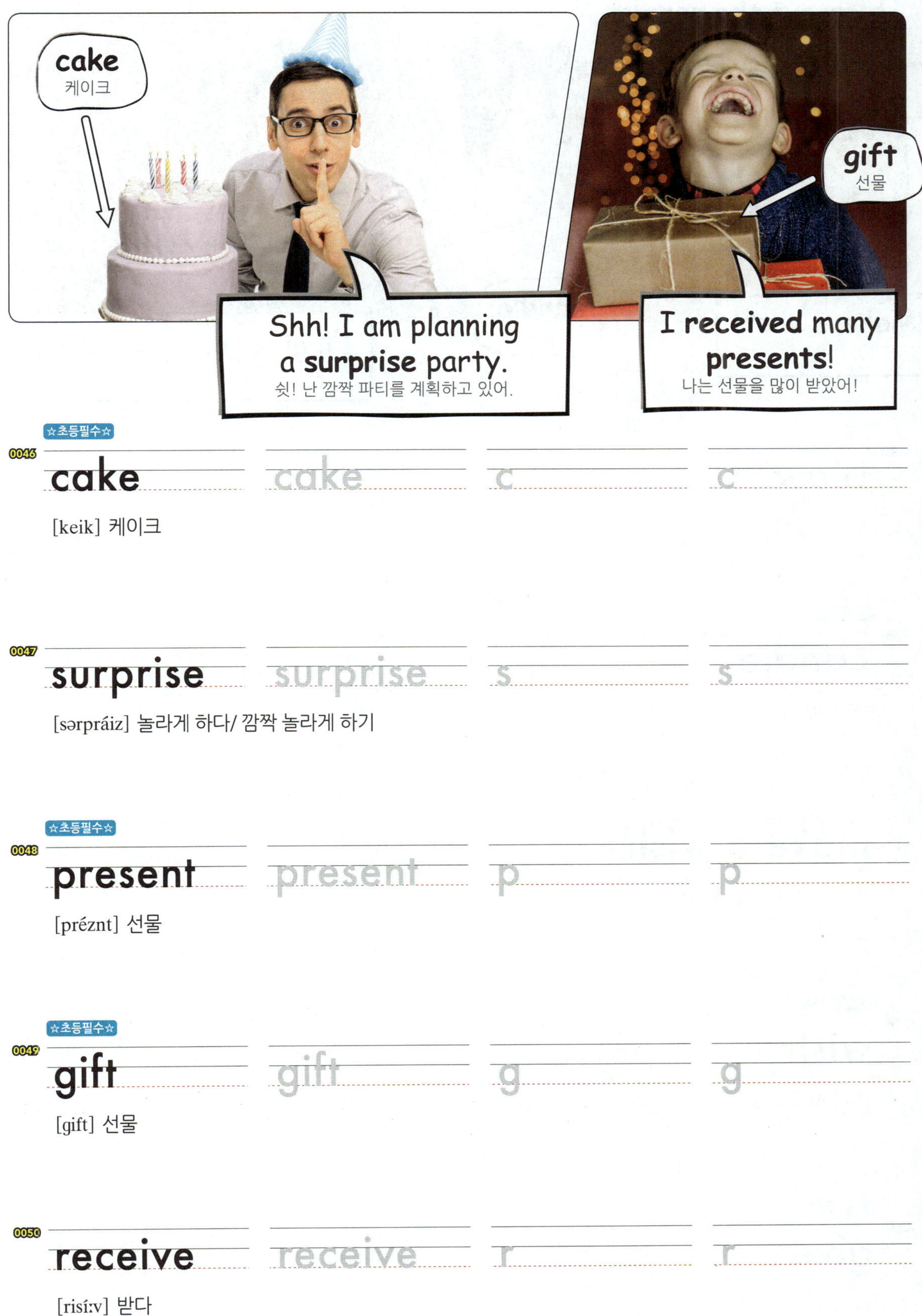

☆초등필수☆

0046 cake   cake   c   c

[keik] 케이크

0047 surprise   surprise   s   s

[sərpráiz] 놀라게 하다/ 깜짝 놀라게 하기

☆초등필수☆

0048 present   present   p   p

[préznt] 선물

☆초등필수☆

0049 gift   gift   g   g

[gift] 선물

0050 receive   receive   r   r

[risíːv] 받다

0051

blow

[blou] 불다

☆초등필수☆

0052

candle

[kǽndl] 양초

0053

make a wish

[meik ə wiʃ] 소원을 빌다

☆초등필수☆

0054

wish

[wiʃ] 소망, 소원

☆초등필수☆

0055

give

[giv] 주다

☆초등필수☆

0056

invite

invite

[inváit] 초대하다

0057

invitation

invitation

[ìnvitéiʃən] 초대

☆초등필수☆

0058

card

card

[ka:rd] 카드

0059

congratulation

congratulation

[kəngrætʃuléiʃən] 축하

☆초등필수☆

0060

age

age

[eidʒ] 나이

DAY 03 Activity

A. 다음 사진과 설명을 보고 연상되는 영어 단어나 우리말 뜻을 고르세요.

1.

ⓐ birthday   ⓑ party

2.

ⓐ 선물   ⓑ 주인

3.

ⓐ gift   ⓑ candle

4.

ⓐ Congratulations!
ⓑ Make a wish!

5.

ⓐ give   ⓑ blow

6.

ⓐ 양초   ⓑ 생일 파티 초대장

B. 우리말에 맞도록 주어진 알파벳으로 시작하는 단어를 써 보세요.

7. **생일** 축하해! Happy b__________ to you!

8. 나는 너를 **초대하고** 싶어! I want to i__________ you!

9. 그는 이 파티의 **주인**이야. He is the h__________ of this party.

10. 친구가 내게 **선물**을 주었어. My friend gave me a p__________.

11. 나는 선물을 많이 **받았어**. I r__________d many gifts.

12. **소원**을 빌어! Make a w__________!

13. **촛불**을 꺼! Blow out the c__________s!

C. 다음 우리말을 보고 알맞은 영어 단어의 철자를 써 보세요.

14. 파티 | p | | | t | |

15. 케이크 | | | k | |

16. 놀라게 하다/ 깜짝 놀라게 하기 | s | | | p | r | | s | |

17. 불다 | b | l | | |

18. 주다 | | | i | | e |

19. 나이 | a | | |

20. 카드 | | a | | |

DAY 04 We love the Korean wave.

 NAME :   DATE :   .   .   .   GOAL : 필수 8 / 추가 12

0061

Korean wave

[kərí:ən weiv] 한류

0062

wave

[weiv] 파도

0063

celebrity

[səlébrəti] 유명인

☆초등필수☆

0064

popular

[pápjulər] 인기 있는

☆초등필수☆

0065

fan

[fæn] 팬

☆초등필수☆

0066
group
[gruːp] 무리, 집단

☆초등필수☆

0067
dance
[dæns] 춤/ 춤추다

0068
idol star
[áidl staːr] 아이돌 스타

0069
dancer
[dǽnsər] 춤추는 사람

☆초등필수☆

0070
hero
[hírou] 영웅

0071
perform
[pərfɔ́ːrm] 공연하다

0072
fashion
[fǽʃən] 패션

0073
fashionable
[fǽʃənəbl] 유행하는

☆초등필수☆
0074
model
[mάdl] 모델

☆초등필수☆
0075
sing
[siŋ] 노래하다

0076

singer

singer   s   s

[síŋər] 가수

0077

teenage

teenage   t   t

[tí:nèidʒ] 십대의

0078

musician

musician   m   m

[mju:zíʃən] 음악가

0079

comedian

comedian   c

[kəmí:diən] 코미디언

0080

photographer

photographer

[fətágrəfər] 사진작가

DAY 04 Activity

A. 다음 사진과 설명을 보고 연상되는 영어 단어나 우리말 뜻을 고르세요.

1.

ⓐ 아이돌 스타　ⓑ 한류

2.

ⓐ fan　ⓑ dancer

3.

ⓐ 가수　ⓑ 모델

4.

ⓐ singer　ⓑ dancer

5.

ⓐ musician　ⓑ comedian

6.

ⓐ celebrity　ⓑ photographer

B. 우리말에 맞도록 주어진 알파벳으로 시작하는 단어를 써 보세요.

7. 그녀는 **유명인**이야.   She is a c ___________.

8. 그는 **모델**이야.   He is a m ___________.

9. 그녀는 **가수**야.   She is a s ___________.

10. 그는 **아이돌 스타**야.   He is an i _________ s _________.

11. 그녀는 **음악가**야.   She is a m ___________.

12. 그는 **사진작가**야.   He is a p ___________.

13. 그녀는 **코미디언**이야.   She is a c ___________.

C. 다음 우리말을 보고 알맞은 영어 단어의 철자를 써 보세요.

14. 인기 있는 | p | o | | | l | a | |

15. 공연하다 | p | | | f | | | |

16. 패션 | f | a | | | | n |

17. 춤/ 춤추다 | | | n | c | |

18. 노래하다 | | i | | |

19. 십대의 | t | | | n | a | | |

20. 영웅 | h | | | o | |

DAY 05   We have return tickets.

☆초등필수☆

0081 driver   driver   d   d

[dráivər] 운전사, 기사

0082 return ticket   return ticket   r

[ritə́:rn tíkit] 왕복 티켓

☆초등필수☆

0083 return   return   r   r

[ritə́:rn] 돌아오다

0084 single ticket   single ticket   s

[síŋgl tíkit] 편도 티켓

0085 single   single   s   s

[síŋgl] 하나의

0086

train

[trein] 기차

0087

airplane

[ɛ́ərplèin] 비행기

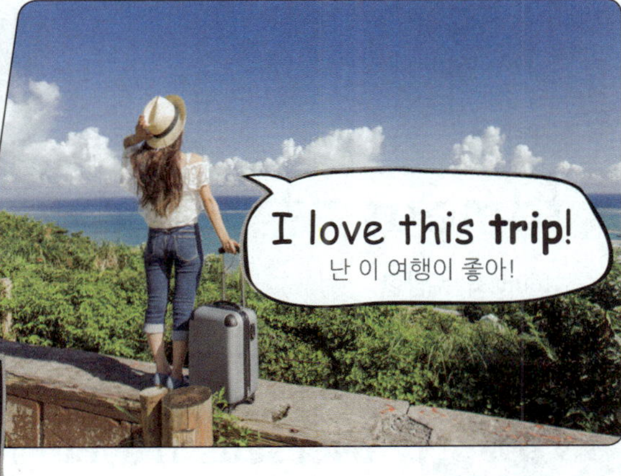

0088

souvenir

[sùːvəníər] 기념품

0089

trip

[trip] 여행

☆초등필수☆

0090

must

must　m　m

[mʌst] ~해야 한다

☆초등필수☆

0091

tour

tour　t　t

[tuər] 관광

0092

tourist attraction

tourist attraction

[túərist ətrǽkʃən] 관광명소

☆초등필수☆

0093

famous

famous　f　f

[féiməs] 유명한

0094

overseas

[óuvərsiːz] 해외의

0095

overseas travel

[óuvərsiːz trǽvəl] 해외 여행

0096

local

[lóukəl] 그 지역의

0097

local food

[lóukəl fuːd] 그 지역의 음식(토속음식)

0098

fill out

[fil aut] 작성하다

0099

form

[fɔːrm] 양식

0100

sightseeing

[sáitsìːiŋ] 관광

DAY 05 Activity

A. 다음 사진과 설명을 보고 연상되는 영어 단어나 우리말 뜻을 고르세요.

1.

ⓐ driver   ⓑ tourist

2.

ⓐ 왕복 티켓   ⓑ 편도 티켓

3.

ⓐ 해외   ⓑ 국내

4.

ⓐ local food   ⓑ souvenir

5.

ⓐ tourist attraction
ⓑ airplane

6.
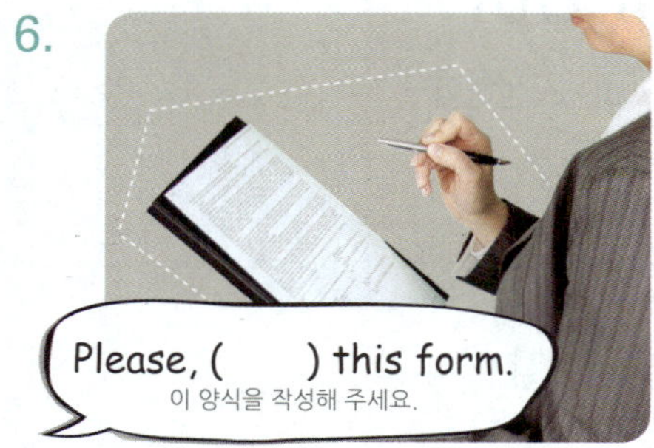

ⓐ return   ⓑ fill out

B. 우리말에 맞도록 주어진 알파벳으로 시작하는 단어를 써 보세요.

7. 우린 **편도** 티켓을 갖고 있어.   We have s__________ tickets.

8. 우린 **왕복** 티켓을 갖고 있어.   We have r__________ tickets.

9. 난 **기차**가 좋아!   I love t__________s!

10. 난 **비행기**가 좋아!   I love a__________s!

11. 이건 내 첫 번째 **해외 여행**이야.   It's my first o__________ t__________.

12. 난 **그 지역의 음식**을 좋아해.   I like l________ f________.

13. 우리 **관광**하자!   Let's go s______________!

C. 다음 우리말을 보고 알맞은 영어 단어의 철자를 써 보세요.

14. 유명한 | f | | | o | u | |

15. 하나의 | | | n | g | |

16. ~해야 한다 | | u | |

17. 관광 | t | o | | |

18. 해외의 | o | v | | s | a | |

19. 그 지역의 | | o | c | |

20. 양식 | f | | m | |

▶ 해답 48p

A. 다음 우리말 뜻에 맞는 단어를 괄호 안에서 고르세요.

1. 나는 콧수염을 기르고 싶다. I want to grow a (mustache / beard).

2. 너는 어때? How (from / about) you?

3. 뭐라고요? I (beg / thank) your pardon?

4. 그는 이 파티의 주인이다. He is the (host / gift) of this party.

5. 나는 선물을 많이 받았다. I (gave / received) many presents.

6. 그녀는 가수다. She is a (singer / dancer).

7. 그는 사진작가다. He is a (model / photographer).

8. 나는 왕복 티켓을 갖고 있어. I have a (single / return) ticket.

9. 피사의 사탑은 반드시 봐야 할 관광명소야.
The Tower of Pisa is a must-see tourist (local food / attraction).

B. 아래 영어 단어의 우리말 뜻을 쓰세요.

10. tongue __________	16. knee __________
11. eye __________	17. luck __________
12. blow __________	18. invite __________
13. sing __________	19. teenage __________
14. hero __________	20. driver __________
15. famous __________	21. single __________

C. 빈칸에 알맞은 단어를 찾아 줄로 연결하세요.

22. This is my ________.   •   • help
    이건 내 발목이야.

23. I'll ________ you.   •   • miss
    네가 그리울 거야.

24. May I ________ you?   •   • ankle
    도와드릴까요?

25. Happy ________ to you!   •   • fan
    생일 축하해!

26. I am ycur ________!   •   • fill out
    나는 당신의 팬이에요!

27. He is very ________.   •   • birthday
    그는 매우 인기 있다.

28. Please, ________ this form. •   • popular
    이 양식을 작성해 주세요.

D. 다음 우리말을 보고 알맞은 영어 단어를 써 보세요.

29. 이마   f__________   35. 만지다   t__________

30. 치아(하나)   t__________   36. 감사하다   t__________

31. 흔들다   s__________   37. 소망, 소원   w__________

32. 나이   a__________   38. 음악가   m__________

33. 초대   i__________   39. 해외의   o__________

34. ~해야 한다   m__________   40. 비행기   a__________

DAY 06 Look at the mountain!

 NAME :   DATE :   .   .   .   GOAL : 필수 8 / 추가 12

☆초등필수☆

0101
mountain
mountain   m

[máuntən] 산

0102
cliff
cliff   c   c

[klif] 절벽

0103
steep
steep   s   s

[sti:p] 가파른

0104
stream
stream   s   s

[stri:m] 개울

☆초등필수☆

0105
flow
flow   f   f

[flou] 흐르다

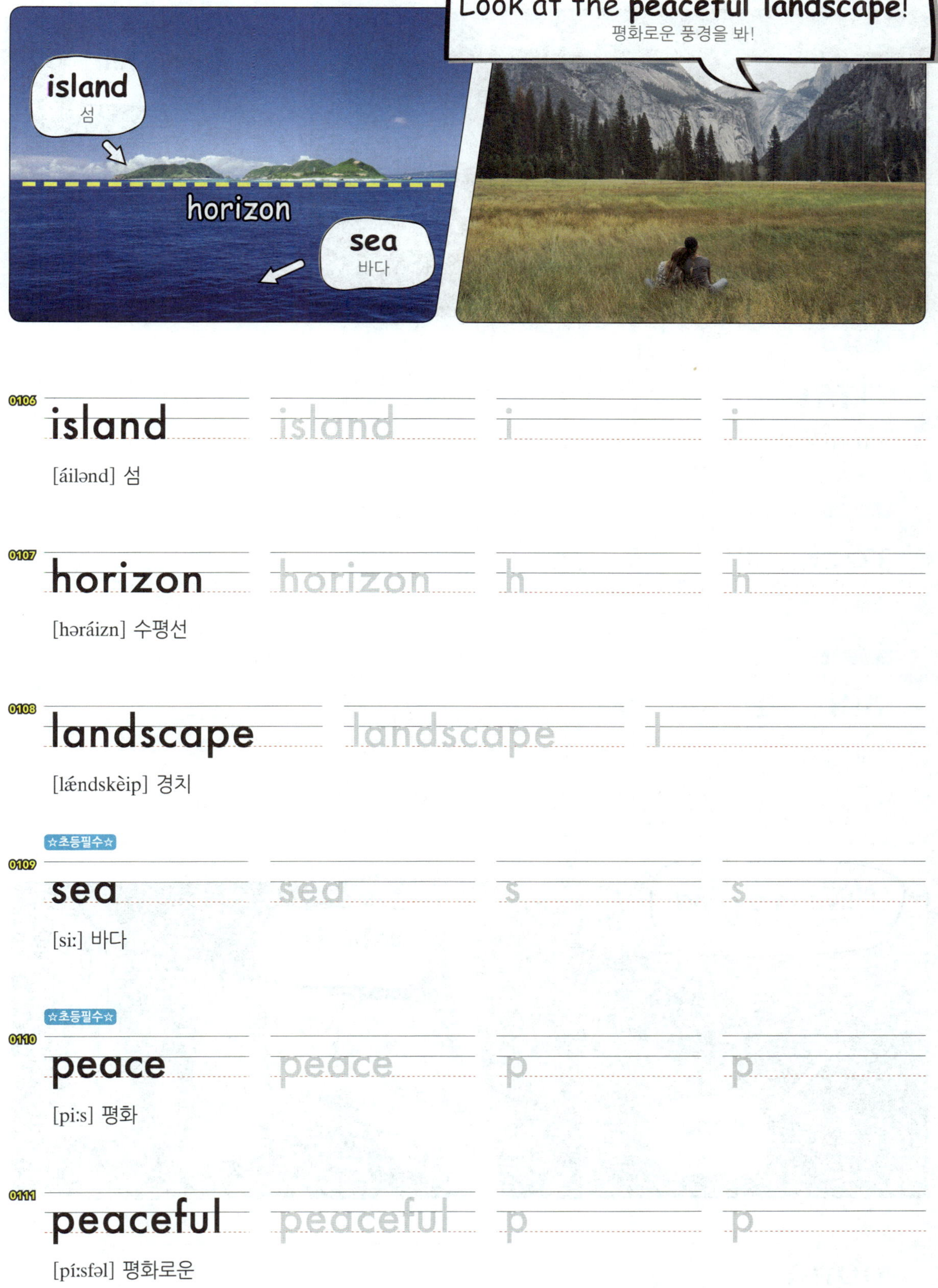

0106
island
island · i · i

[áilənd] 섬

0107
horizon
horizon · h · h

[həráizn] 수평선

0108
landscape
landscape · l

[lǽndskèip] 경치

☆초등필수☆

0109
sea
sea · s · s

[si:] 바다

☆초등필수☆

0110
peace
peace · p · p

[pi:s] 평화

0111
peaceful
peaceful · p · p

[pí:sfəl] 평화로운

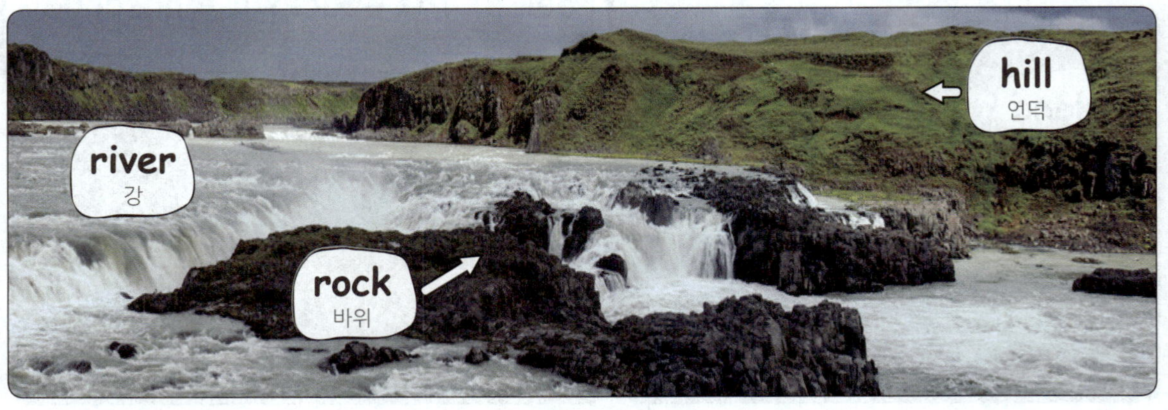

0112

river

[ríver] 강

0113

rock

[rak] 바위

0114

hill

[hil] 언덕

0115

pond

[pa:nd] 연못

0116
waterfall
[wɔ́:tərfɔ̀:l] 폭포

☆초등필수☆

0117
desert
[dézərt] 사막

0118
soil
[sɔil] 흙

0119
North Pole
[nɔːrθ poul] 북극

0120
South Pole
[sauθ poul] 남극

DAY 06 Activity

A. 다음 사진과 설명을 보고 연상되는 영어 단어나 우리말 뜻을 고르세요.

1.

ⓐ 산   ⓑ 바다

2.
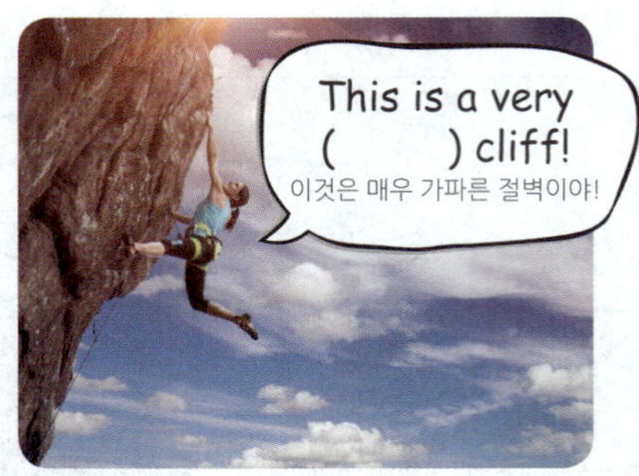

ⓐ peaceful   ⓑ steep

3.

ⓐ horizon   ⓑ waterfall

4.

ⓐ 개울   ⓑ 바다

5.
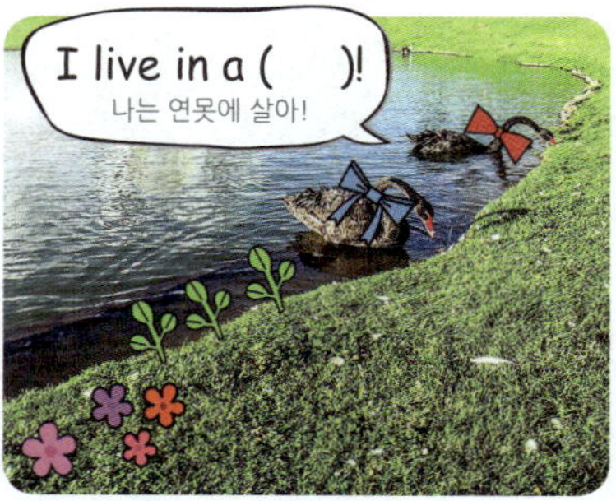

ⓐ pond   ⓑ island

6.

ⓐ soil   ⓑ desert

B. 우리말에 맞도록 주어진 알파벳으로 시작하는 단어를 써 보세요.

7. 물이 빠르게 **흘러**. Water f___________s fast.

8. 이것은 매우 가파른 **절벽**이야. This is a very steep c____________.

9. 수평선에 **섬들**이 있어. There are i____________s on the horizon.

10. 평화로운 **풍경**을 봐! Look at the peaceful l____________!

11. 난 **연못**에 살아. I live in a p________.

12. 저 **강**을 봐. Look at that r________.

13. 그는 **사막**에서 길을 잃었다. He lost his way in the d_________.

C. 다음 우리말을 보고 알맞은 영어 단어의 철자를 써 보세요.

14. 개울

s	t			

15. 바위

		c	k

16. 평화로운

	e	a		e	f		

17. 언덕

h		

18. 폭포

w				f			

19. 북극

N			t	h		P		

20. 남극

S			t	h			o	

DAY 07 I want to ask a question.

NAME : DATE : . . . GOAL : 필수 13 / 추가 7

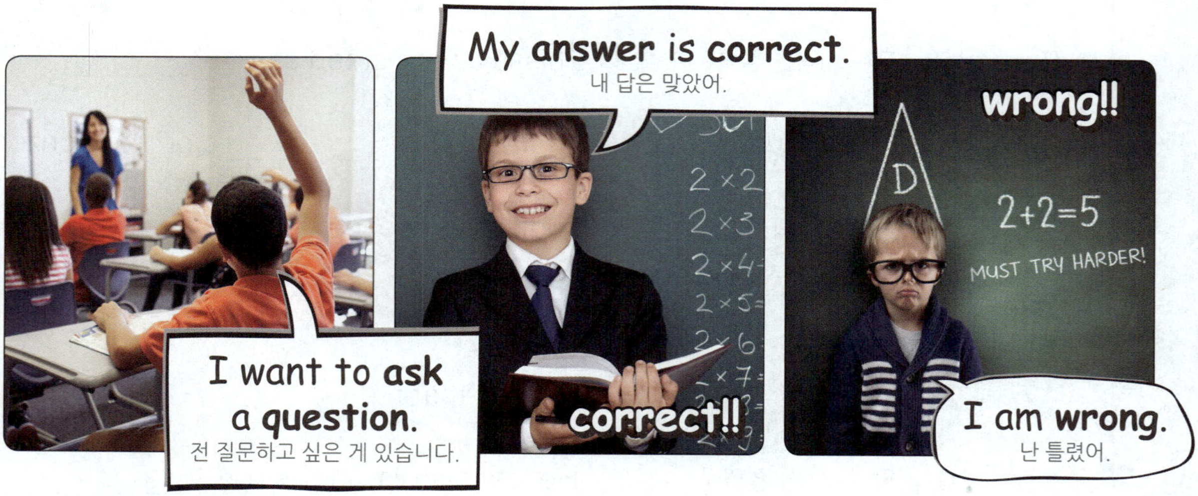

☆초등필수☆

0121
ask

ask a a

[æsk] 묻다

☆초등필수☆

0122
question

question q q

[kwéstʃən] 질문

☆초등필수☆

0123
answer

answer a a

[ǽnsər] 답/ 답하다

0124
correct

correct c c

[kərékt] 정확한

☆초등필수☆

0125
wrong

wrong w w

[rɔ́ːŋ] 틀린

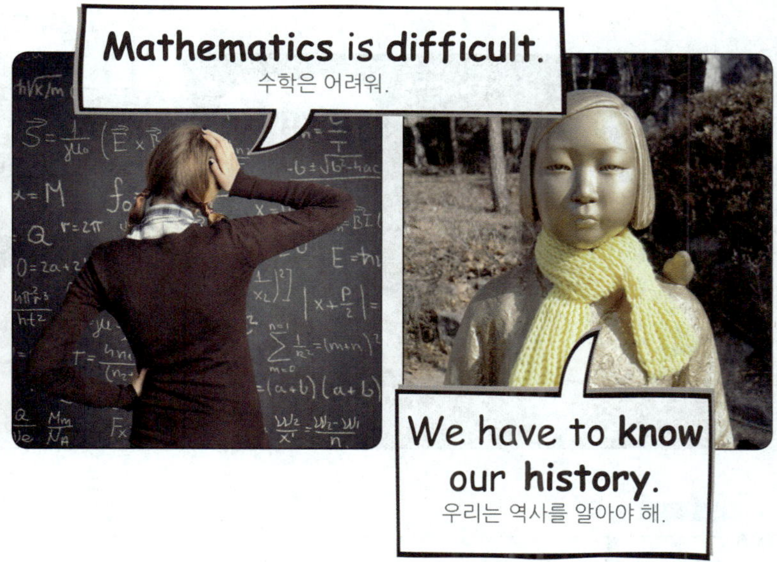

0126
knowledge
knowledge　　k

[nάlidʒ] 지식

☆초등필수☆
0127
know
know　　k　　k

[nou] 알다

☆초등필수☆
0128
subject
subject　　s　　s

[sʌ́bdʒikt] 과목

☆초등필수☆
0129
mathematics
mathematics　　m

[mæθəmǽtiks] 수학

0130
difficult
difficult　　d　　d

[dífikʌlt] 어려운

☆초등필수☆
0131
history
history　　h　　h

[hístəri] 역사

0132
read
[ri:d] 읽다

0133
prepare
[pripέər] 준비하다

0134
review
[rivjú:] 복습

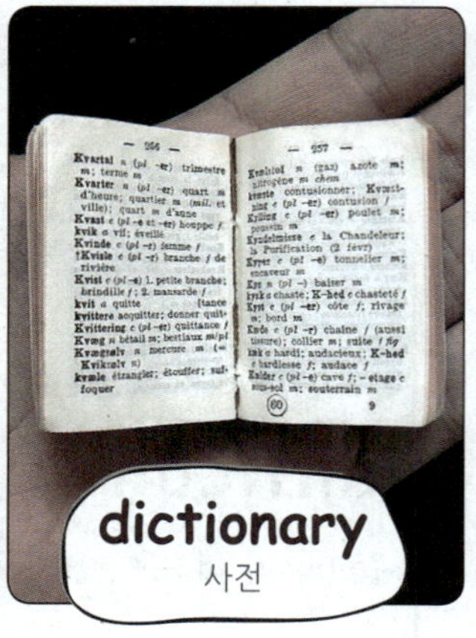

0135
problem
[prábləm] 문제

0136

example

example　　e

[igzǽmpl] 예시, 본보기

0137

learn

learn　　l　　l

[ləːrn] 배우다

0138

dictionary

dictionary　　d

[díkʃənèri] 사전

0139

well

well　　w　　w

[wel] 잘

0140

carefully

carefully　　c　　c

[kɛ́ərfəli] 신중히

DAY 07 Activity

 **다음 사진과 설명을 보고 연상되는 영어 단어나 우리말 뜻을 고르세요.**

1.

ⓐ review   ⓑ ask

2.

ⓐ 틀렸어   ⓑ 맞았어

3.

ⓐ 지식   ⓑ 본보기

4.

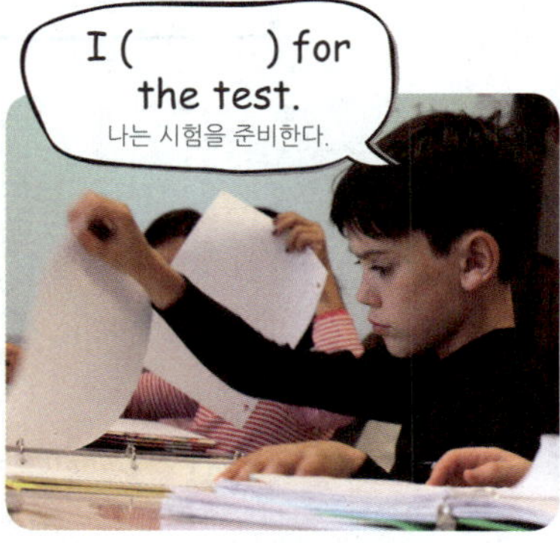

ⓐ History   ⓑ Mathematics

5.

ⓐ know   ⓑ prepare

6.

ⓐ well done   ⓑ carefully

B. 우리말에 맞도록 주어진 알파벳으로 시작하는 단어를 써 보세요.

7. 내 답은 **맞았어**. My answer is c____________.

8. 우리는 역사를 **알아야** 해. We have to k__________ our history.

9. **문제**가 뭐야? What is the p____________?

10. **신중히** 들으세요. Listen c____________.

11. **잘**했어! W________ done!

12. 수학은 **어려워**. Mathematics is d____________.

13. 전 **질문**하고 싶은 게 있어요. I want to ask a q____________.

C. 다음 우리말을 보고 알맞은 영어 단어의 철자를 써 보세요.

14. 답, 답하다 | a | n | | | | |

15. 배우다 | l | | | r | |

16. 예시, 본보기 | | x | a | | | l | |

17. 과목 | s | | b | | e | | |

18. 읽다 | | | | d |

19. 복습 | r | e | | | | |

20. 사전 | d | i | c | | | | | | r | y |

DAY 08 It will be rainy tomorrow.

 NAME :　　　　　　　　　 DATE :　　.　　.　　.　　　　GOAL : 필수 5 / 추가 15

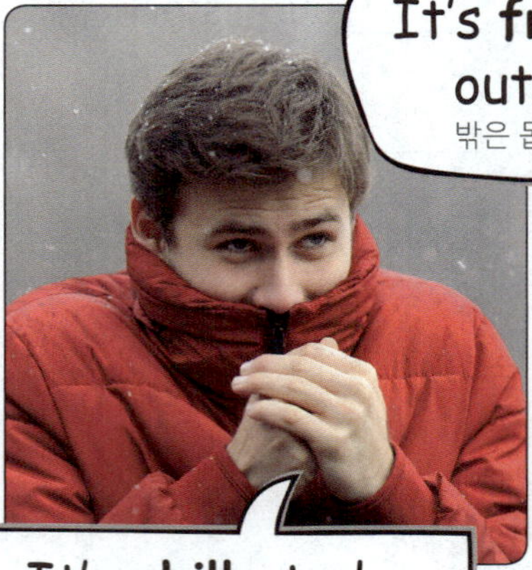

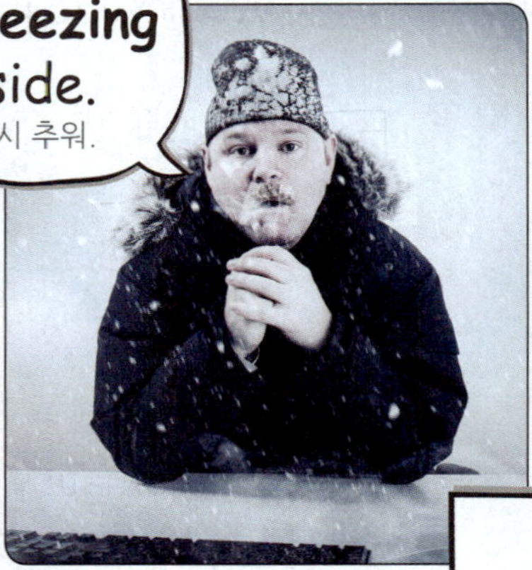

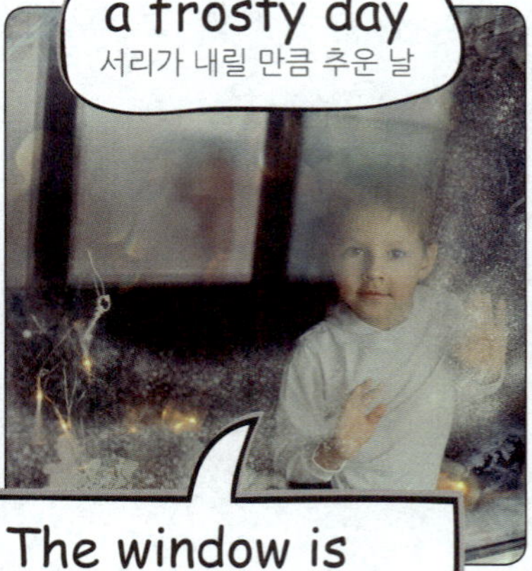

0141 chilly　　chilly　　c　　c

[tʃíli] 쌀쌀한

0142 freezing　　freezing　　f　　f

[frí:ziŋ] 몹시 추운

0143 freeze　　freeze　　f　　f

[fri:z] 얼다

0144 weatherman　　weatherman　　w

[wéðərmæn] 일기예보 아나운서

0145 frost　　frost　　f　　f

[frɔːst] 서리

0146

umbrella
[ʌmbrélə] 우산

0147

weather forecast
[wéðər fɔ́:rkæst] 일기 예보

0148

storm
[stɔːrm] 폭풍

0149

rainy
[réini] 비오는

0150

lightning
[láitniŋ] 번개

0151

thunder
[θʌ́ndər] 천둥치다/ 천둥

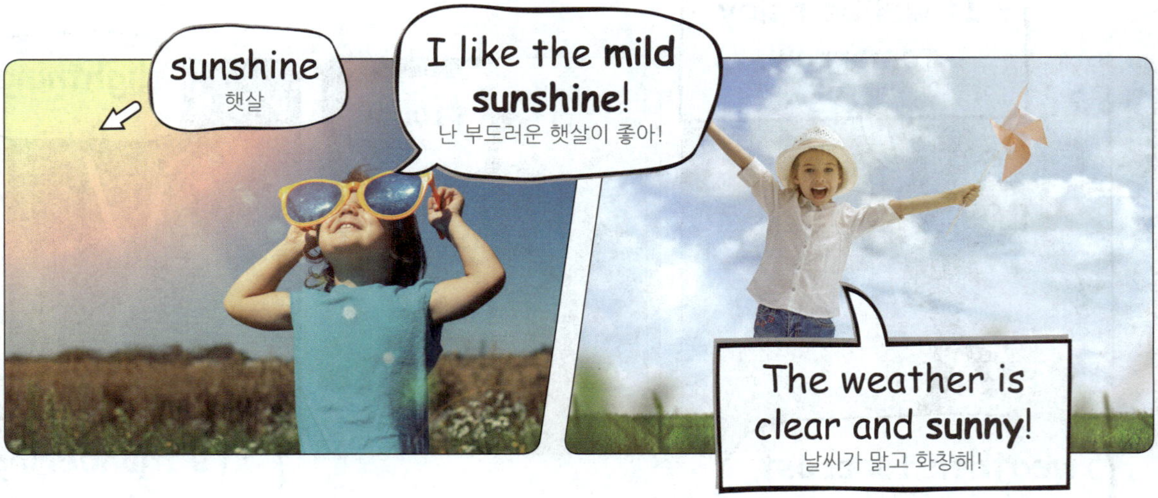

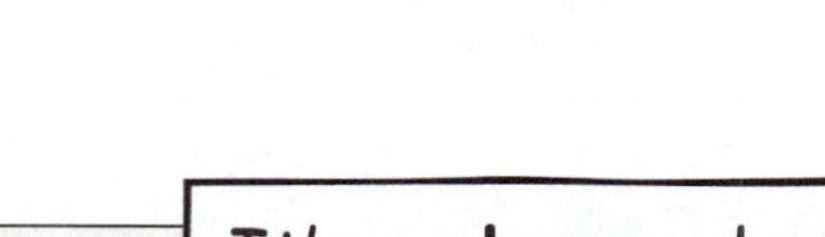

0152 **mild** mild m m

[maild] 부드러운

☆초등필수☆

0153 **sunshine** sunshine s s

[sʌ́nʃàin] 햇살

☆초등필수☆

0154 **sunny** sunny s s

[sʌ́ni] 화창한

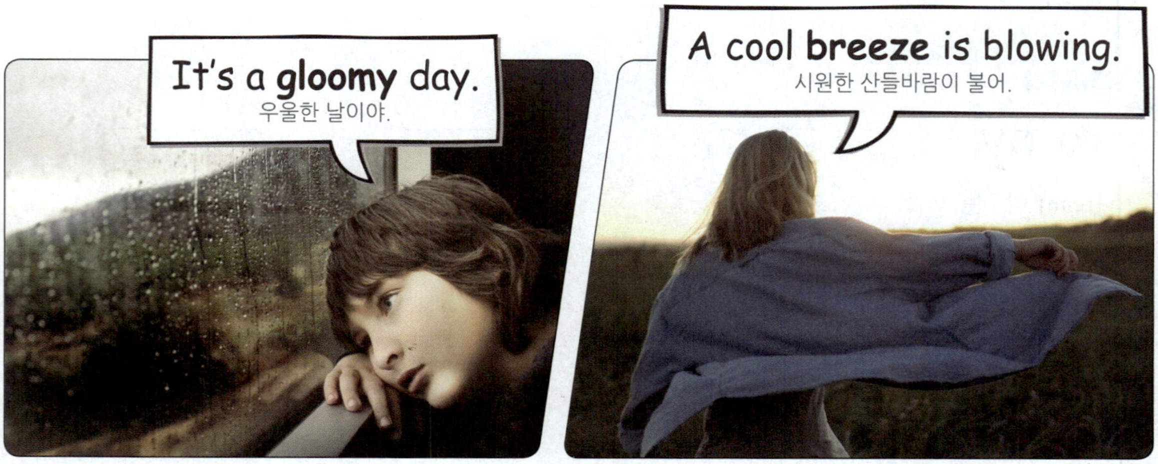

0155 **gloomy** gloomy g g

[glú:mi] 우울한

0156
breeze

[briːz] 산들바람

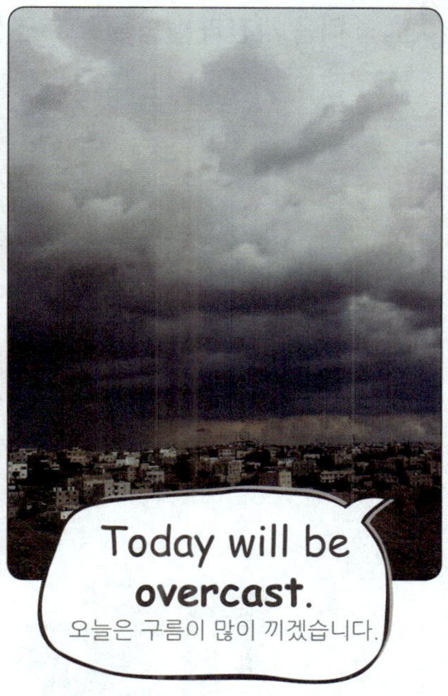

0157
tornado

[tɔːrnéidou] 토네이도

☆초등필수☆

0158
sky

[skai] 하늘

0159
icy

[áisi] 얼어붙은

0160
overcast

[óuvərkæst] 구름이 뒤덮인

DAY 08 Activity

A. 다음 사진과 설명을 보고 연상되는 영어 단어나 우리말 뜻을 고르세요.

1.

ⓐ 쌀쌀해　　　ⓑ 눈이 와

2.

ⓐ 서리　　　ⓑ 우박

3.

ⓐ overcast
ⓑ weather forecast

4.

ⓐ storm　　　ⓑ sunshine

5.

ⓐ mild　　　ⓑ gloomy

6.

ⓐ overcast　　　ⓑ freezing

B. 우리말에 맞도록 주어진 알파벳으로 시작하는 단어를 써 보세요.

7. 오늘은 **쌀쌀해**. It's c__________ today.

8. 밖에 **비가 와**. It's r__________ outside.

9. 창문이 **서리**로 덮여 있어. The window is covered with f__________.

10. 나는 **우산**을 가지고 있어. I have an u__________.

11. 날씨가 **화창해**. It's s__________.

12. 난 **천둥**이 무서워. I'm afraid of t__________.

13. 나는 부드러운 **햇살**이 좋아. I like the mild s__________.

C. 다음 우리말을 보고 알맞은 영어 단어의 철자를 써 보세요.

14. 번개

l			t	n		n	

15. 일기예보 아나운서

w		t	h				

16. 우울한

	l	o			y

17. 산들바람

b	r			e

18. 하늘

s		

19. 얼어붙은

		y	

20. 구름이 뒤덮인

		e	r		a		

DAY 09　There are many animals on the farm.

NAME :　　DATE :　.　.　.　　GOAL : 필수 11 / 추가 9

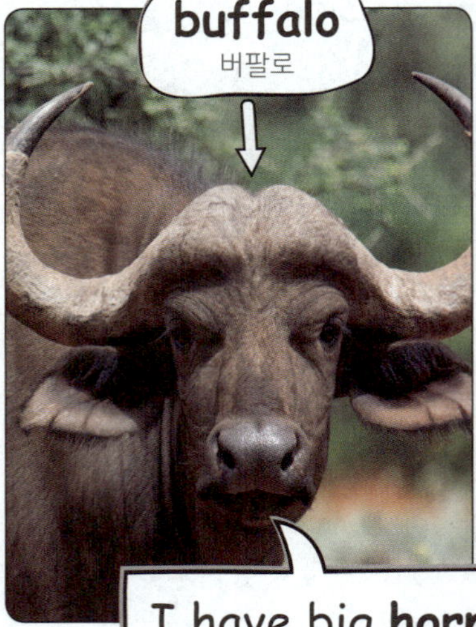

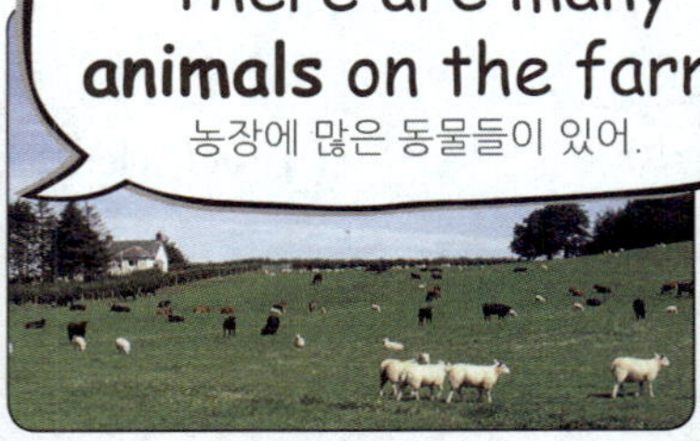

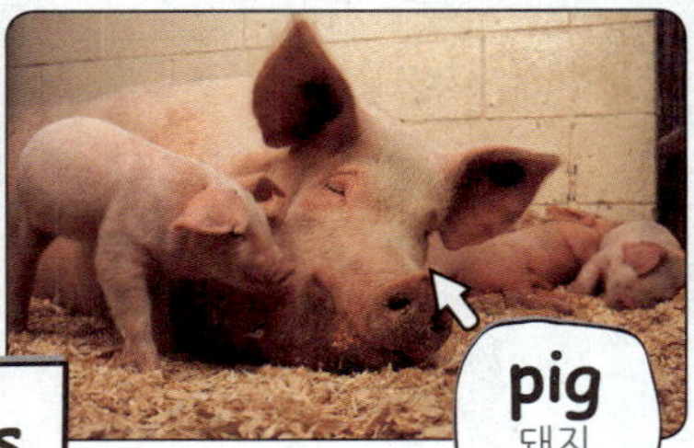

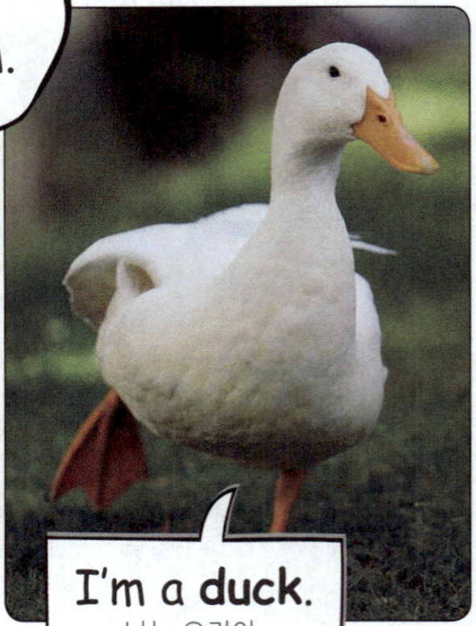

0161 buffalo　buffalo　b　b

[bʌ́fəlòu] 버팔로

0162 horn　horn　h　h

[hɔːrn] 뿔

☆초등필수☆

0163 rabbit　rabbit　r　r

[rǽbit] 토끼

☆초등필수☆

0164 pig　pig　p　p

[pig] 돼지

☆초등필수☆

0165 animal　animal　a　a

[ǽnəməl] 동물

0166 duck   duck   d   d

[dʌk] 오리

0167 cheetah   cheetah   c   c

[tʃíːtə] 치타

0168 tail   tail   t   t

[teil] 꼬리

0169 chicken   chicken   c   c

[tʃíkən] 닭

0170 bird   bird   b   b

[bəːrd] 새

0171 goose   goose   g   g

[guːs] 거위

0172 deer

deer   d   d

[diər] 사슴

0173 leopard

leopard   l   l

[lépərd] 표범

☆초등필수☆

0174 lake

lake   l   l

[leik] 호수

0175 careful

careful   c   c

[kέərfəl] 조심하는

0176
approach

approach   a

[əpróutʃ] 다가가다

0177
beside

beside   b

[bisáid] 옆에

0178
cow

cow   c   c

[kau] 소

0179
cat

cat   c   c

[kæt] 고양이

0180
sheep

sheep   s   s

[ʃi:p] 양

DAY 09 Activity

A. 다음 사진과 설명을 보고 연상되는 영어 단어나 우리말 뜻을 고르세요.

1.

ⓐ 뿔　　　ⓑ 눈

2.

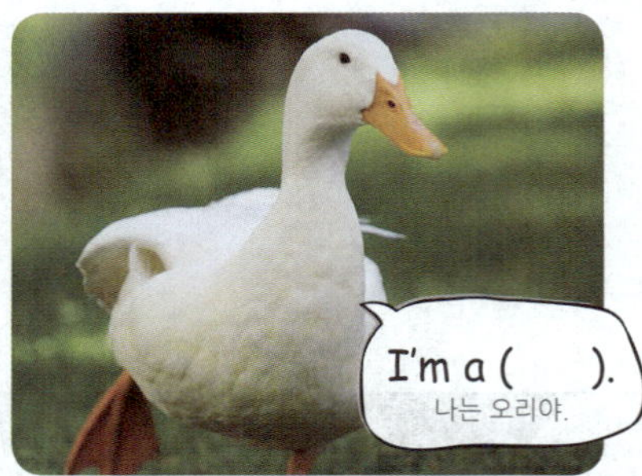

ⓐ duck　　　ⓑ goose

3.

ⓐ pig　　　ⓑ cow

4.

ⓐ cow　　　ⓑ deer

5.

ⓐ beside　　　ⓑ approach

6.

ⓐ sheep　　　ⓑ cheetah

B. 우리말에 맞도록 주어진 알파벳으로 시작하는 단어를 써 보세요.

7. 농장에 많은 **동물들**이 있어.   There are many a__________s on the farm.

8. 나는 **고양이**야.   I'm a c__________.

9. 나는 **버팔로**야.   I'm a b__________.

10. 나는 **돼지**야.   I'm a p__________.

11. 나는 **거위**야.   I'm a g__________.

12. 나는 **치타**야.   I'm a c__________.

13. 나는 **닭**이야.   I'm a c__________.

C. 다음 우리말을 보고 알맞은 영어 단어의 철자를 써 보세요.

14. 뿔 | h | | | n |

15. 꼬리 | | a | | l |

16. 오리 | d | | | |

17. 새 | b | i | | |

18. 사슴 | | e | | |

19. 양 | | | e | | p |

20. 조심하는 | c | | r | e | | | |

DAY 10 It's my first step.

초2400_4_w10

| STEP 1 사진으로 단어/표현 학습하기 | STEP 2 음원을 듣고 영단어 따라 읽기 | STEP 3 손으로 줄에 맞춰 단어 쓰기 |

NAME :　　　　　DATE :　　.　　.　　.　　GOAL : 필수 13 / 추가 7

☆초등필수☆

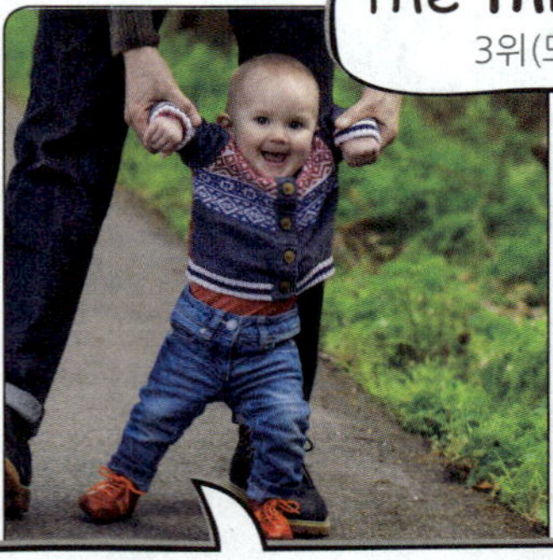

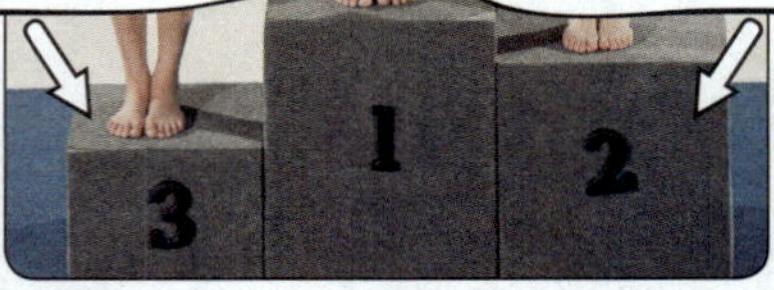

0181
first
first　　f　　f

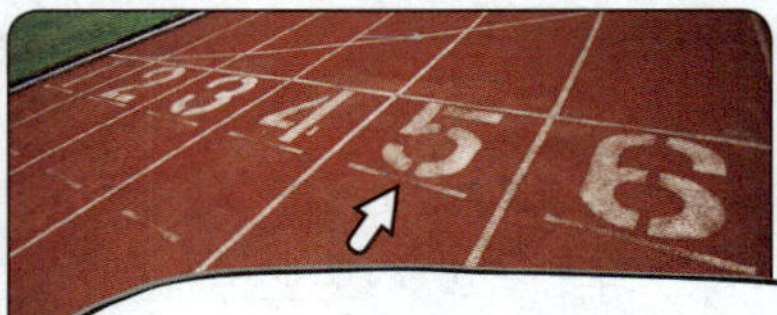

[fə:rst] 첫 번째의

☆초등필수☆

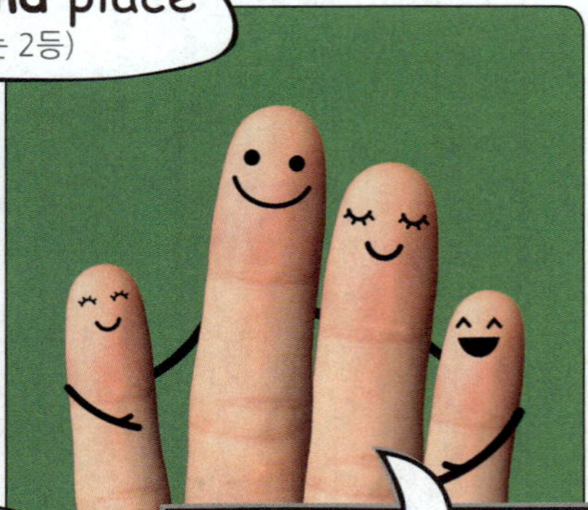

0182
second
second　　s　　s

[sékənd] 두 번째의

☆초등필수☆

0183
third
third　　t　　t

[θə:rd] 세 번째의

☆초등필수☆

0184
fourth
fourth　　f　　f

[fɔ:rθ] 네 번째의

☆초등필수☆

0185
fifth
fifth　　f　　f

[fifθ] 다섯 번째의

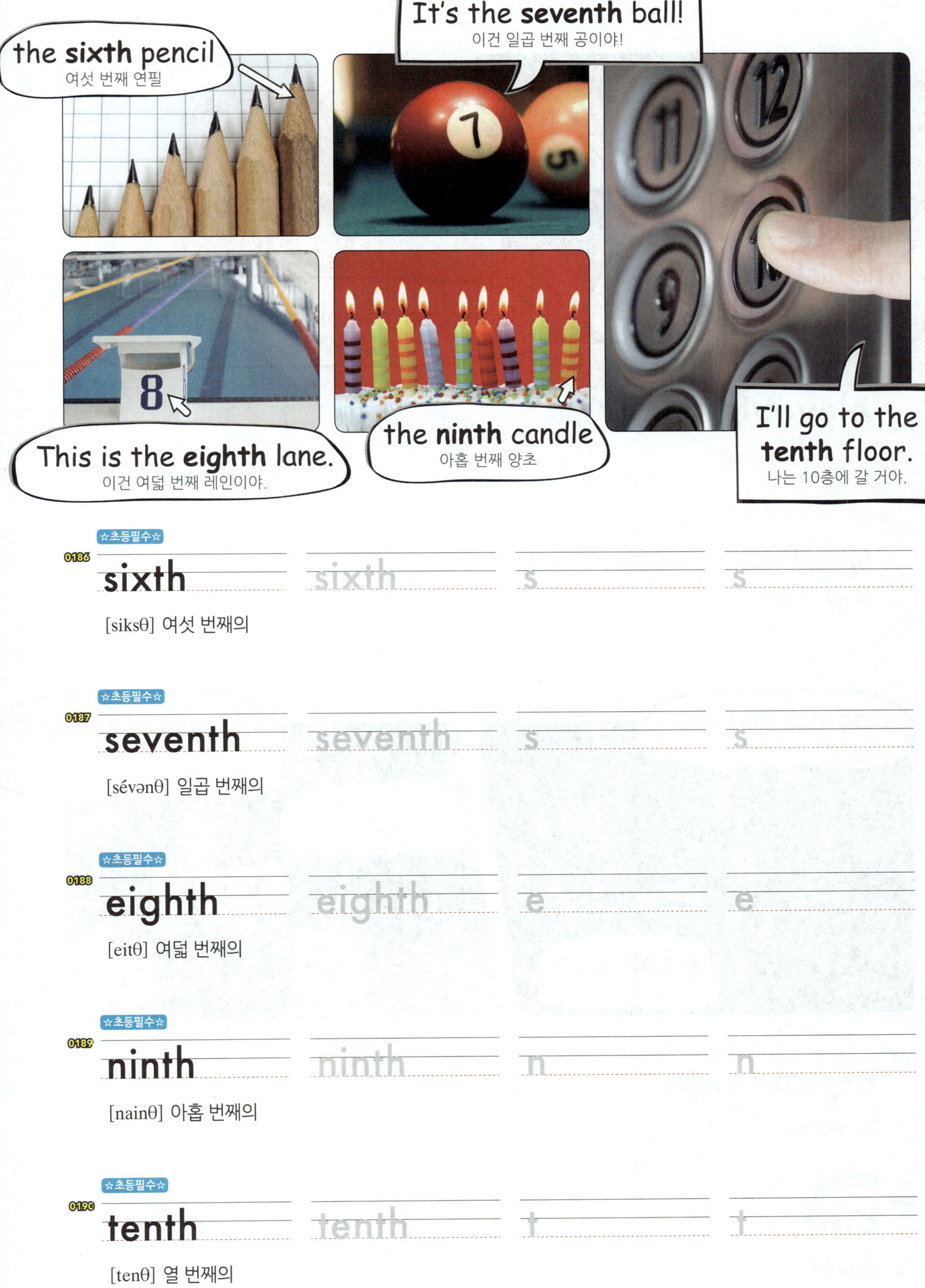

☆초등필수☆

0186 **sixth**
sixth

[siksθ] 여섯 번째의

☆초등필수☆

0187 **seventh**
seventh

[sévənθ] 일곱 번째의

☆초등필수☆

0188 **eighth**
eighth

[eitθ] 여덟 번째의

☆초등필수☆

0189 **ninth**
ninth

[nainθ] 아홉 번째의

☆초등필수☆

0190 **tenth**
tenth

[tenθ] 열 번째의

01.91 **eleventh**

[ilévənθ] 열한 번째의

01.92 **quarter**

[kwɔ́ːrtər] 4분의 1

01.93 **equals sign**

[íːkwəls sain] 등호

☆초등필수☆

01.94 **add**

[æd] 더하다

0195

plus

plus   p   p

[plʌs] 더하기

0196

multiplication

multiplication   m

[mʌ̀ltəplikéiʃən] 곱셈

0197

odd number

odd number   o

[ad nʌ́mbər] 홀수

0198

even number

even number   e

[íːvən nʌ́mbər] 짝수

0199

division

division   d   d

[divíʒən] 나눗셈

0200

minus

minus   m   m

[máinəs] 뺄셈

DAY 10 Activity

A. 다음 사진과 설명을 보고 연상되는 영어 단어나 우리말 뜻을 고르세요.

1.

ⓐ first　　ⓑ second

2.

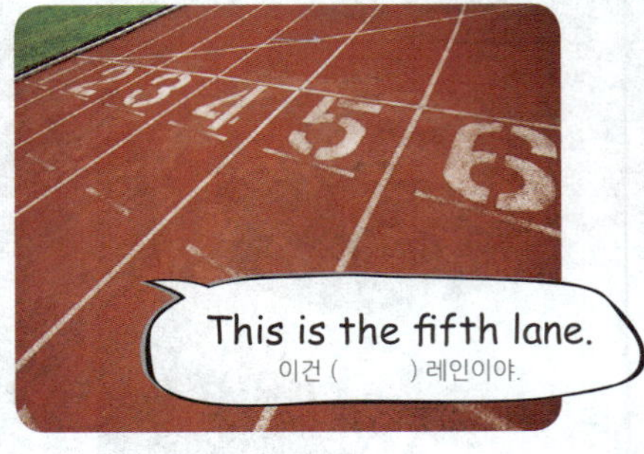

ⓐ 네 번째　　ⓑ 다섯 번째

3.

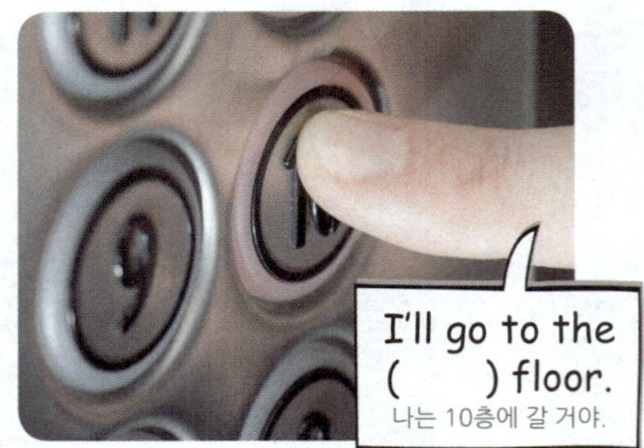

ⓐ tenth　　ⓑ eleventh

4.

ⓐ second　　ⓑ third

5.

ⓐ fourth　　ⓑ quarter

6.

ⓐ fourth　　ⓑ third

B. 우리말에 맞도록 주어진 알파벳으로 시작하는 단어를 써 보세요.

7. 그는 **2위**야.　　　　　He is in the s ____________ place.

8. 나는 경주에서 **5등**을 했어.　　I won the f ____________ in the race.

9. 그녀는 **8번** 레인에 있어.　　She is in the e ____________ lane.

10. 숫자 3은 **홀수**야.　　　　Number 3 is an o ________ n ____________ .

11. 숫자 4는 **짝수**야.　　　　Number 4 is an e ________ n ____________ .

12. 나는 **10층**에 갈거야.　　　I'll go to the t ____________ floor.

13. 5와 3을 **더해라**.　　　　A ____________ five and three.

C. 다음 우리말을 보고 알맞은 영어 단어의 철자를 써 보세요.

14. 첫 번째의　　　| f | | | s | |

15. 세 번째의　　　| t | | | | d |

16. 아홉 번째의　　| | i | n | |

17. 4분의 1　　　| | | r | t | | r |

18. 등호　　　　| | q | | l | s | | s | | |

19. 뺄셈　　　　| m | | n | |

20. 나눗셈　　　| d | | | i | | | |

 **다음 우리말 뜻에 맞는 단어를 괄호 안에서 고르세요.**

1. 이건 매우 가파른 절벽이다. This is a very (peaceful / steep) cliff.

2. 전 질문하고 싶은 게 있습니다. I want to (prepare / ask) a question.

3. 난 틀렸어. I am (wrong / correct).

4. 밖은 몹시 추워. It's (sunny / freezing) outside.

5. 천둥이 친다. It's (thundering / lightning).

6. 그건 거위야. It is a (goose / duck).

7. 그건 어린 소야. It is a young (cow / pig).

8. 그는 다섯 번째 레인에 있어. He is in the (fourth / fifth) lane.

9. 나는 곱셈이 좋아. I like (mathematics / multiplication).

아래 영어 단어의 우리말 뜻을 쓰세요.

10. stream	___________	16. soil	___________
11. river	___________	17. example	___________
12. subject	___________	18. prepare	___________
13. umbrella	___________	19. frost	___________
14. sheep	___________	20. tail	___________
15. ninth	___________	21. quarter	___________

C. 빈칸에 알맞은 단어를 찾아 줄로 연결하세요.

22. A stream _______s fast.   •   • pond
    개울이 빠르게 흘러.

23. I live in a _______.   •   • flow
    나는 연못에 살아.

24. My answer is _______.   •   • know
    내 답은 맞았어.

25. We have to _______ our history.   •   • correct
    우리는 역사를 알아야 해.

26. It's _______ today.   •   • quarter
    오늘은 쌀쌀해.

27. A buffalo has big _______s.   •   • horn
    버팔로는 큰 뿔을 가지고 있어.

28. I divided the pizza into _______s.   •   • chilly
    나는 피자를 4등분했어.

D. 다음 우리말을 보고 알맞은 영어 단어를 써 보세요.

29. 폭포	w__________	35. 사막	d__________
30. 산	m__________	36. 복습	r__________
31. 사전	d__________	37. 햇살	s__________
32. 산들바람	b__________	38. 사슴	d__________
33. 동물	a__________	39. 고양이	c__________
34. 첫 번째의	f__________	40. 두 번째의	s__________

DAY 11 I get up early.

 NAME :　　　　　DATE :　　.　　.　　.　　GOAL : 필수 14 / 추가 6

0201

get up

[get ʌp] 일어나다

☆초등필수☆

0202

early

[ə́ːrli] 일찍

☆초등필수☆

0203

ready

[rédi] 준비된

☆초등필수☆

0204

apple

[ǽpl] 사과

☆초등필수☆

0205

breakfast

[brékfəst] 아침식사

☆초등필수☆

0206 late

[leit] 늦은

☆초등필수☆

0207 busy

[bízi] 바쁜

0208 begin

[bigín] 시작하다

☆초등필수☆

0209 homework

[hóumwə̀ːrk] 숙제

0210 finish

[fíniʃ] 끝내다

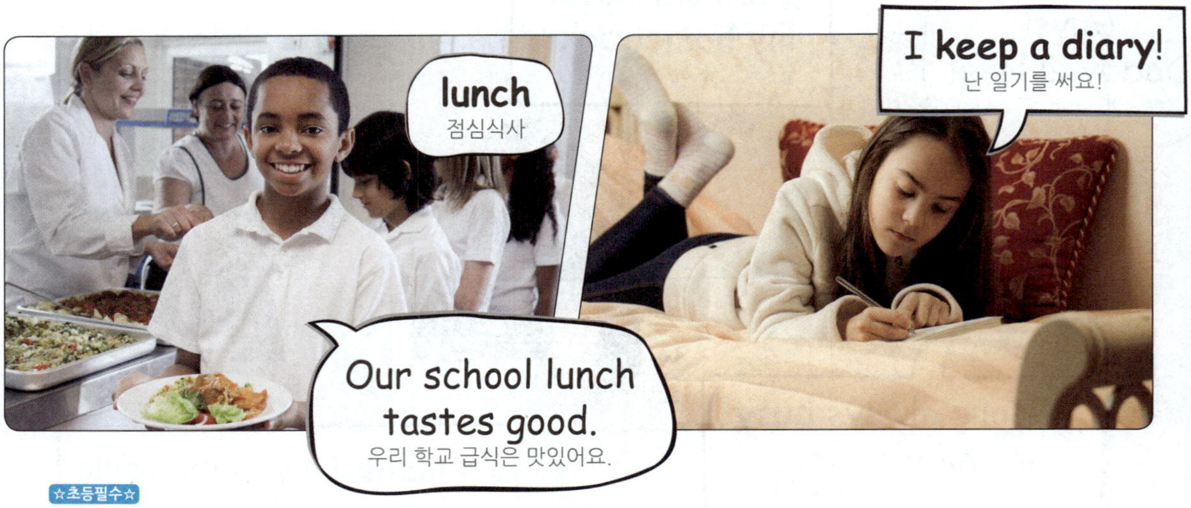

☆초등필수☆

0211 **lunch** lunch l l

[lʌntʃ] 점심식사

☆초등필수☆

0212 **diary** diary d d

[dáiəri] 일기장

0213 **keep a diary** keep a diary

[ki:p ə dáiəri] 일기를 쓰다

☆초등필수☆

0214 **come** come c c

[kʌm] 오다

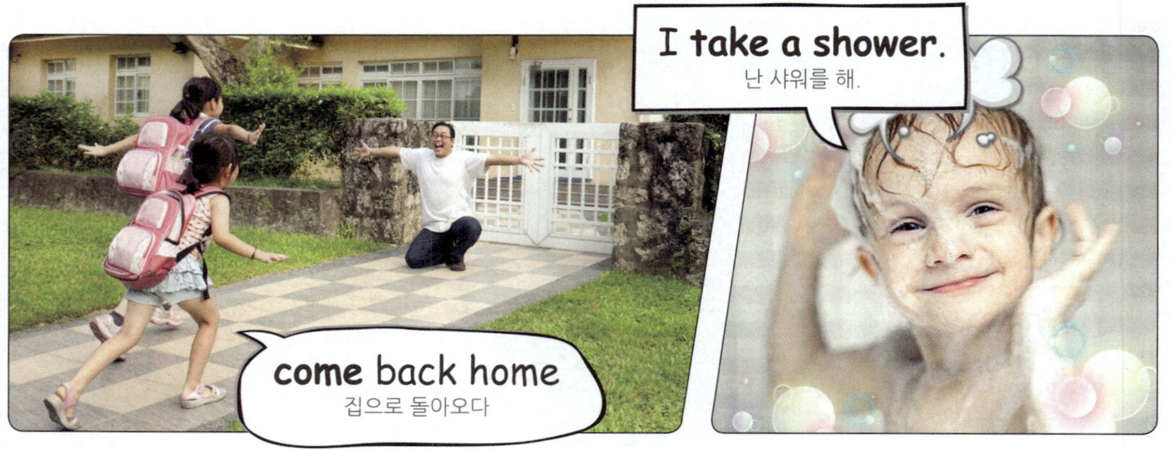

0215
take a shower

take a shower

[teik ə ʃáuər] 샤워를 하다

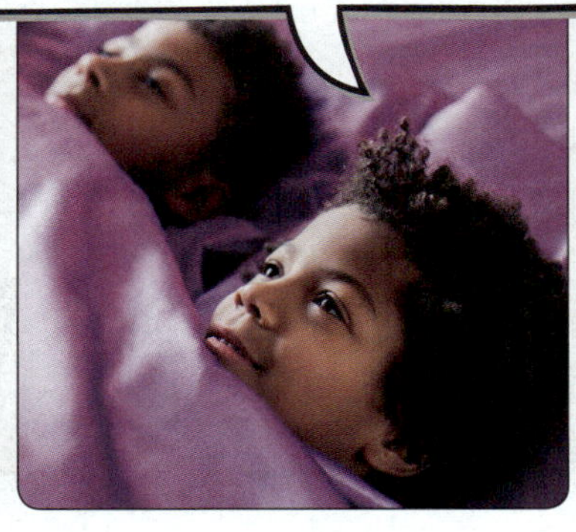

☆초등필수☆

0216
dinner

dinner   d   d

[dínər] 저녁식사

0217
go to bed

go to bed   g

[gou tu bed] 자다

☆초등필수☆

0218
wake

wake   w   w

[weik] (잠에서) 깨다, 깨우다

☆초등필수☆

0219
sleep

sleep   s   s

[sli:p] 자다

☆초등필수☆

0220
dream

dream   d   d

[dri:m] 꿈

DAY 11 Activity

A. 다음 사진과 설명을 보고 연상되는 영어 단어나 우리말 뜻을 고르세요.

1.
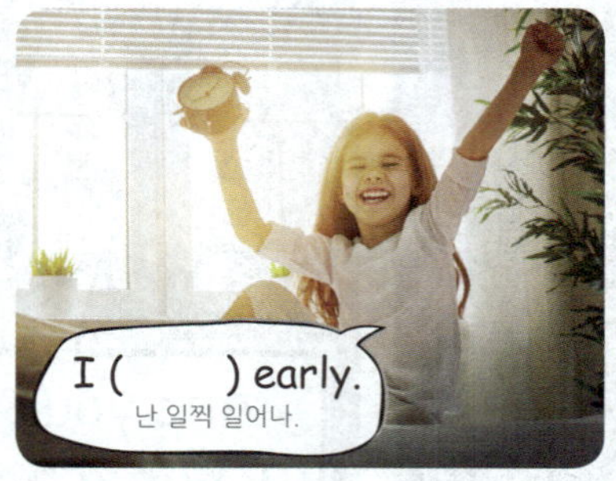

ⓐ get up　　ⓑ go to school

2.

ⓐ 아침　　ⓑ 점심

3.

ⓐ begin　　ⓑ finish

4.

ⓐ 아침식사　　ⓑ 점심식사

5.

ⓐ go to bed　　ⓑ keep a diary

6.

ⓐ am busy　　ⓑ take a shower

B. 우리말에 맞도록 주어진 알파벳으로 시작하는 단어를 써 보세요.

7. 학교 갈 **준비**됐니?   Are you r________ to go to school?

8. 아빠 **늦었어**!   Daddy is l_______!

9. 우리는 항상 **바빠**.   We are always b________.

10. 난 숙제를 **끝냈어**.   I f________ed my homework.

11. 난 나쁜 **꿈**을 꿨어요.   I had a bad d________.

12. 8시에 **깨워줘**.   W________ me up at 8 o'clock.

13. **자니**?   Are you s_________ing?

C. 다음 우리말을 보고 알맞은 영어 단어의 철자를 써 보세요.

14. 일찍 | | a | r | | |

15. 숙제 | | o | m | | | | |

16. 일기 | d | | r | |

17. 저녁식사 | d | | | | r |

18. 꿈 | d | r | | |

19. 아침식사 | b | | a | | f | | t |

20. 자다 | | | t | o | | b | |

DAY 12 I'm interested in jogging.

NAME :　　　　　DATE :　　.　　.　　.　　GOAL : 필수 9 / 추가 11

0221
tent
[tent] 텐트

0222
enjoy
[indʒɔ́i] 즐기다

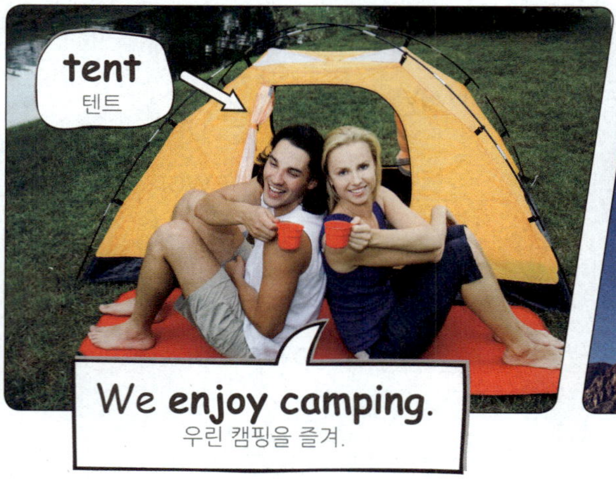

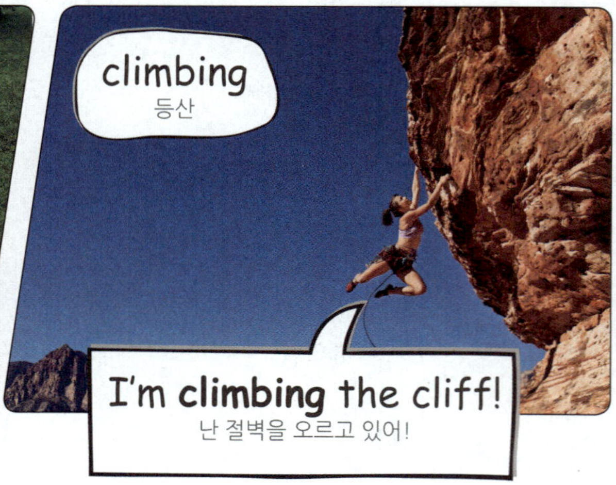

☆초등필수☆

0223
camping
[kǽmpiŋ] 캠핑

☆초등필수☆

0224
alone
[əlóun] 혼자

☆초등필수☆

0225
climb
[klaim] 오르다

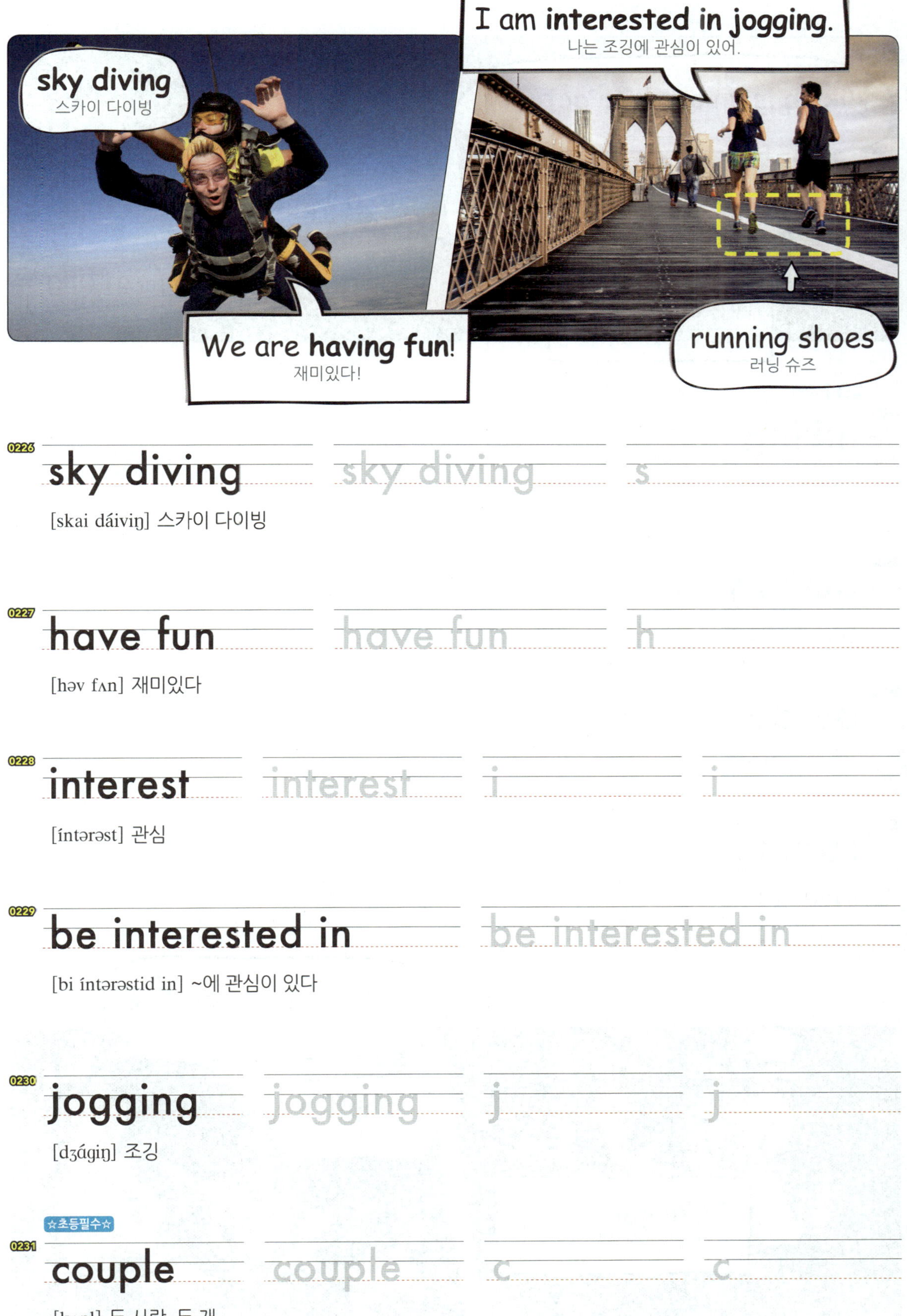

0226
sky diving
sky diving   s

[skai dáiviŋ] 스카이 다이빙

0227
have fun
have fun   h

[həv fʌn] 재미있다

0228
interest
interest   i   i

[íntərəst] 관심

0229
be interested in
be interested in

[bi íntərəstid in] ~에 관심이 있다

0230
jogging
jogging   j   j

[dʒágiŋ] 조깅

☆초등필수☆

0231
couple
couple   c   c

[kʌpl] 두 사람, 두 개

☆초등필수☆

0232

hiking

hiking   h   h

[háikiŋ] 도보여행

0233

activity

activity   a   a

[æktívəti] 활동

0234

outdoor

outdoor   o   o

[àutdɔ́ːr] 야외의

0235

rafting

rafting   r   r

[ræftiŋ] 래프팅

0236
gardening
[gá:rdniŋ] 정원 가꾸기

☆초등필수☆

0237
garden
[gá:rdn] 정원

☆초등필수☆

0238
fire
[faiər] 불

☆초등필수☆

0239
letter
[létər] 편지

0240
skiing
[skí:iŋ] 스키 타기

DAY 12 Activity

A. 다음 사진과 설명을 보고 연상되는 영어 단어나 우리말 뜻을 고르세요.

1.

ⓐ climbing　ⓑ camping

2.

ⓐ 캠핑　ⓑ 조깅

3.

ⓐ climbing　ⓑ having fun

4.

ⓐ 도보여행　ⓑ 래프팅

5.

ⓐ Hiking　ⓑ Skiing

6.

ⓐ hiking　ⓑ rafting

B. 우리말에 맞도록 주어진 알파벳으로 시작하는 단어를 써 보세요.

7. 난 절벽을 **등산**하고 있어.　　　　I'm c___________ing the cliff.

8. 난 조깅에 **관심이 있어**.　　　　I'm i_____________ in jogging.

9. 우리는 **도보여행** 중이야.　　　　We are h___________.

10. 난 **정원 가꾸기**를 좋아해.　　　　I like g____________.

11. 난 **편지**를 보냈다.　　　　I sent a l________.

12. 난 **스카이다이빙** 하는 것을 좋아해.　I like doing s________ d__________.

13. 우리는 캠핑을 **즐긴다**.　　　　We e___________ camping.

C. 다음 우리말을 보고 알맞은 영어 단어의 철자를 써 보세요.

14. 텐트　　　| t | | |

15. 재미있다　　| | a | v | | 　 | | f | | n |

16. 관심　　　| i | n | | | e | | |

17. 야외의　　| o | u | t | | | | |

18. 정원　　　| | a | | d | | |

19. 불　　　| f | | |

20. 래프팅　　| | a | | | i | n | |

DAY 13　What time is it now?

NAME :　　　　DATE :　.　.　.　　GOAL : 필수 16 / 추가 4

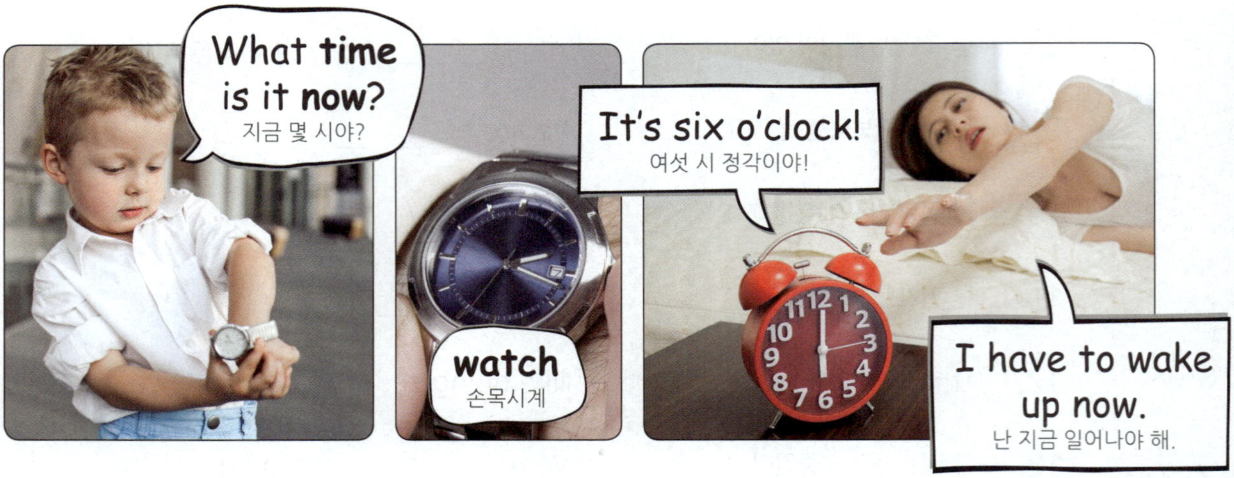

0241 ☆초등필수☆
time
time　t　t

[taim] 시간

0242 ☆초등필수☆
now
now　n　n

[nau] 지금

0243 ☆초등필수☆
watch
watch　w　w

[watʃ] 손목시계

0244 ☆초등필수☆
clock
clock　c　c

[klak] 시계

0245
then
then　t　t

[ðen] 그 이후에

0246
hour
[auər] 시간

0247
minute
[mínit] 분

0248
second
[sékənd] 초

0249
yesterday
[jéstərdèi] 어제

0250
today
[tədéi] 오늘

0251
tomorrow
[təmɔ́:rou] 내일

0252

before

before   b   b

[bifɔ́ːr] ~ 전에

0253

after

after   a   a

[ǽftər] ~ 후에

0254

year

year   y   y

[jiər] 년

0255

month

month   m   m

[mʌnθ] 월

0256

day

day   d   d

[dei] 일

0257

half

half | h | h

[hæf] 반 시간, 30분

0258

past

past | p | p

[pæst] ~을 지나서/ 과거

0259

quarter

quarter | q | q

[kwɔ́:rtər] 15분

☆초등필수☆

0260

to

to | t | t

[tu] (시간을 나타낼 때) 전, (이동 방향을 나타낼 때) ~ 쪽으로

DAY 13 Activity

A. 다음 사진과 설명을 보고 연상되는 영어 단어나 우리말 뜻을 고르세요.

1.

ⓐ today   ⓑ time

2.

ⓐ second   ⓑ hour

3.

ⓐ 년   ⓑ 월

4.

ⓐ 과거   ⓑ 현재

5.

ⓐ quarter   ⓑ half

6.

ⓐ quarter   ⓑ half

B. 우리말에 맞도록 주어진 알파벳으로 시작하는 단어를 써 보세요.

7. **시계**가 있다.　　　　　　　There is a c__________.

8. 하루는 24**시간**이다.　　　　There are 24 h__________s in a day.

9. 세 시 십 분 **전**이야.　　　　It's ten t______ three.

10. **지금** 몇 시야?　　　　　　What time is it n__________?

11. 지금은 네 시 **반**이야.　　　It's h__________ past four.

12. 지금은 9시 **15분** 전이야.　It's q__________ to nine.

13. **어제**는 나으 생일이었다.　　It was my birthday y______________.

C. 다음 우리말을 보고 알맞은 영어 단어의 철자를 써 보세요.

14. 손목시계　　　w | | | |

15. ~을 지나서/ 과거　　　p | |

16. 월　　　| | | t | h

17. 오늘　　　| | d | a | y

18. 내일　　　t | o | | | | | |

19. ~ 전에　　　b | e | | |

20. ~ 후에　　　a | f | | |

DAY 14 There is a restaurant on the corner.

0261

there is

[ðɛər iz] ~가 있다

☆초등필수☆

0262

restaurant

[réstərənt] 레스토랑, 식당

☆초등필수☆

0263

corner

[kɔ́:rnər] 모퉁이

0264

cafeteria

[kæfətíəriə] 구내식당

0265

self-service

[self-sə́:rvis] 셀프서비스

☆초등필수☆

0266

store

store   s   s

[stɔ́ːr] 상점

☆초등필수☆

0267

clerk

clerk   c   c

[kləːrk] 점원

0268

convenience

convenience   c

[kənvíːnjəns] 편의

☆초등필수☆

0269

bookstore

bookstore   b

[búkstɔ̀ːr] 서점

0270

department store

department store

[dipáːrtmənt stɔ̀ːr] 백화점

☆초등필수☆

0271

book

book   b   b

[buk] 책

0272

beauty shop
beauty shop   b

[bjú:ti ʃap] 미용실

☆초등필수☆

0273

beauty
beauty   b   b

[bjú:ti] 아름다움

☆초등필수☆

0274

shop
shop   s   s

[ʃap] 가게

0275

pharmacy
pharmacy   p

[fá:rməsi] 약국

0276

cinema

[sínəmə] 영화관

0277

downtown

[dàuntáun] 시내

0278

avenue

[ǽvənjuː] 거리(큰 길)

0279

people

[píːpl] 사람들

0280

street

[striːt] 거리

DAY 14 Activity

A. 다음 사진과 설명을 보고 연상되는 영어 단어나 우리말 뜻을 고르세요.

1. 

ⓐ corner   ⓑ street

2. 

ⓐ shop   ⓑ cafeteria

3. 

ⓐ 편의점   ⓑ 서점

4. 

ⓐ cinema
ⓑ department store

5.

ⓐ pharmacy   ⓑ downtown

6. 

ⓐ beauty shop   ⓑ street

B. 우리말에 맞도록 주어진 알파벳으로 시작하는 단어를 써 보세요.

7. **모퉁이**에 가게가 있어.　　There is a shop on the c__________.

8. 구내식당은 **셀프서비스** 식당이야.　　The cafeteria is a s__________ restaurant.

9. **약국**에서 약을 살 수 있다.　　You can buy some medicine at the p__________.

10. **서점**은 책을 판다.　　A b__________ sells books.

11. 사람들이 **거리**를 걷고 있다.　　People are walking in the s__________.

12. **시내**에는 상점들이 많다.　　There are many shops in d__________.

13. 난 **미용실**에서 머리를 깎아.　　I get my hair cut at a b__________ s__________.

C. 다음 우리말을 보고 알맞은 영어 단어의 철자를 써 보세요.

14. 영화관　　| c | | n | | |

15. 백화점　　| d | e | p | | | m | | n | | | s | t | | |

16. 아름다움　　| | e | | u | | y |

17. 사람들　　| p | | | | e |

18. 시내　　| | o | w | | | o | w | |

19. 거리(큰 길)　　| a | v | | | |

20. 책　　| | | | k |

DAY 15 What's the date today?

NAME :   DATE :   .   .   .   GOAL : 필수 20 / 추가 0

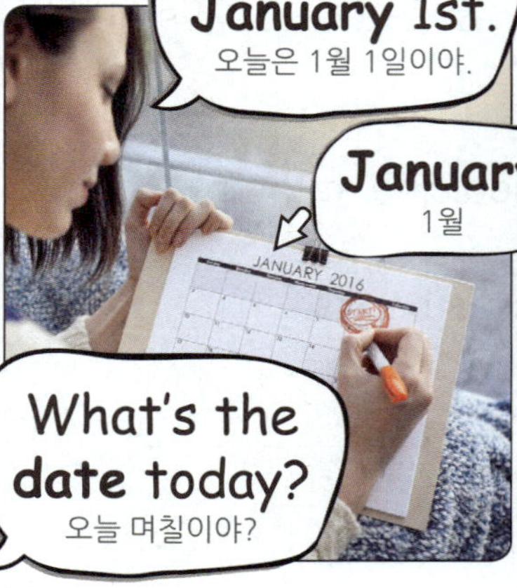

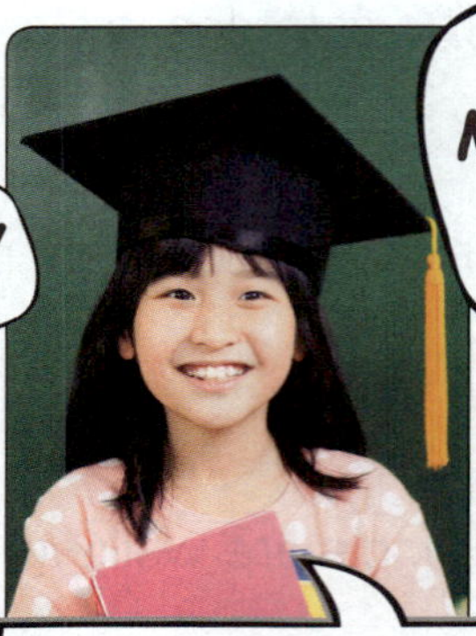

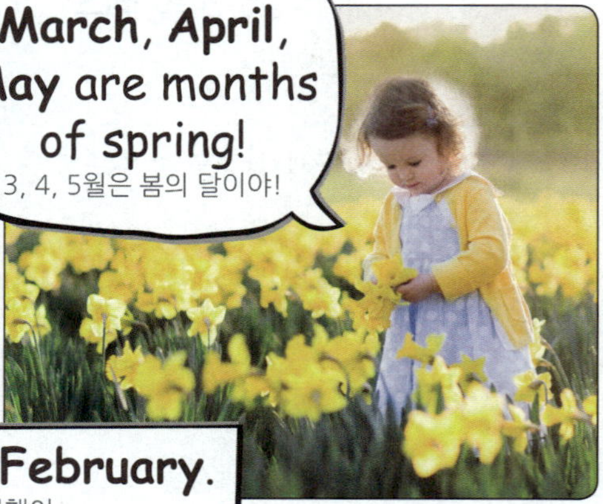

☆초등필수☆
0281
date
date   d   d
[deit] 날짜

☆초등필수☆
0282
January
January   J   J
[dʒǽnjuèri] 1월

☆초등필수☆
0283
February
February   F   F
[fébruèri] 2월

☆초등필수☆
0284
March
March   M   M
[ma:rtʃ] 3월

☆초등필수☆
0285
April
April   A   A
[éiprəl] 4월

0286
May

[mei] 5월

0287
June

[dʒuːn] 6월

0288
July

[dʒuːlái] 7월

0289
August

[ɔ́ːgʌst] 8월

0290
September

[septémbər] 9월

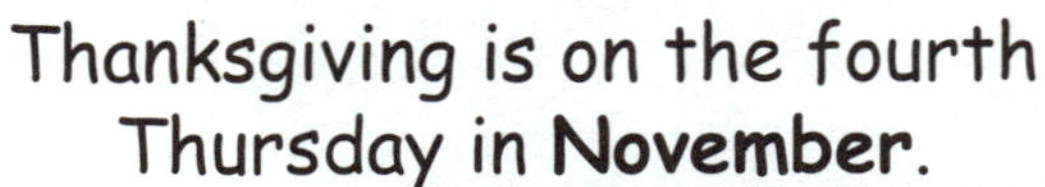

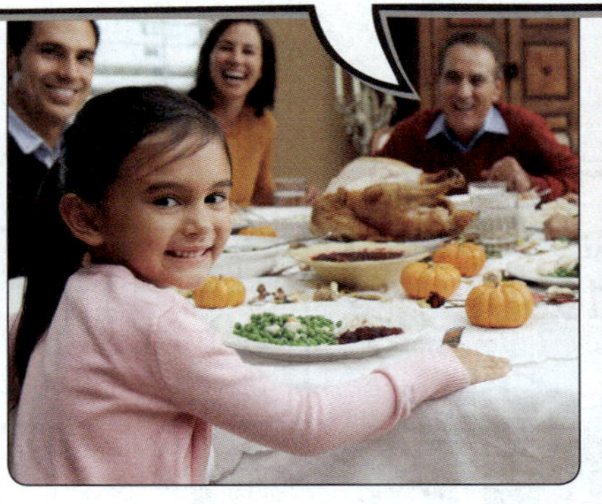

☆초등필수☆

0291

October

October   O

[aktóubər] 10월

☆초등필수☆

0292

November

November   N

[nouvémbər] 11월

☆초등필수☆

0293

December

December   D

[disémbər] 12월

☆초등필수☆

0294

Monday

Monday   M   M

[mʌ́ndei] 월요일

0295
Tuesday
[tjúːzdei] 화요일

0296
Wednesday
[wénzdei] 수요일

0297
Thursday
[θɔ́ːrzdei] 목요일

0298
Friday
[fráidei] 금요일

0299
Saturday
[sǽtərdei] 토요일

0300
Sunday
[sʌ́ndei] 일요일

DAY 15 Activity

A. 다음 사진과 설명을 보고 연상되는 영어 단어나 우리말 뜻을 고르세요.

1.

ⓐ date　　ⓑ hour

2.

ⓐ 3, 4, 5월　　ⓑ 4, 5, 6월

3.
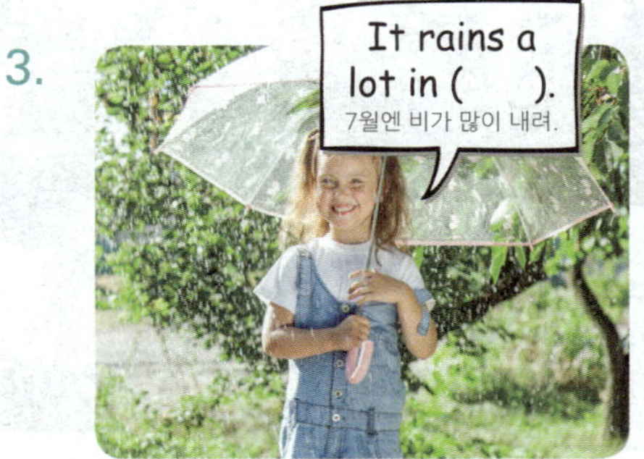

ⓐ July　　ⓑ August

4.

ⓐ 9월　　ⓑ 10월

5.

ⓐThursday　　ⓑ Saturday

6.

ⓐ Saturday　　ⓑ Sunday

B.  우리말에 맞도록 주어진 알파벳으로 시작하는 단어를 써 보세요.

7. 오늘은 **1월** 1일이야. Today is J______ 1st.

8. 난 **2월**에 졸업했어. I graduated in F______.

9. 한국전쟁은 **6월**에 시작됐어. The Korean War began in J______.

10. 추수감사절은 **11월**이야. Thanksgiving Day is in N______.

11. 회의는 **수요일**이에요. The meeting is on W______.

12. 나는 **토요일**에 계획이 있어. I have plans on S______.

13. 크리스마스는 **12월** 25일이야. Christmas is on D______ 25th.

C. 다음 우리말을 보고 알맞은 영어 단어의 철자를 써 보세요.

14. 3월

M	a		

15. 4월

A	p		

16. 5월

M		

17. 8월

A	u			t

18. 월요일

M		d	a	

19. 화요일

T					

20. 일요일

		d	a	y

A.  다음 우리말 뜻에 맞는 단어를 괄호 안에서 고르세요.

1. 나는 일찍 일어난다. I (get up / ready) early.

2. 나는 아침에 항상 바빠. I am always (busy / late) in the morning.

3. 나는 캠핑을 즐겨. I enjoy (jogging / camping).

4. 나는 도보 여행을 좋아해. I like (rafting / hiking).

5. 지금 몇 시야? What (time / watch) is it now?

6. 나는 오늘 학교에 간다. I go to school (tomorrow / today).

7. 우리는 구내식당에서 점심을 먹어.
   We have lunch in the (restaurant / cafeteria).

8. 오늘은 1월 1일이다. Today is (January / February) 1st.

9. 오늘은 목요일이다. Today is (Thursday / Tuesday).

B. 아래 영어 단어의 우리말 뜻을 쓰세요.

10.	breakfast	__________	16.	begin __________
11.	enjoy	__________	17.	letter __________
12.	homework	__________	18.	hour __________
13.	second	__________	19.	shop __________
14.	corner	__________	20.	August __________
15.	October	__________	21.	Friday __________

C. 빈칸에 알맞은 단어를 찾아 줄로 연결하세요.

22. Did you have ________? •   • lunch
   점심 먹었니?

23. I keep a ________ everyday. •   • interested in
   나는 매일 일기를 써.

24. I like ________. •   • clock
   나는 정원 가꾸기를 좋아해.

25. I'm ________ skiing. •   • diary
   나는 스키 타는 것에 관심이 있어.

26. There is a ________. •   • gardening
   시계가 있다.

27. I go to the ________. •   • downtown
   나는 약국에 가고 있어.

28. She lives in ________. •   • pharmacy
   그녀는 시내에 살아.

D. 다음 우리말을 보고 알맞은 영어 단어를 써 보세요.

29.	준비된	r__________	35.	꿈	d__________
30.	저녁식사	d__________	36.	오르다	c__________
31.	야외의	o__________	37.	~ 전에	b__________
32.	절반	h__________	38.	서점	b__________
33.	거리	s__________	39.	9월	S__________
34.	일요일	S__________	40.	월요일	M__________

STEP 1 사진으로 단어/표현 학습하기 〉 **STEP 2** 음원을 듣고 영단어 따라 읽기 〉 **STEP 3** 손으로 줄에 맞춰 단어 쓰기

 NAME :   DATE :   .   .   .   GOAL : 필수 10 / 추가 10

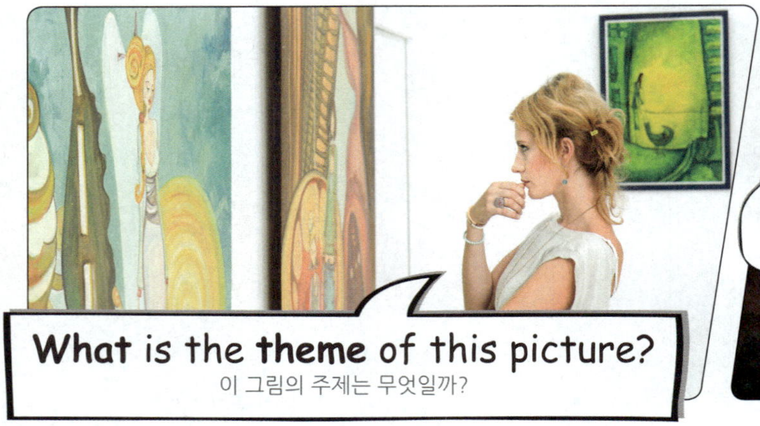

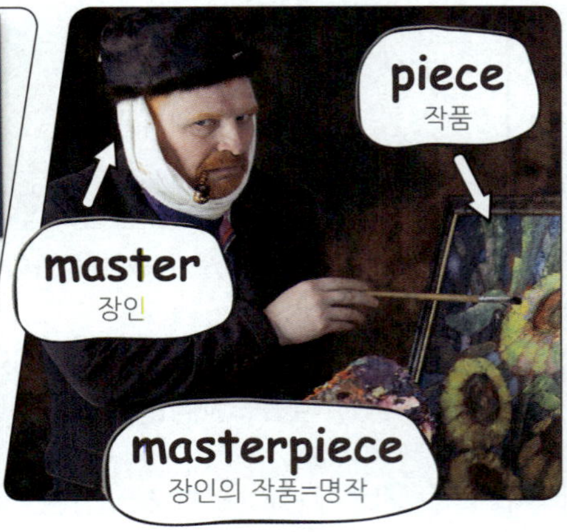

☆초등필수☆

0301
what
[*h*wət] 무엇

0302
theme
[θi:m] 주제

0303
master
[mǽstər] 장인

☆초등필수☆

0304
piece
[pi:s] 작품

0305
masterpiece
[mǽstərpi:s] 명작

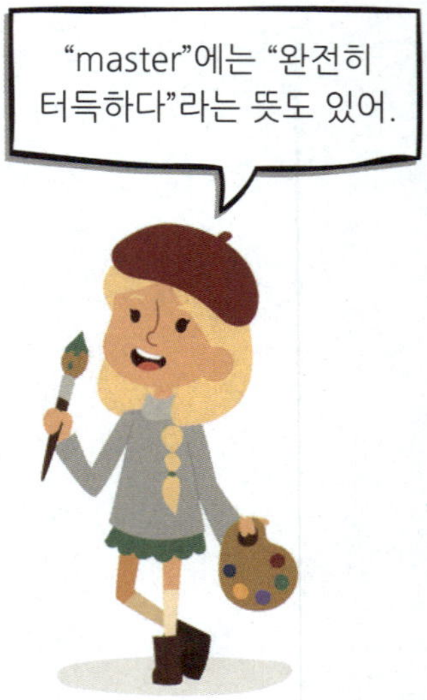

☆초등필수☆

0306

artist

artist   a   a

[ɑ́ːrtist] 예술가

☆초등필수☆

0307

soft

soft   s   s

[sɔːft] 부드러운

0308

painting

painting   p   p

[péintiŋ] 그림

☆초등필수☆

0309

paint

paint   p   p

[peint] 물감 / 그리다

0310

palette

palette   p   p

[pǽlit] 팔레트

☆초등필수☆

0311

brush

brush   b   b

[brʌʃ] 붓

0312
genre

genre   g   g

[ʒáːnrə] 장르

0313
theater

theater   t   t

[θíːətər] 극장

☆초등필수☆

0314
actor

actor   a   a

[ǽktər] 남자 배우

0315
actress

actress   a   a

[ǽktris] 여자 배우

0316
play
[plei] 연극

0317
stage
[steidʒ] 무대

0318
creative
[kriéitiv] 창의적인

0319
can
[kən] ~할 수 있다

0320
believe
[bilíːv] 믿다

DAY 16 Activity

A. 다음 사진과 설명을 보고 연상되는 영어 단어나 우리말 뜻을 고르세요.

1.

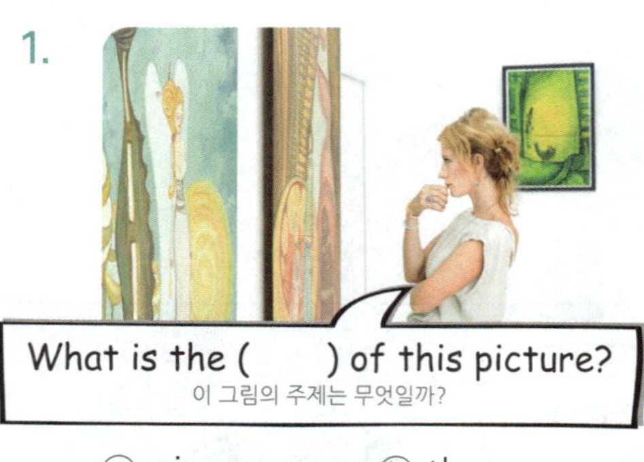

ⓐ piece   ⓑ theme

2.

ⓐ 물감   ⓑ 명작

3.

ⓐ artist   ⓑ actor

4.

ⓐ 팔레트   ⓑ 부드러운

5.

ⓐ stage   ⓑ play

6.

ⓐ believe   ⓑ master

B. 우리말에 맞도록 주어진 알파벳으로 시작하는 단어를 써 보세요.

7. 이것은 **명작**이야.　　　　This is a m________________.

8. 이 그림의 **주제**는 무엇일까?　　What is the t________ of this picture?

9. 그는 **예술가**야.　　　　He is an a____________.

10. 그는 **배우**야.　　　　He is an a__________.

11. 그녀는 **배우**야.　　　　She is an a______________.

12. 나는 이 **그림**이 좋아.　　I like this p____________.

13. 나는 새 **붓**이 필요해.　　I need a new b__________.

C. 다음 우리말을 보고 알맞은 영어 단어의 철자를 써 보세요.

14. 무엇　　　| w | | a | |

15. 물감/ 그리다　　| p | a | | |

16. 극장　　　| | | e | a | | r |

17. 연극　　　| p | | a |

18. 무대　　　| | t | a | |

19. 창의적인　　| | | e | | t | i | | e |

20. 믿다　　　| b | | l | i | | | |

 NAME :　　　　　　DATE :　　　.　　　.　　　.　　　GOAL : 필수 5 / 추가 15

0321

seeding

[síːdiŋ] 씨 뿌리기

0322

sow

[sou] (씨를) 뿌리다

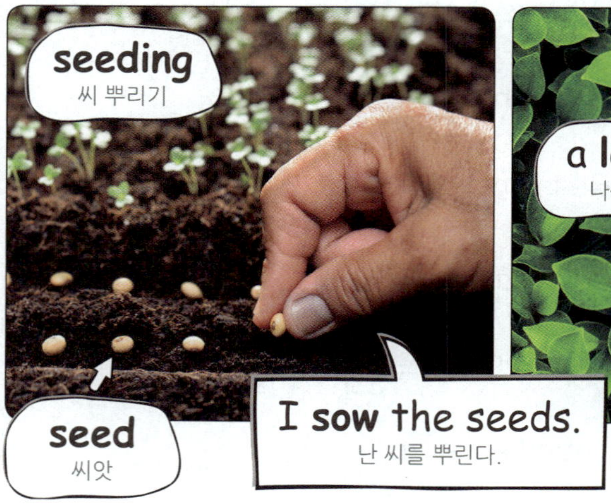

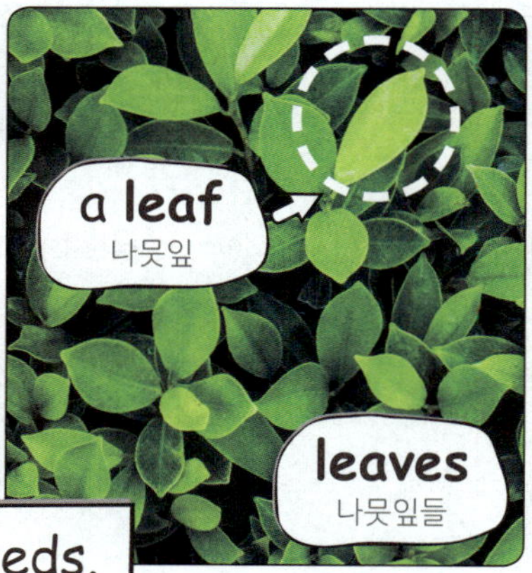

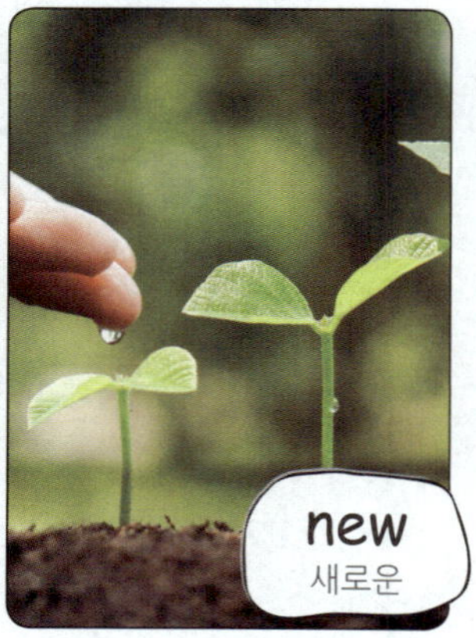

☆초등필수☆

0323

leaf

[liːf] 나뭇잎

0324

leaves

[liːvz] 나뭇잎들

☆초등필수☆

0325

new

[nuː] 새로운

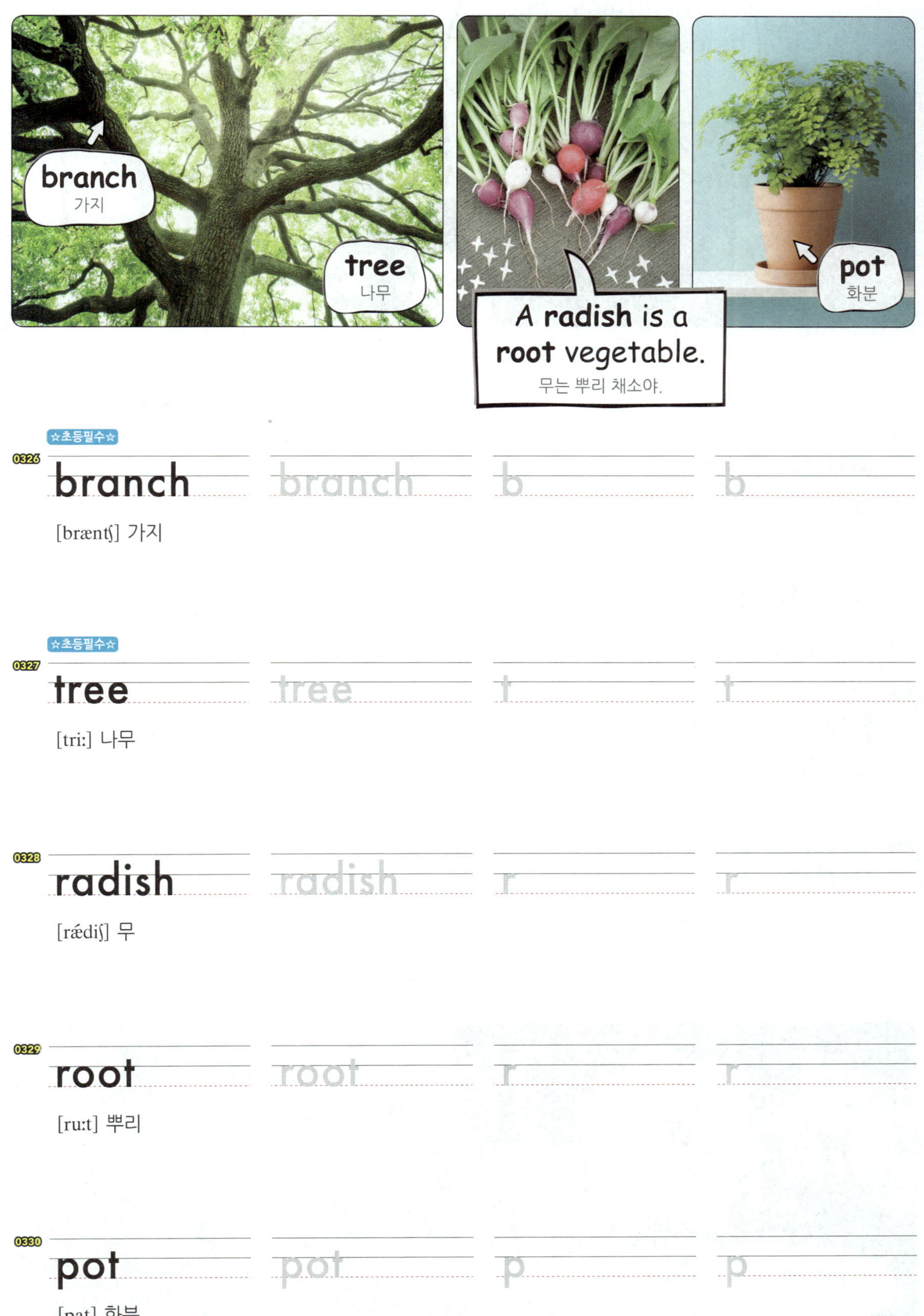

☆초등필수☆

0326
branch

[bræntʃ] 가지

☆초등필수☆

0327
tree

[tri:] 나무

0328
radish

[rǽdiʃ] 무

0329
root

[ru:t] 뿌리

0330
pot

[pat] 화분

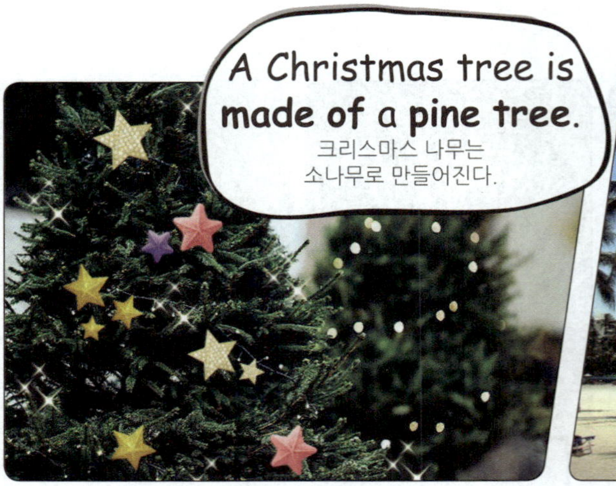

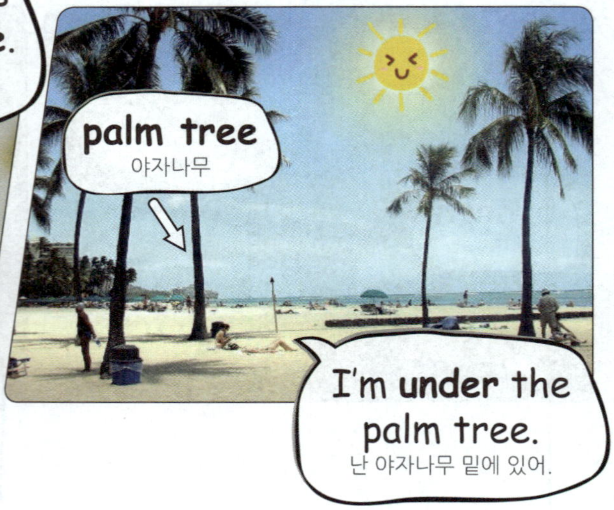

0331

pine tree

pine tree p p

[pain tri:] 소나무

0332

made of

made of m m

[meid əv] ~로 만든

0333

palm tree

palm tree p p

[pa:m tri:] 야자나무

☆초등필수☆

0334

under

under u u

[ʌ́ndər] ~ 밑에

0335

wildflower

[wáildflàuər] 들꽃, 야생화

0336

cosmos

[kázməs] 코스모스

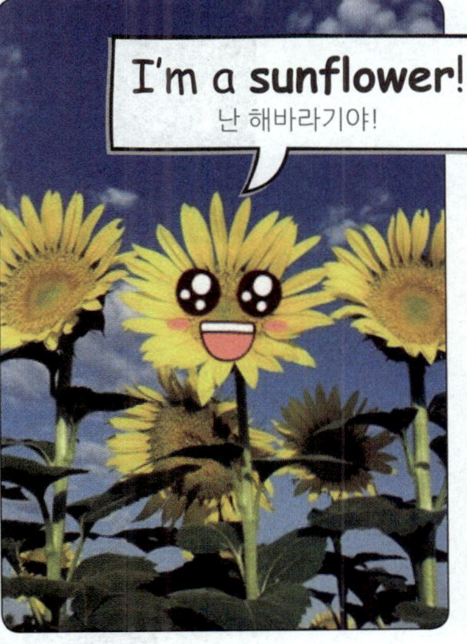

0337

rose

[rouz] 장미

0338

dandelion

[dǽndəlàiən] 민들레

0339

lily

[líli] 백합

0340

sunflower

[sʌ́nflàuər] 해바라기

DAY 17 Activity

A. 다음 사진과 설명을 보고 연상되는 영어 단어나 우리말 뜻을 고르세요.

1.

ⓐ 씨 뿌리기　　ⓑ 나뭇잎

2.

ⓐ root　　ⓑ new

3.

ⓐ 나뭇잎　　ⓑ 나무

4.

ⓐ pot　　ⓑ branch

5.
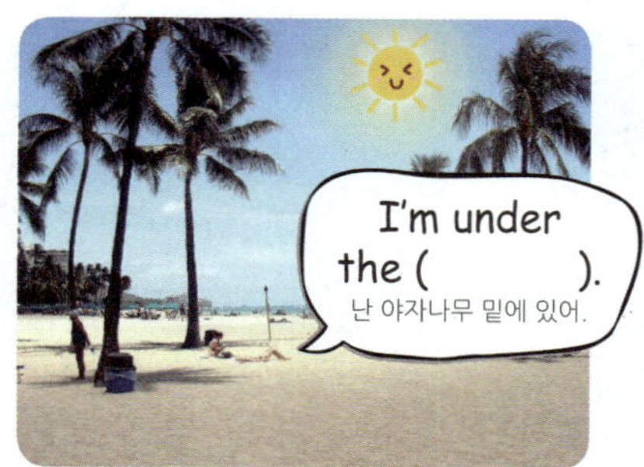

ⓐ pine tree　　ⓑ palm tree

6.

ⓐ sunflower　　ⓑ cosmos

B. 우리말에 맞도록 주어진 알파벳으로 시작하는 단어를 써 보세요.

7. 나는 **코스모스**를 좋아해. I like the c____________.

8. 나는 **장미**를 좋아해. I like r________s.

9. 무는 **뿌리** 채소야. A radish is a r________ vegetable.

10. 나는 씨를 **뿌린다.** I s________ the seeds.

11. **나뭇잎들**은 초록색이다. L____________ are green.

12. **화분** 안에 씨앗이 있다. There is a seed in a p________.

13. 해변에 **야자나무**가 서 있다. A p________ t________ stands on the beach.

C. 다음 우리말을 보고 알맞은 영어 단어의 철자를 써 보세요.

14. 새로운 | n | | w |

15. 가지 | b | | | n | c | |

16. 무 | | | d | i | | |

17. 뿌리 | | o | | |

18. 소나무 | p | | | | | r | e | |

19. ~로 만든 | m | a | | | | o | |

20. ~ 밑에 | u | | d | | |

DAY 18 Where is the toilet?

NAME :　　　　DATE :　　.　　.　　.　　GOAL : 필수 18 / 추가 2

☆초등필수☆

0341 **where**

[hwɛər] 어디

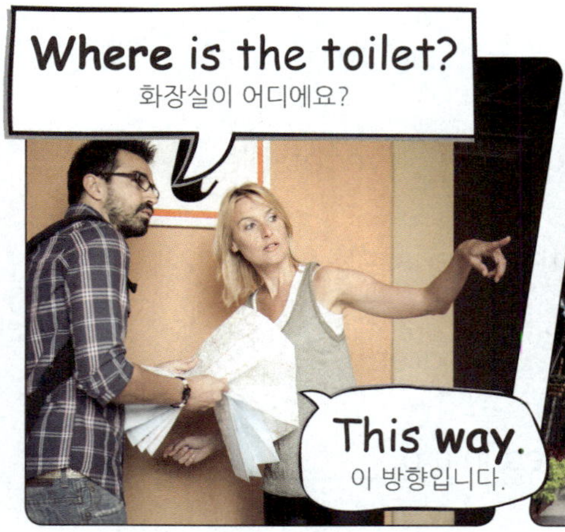

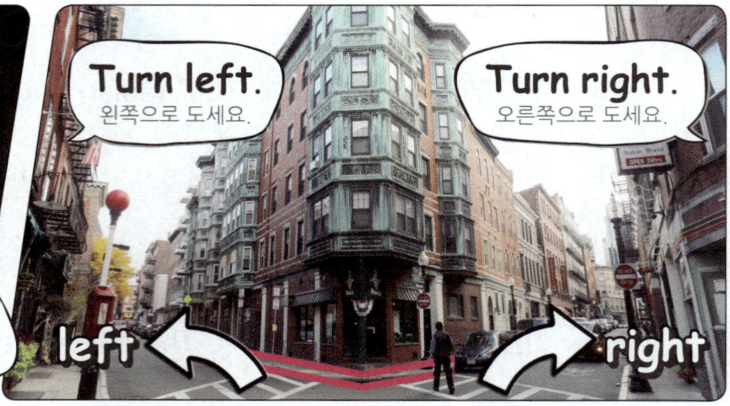

☆초등필수☆

0342 **way**

[wei] 방향

☆초등필수☆

0343 **turn**

[təːrn] 돌다

☆초등필수☆

0344 **left**

[left] 왼쪽

☆초등필수☆

0345 **right**

[rait] 오른쪽

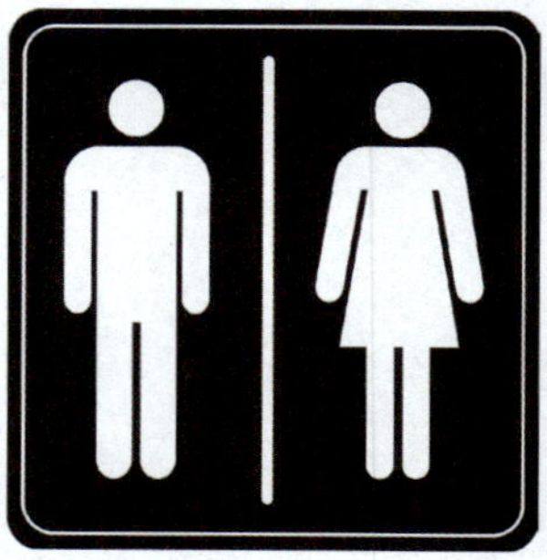

0346
in front of

[in frʌnt əv] ~ 앞에

0347
behind

[biháind] ~ 뒤에

0348
between

[bitwíːn] ~ 사이에

0349
next to

[nekst tə] ~ 옆에

0350

across

[əkrɔ́ːs] ~을 건너

0351

opposite

[ápəzit] 건너편의

0352

straight

[streit] 똑바로

0353

far

[faːr] 멀리 있는

0354
near
[niər] 근처의

0355
here
[hiər] 여기

0356
building
[bíldiŋ] 건물

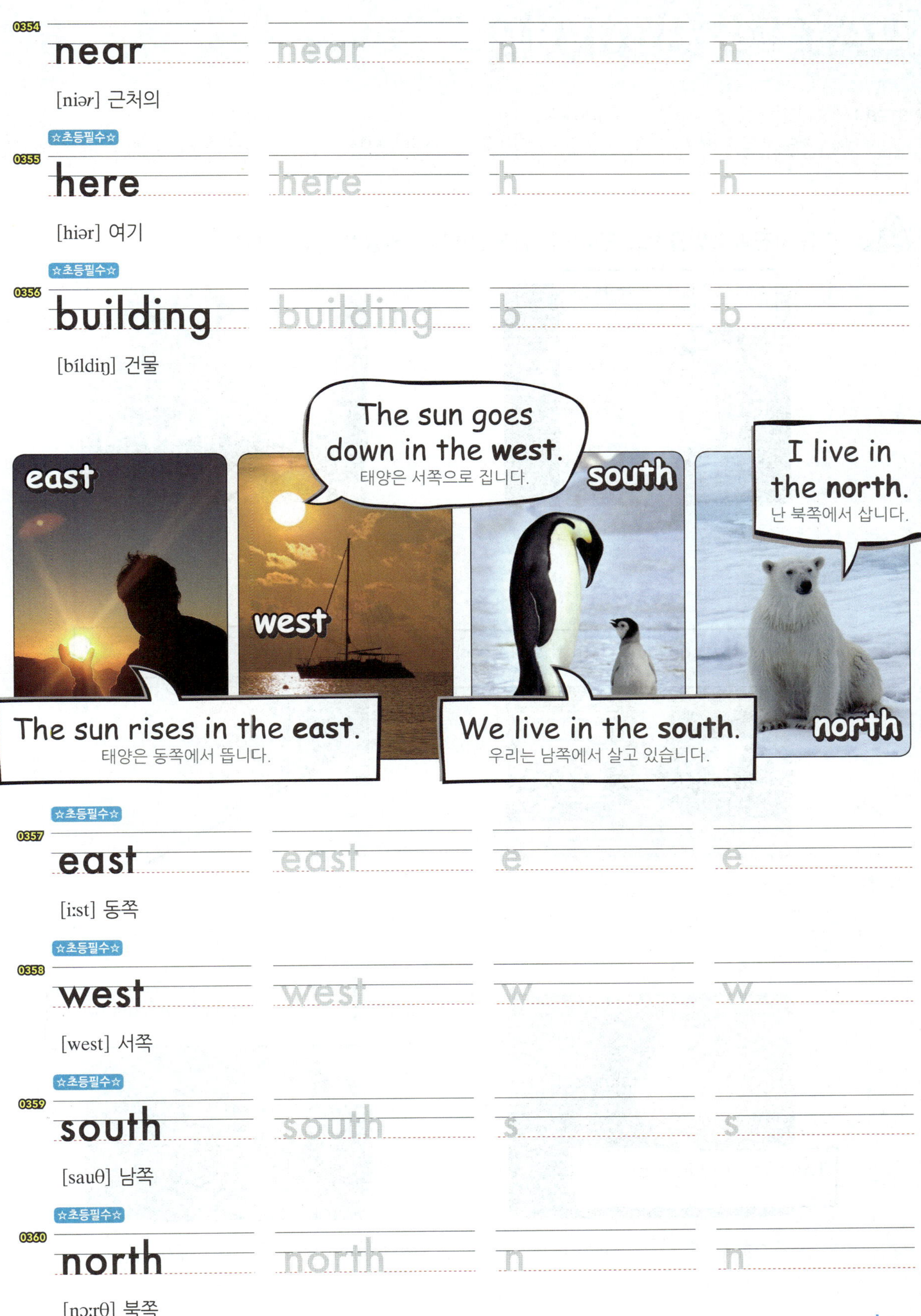

0357
east
[i:st] 동쪽

0358
west
[west] 서쪽

0359
south
[sauθ] 남쪽

0360
north
[nɔ:rθ] 북쪽

DAY 18 Activity

A. 다음 사진과 설명을 보고 연상되는 영어 단어나 우리말 뜻을 고르세요.

1.

ⓐ Where　　ⓑ What

2.

ⓐ 왼쪽　　ⓑ 오른쪽

3.

ⓐ 뒤에　　ⓑ 옆에

4.

ⓐ straight　　ⓑ far

5.

ⓐ east　　ⓑ west

6.
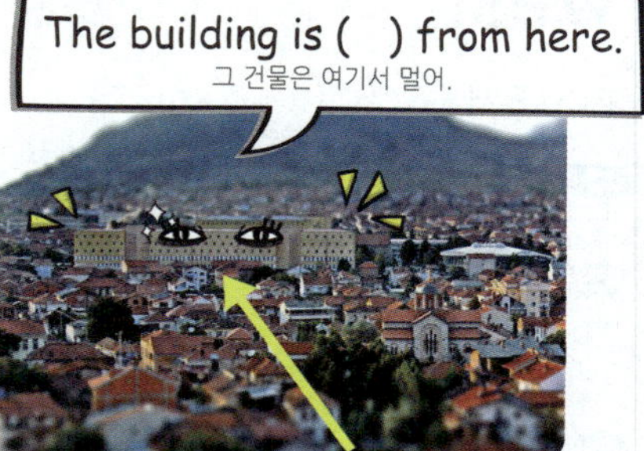

ⓐ across　　ⓑ far

B. 우리말에 맞도록 주어진 알파벳으로 시작하는 단어를 써 보세요.

7. **왼쪽**으로 도세요.　　　　　　　　Turn l___________.

8. **오른쪽**으로 도세요.　　　　　　　Turn r___________.

9. **똑바로** 가세요.　　　　　　　　　Go s_______________.

10. 그것은 여기에서 **멀지** 않아요.　　It is not f_________ from here.

11. 나는 너의 **뒤에** 있어.　　　　　　I'm b___________ you.

12. 나는 너의 **앞에** 있어.　　　　　　I'm i_____ f_________ o______ you.

13. 나는 너의 **옆에** 있어.　　　　　　I'm n_________ t______ you.

C. 다음 우리말을 보고 알맞은 영어 단어의 철자를 써 보세요.

14. ~ 사이에　　　| b | | | w | e | | n |

15. 방향　　　　　| | a | |

16. 돌다　　　　　| t | | | n |

17. 어디　　　　　| w | | | r | e |

18. 남쪽　　　　　| s | | | t | |

19. ~을 건너　　　| a | | | o | s | |

20. 건물　　　　　| b | | | l | d | | | g |

DAY 19 Would you like something to eat?

NAME :   DATE :   .   .   .   GOAL : 필수 10 / 추가 10

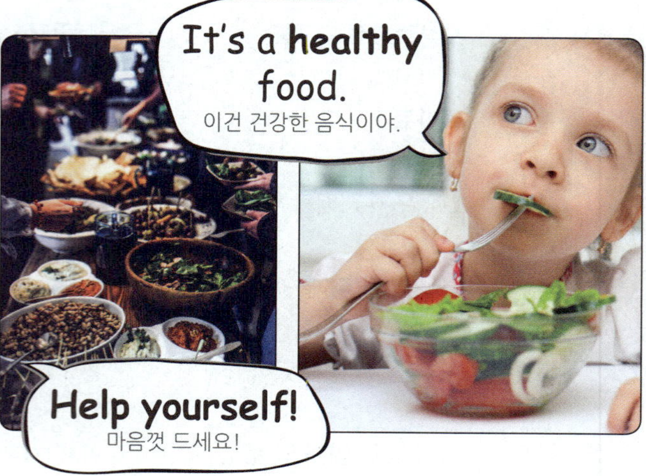

☆초등필수☆

0361 would you   would you   w

[wúd ju] ~ 하시겠어요?

☆초등필수☆

0362 some   some   s   s

[sʌm] 몇몇의, 조금

☆초등필수☆

0363 Help yourself!   Help yourself!   H

[help juərsélf] 마음껏 드세요!

☆초등필수☆

0364 yourself   yourself   y   y

[juərsélf] 너 자신

0365 healthy   healthy   h   h

[hélθi] 건강한

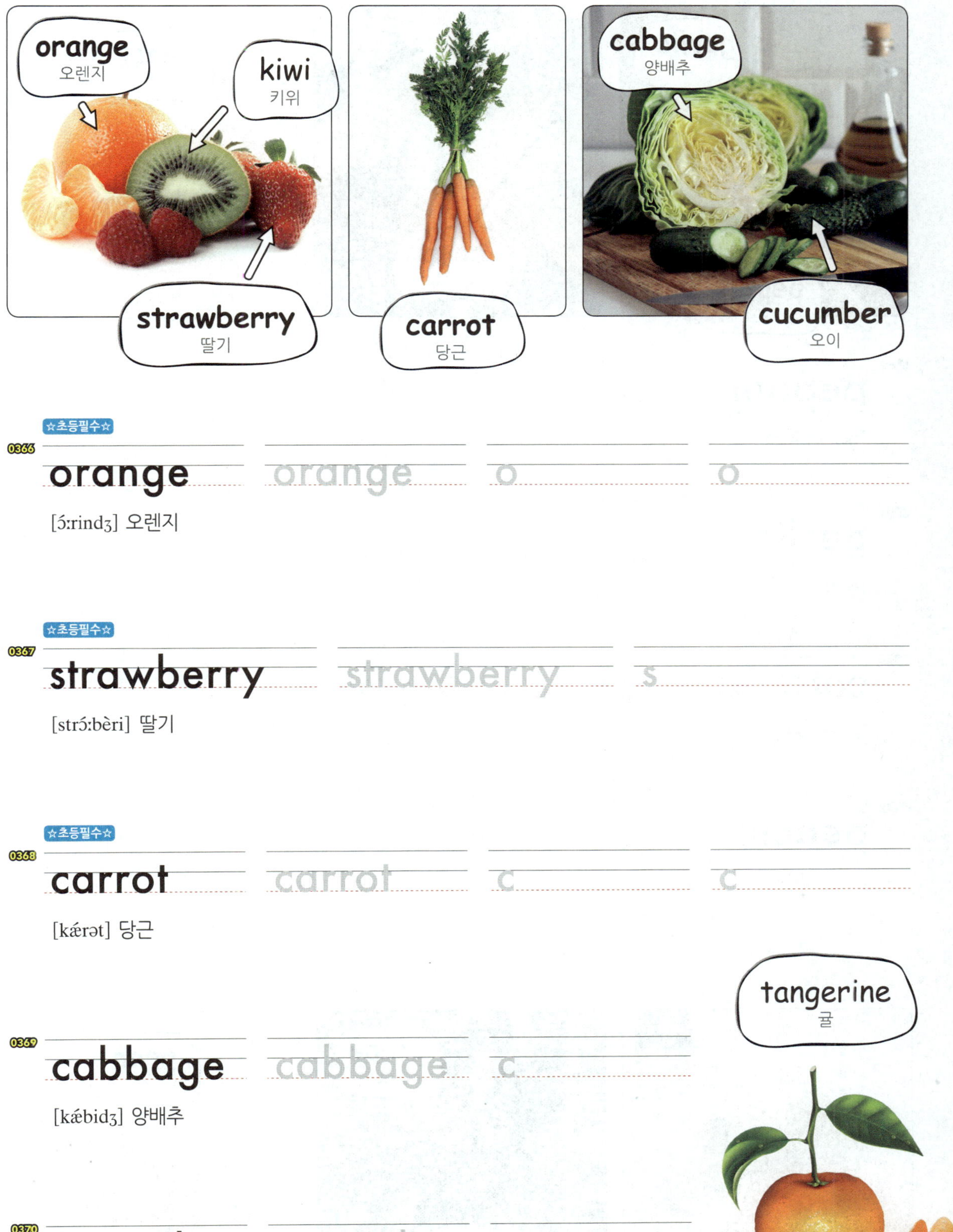

0366

orange

[ɔ́:rindʒ] 오렌지

0367

strawberry

[strɔ́:bèri] 딸기

0368

carrot

[kǽrət] 당근

0369

cabbage

[kǽbidʒ] 양배추

0370

cucumber

[kjú:kʌmbər] 오이

0371

pepper

pepper   p   p

[pépər] 후추

0372

garlic

garlic   g   g

[gáːrlik] 마늘

0373

corn

corn   c   c

[kɔːrn] 옥수수

0374

peach

peach   p   p

[piːtʃ] 복숭아

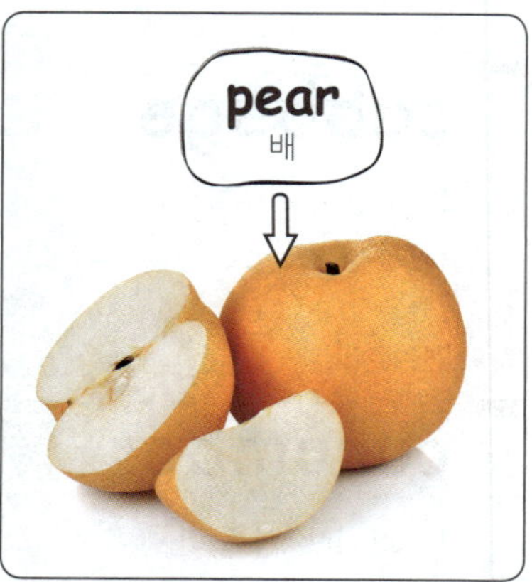

0375
onion

[ˈʌnjən] 양파

0376
grape

[greip] 포도

0377
pear

[pɛər] 배

0378
diet

[dáiət] 식이요법, 다이어트

0379
potato

[pətéitou] 감자

0380
sweet potato

[swiːt pətéitou] 고구마

DAY 19 Activity

A. 다음 사진과 설명을 보고 연상되는 영어 단어나 우리말 뜻을 고르세요.

1.
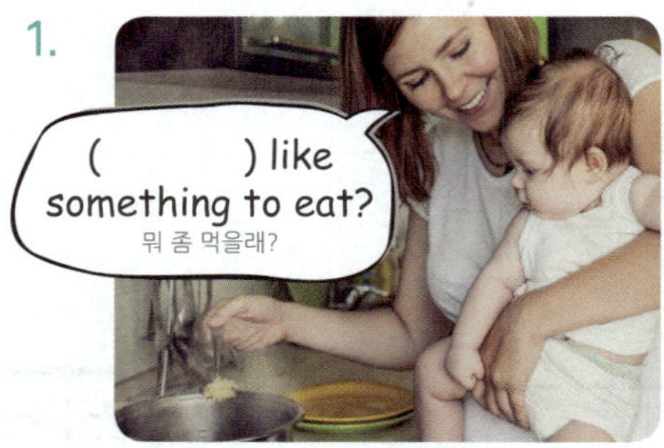

ⓐ Would you　ⓑ Yourself

2.
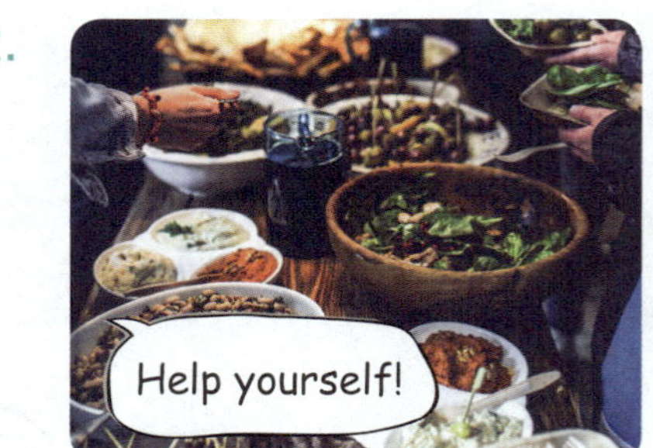

ⓐ 마음껏 드세요!　ⓑ 도와드릴게요!

3.

ⓐ 오렌지　　ⓑ 딸기

4.

ⓐ corn　　ⓑ peach

5.
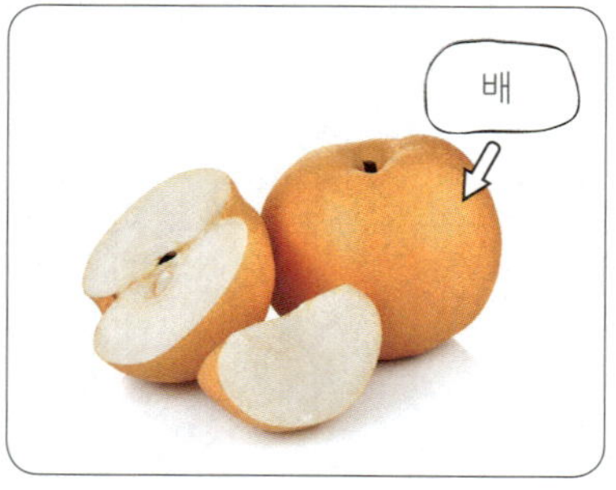

ⓐ pepper　　ⓑ pear

6.

ⓐ diet　　ⓑ cabbage

B. 우리말에 맞도록 주어진 알파벳으로 시작하는 단어를 써 보세요.

7. **마음껏 드세요.** H________ y________.

8. 나는 **건강한** 음식을 좋아해. I like h________ food.

9. 나는 **당근**을 좋아해. I like c________s.

10. 나는 **양배추**를 좋아해. I like c________.

11. 나는 **오이**를 좋아해. I like c________.

12. 나는 **마늘**을 좋아해. I like g________.

13. 나는 **포도**를 좋아해. I like g________s.

C. 다음 우리말을 보고 알맞은 영어 단어의 철자를 써 보세요.

14. 후추 | | | p | e | r |

15. 배 | | e | | r |

16. 양파 | o | n | | n |

17. 복숭아 | p | e | | c |

18. 감자 | | | t | | t | o |

19. 오렌지 | o | r | | | e |

20. 너 자신 | | | u | r | s | | l |

DAY 20 I play with a toy.

NAME :   DATE :   .   .   .   GOAL : 필수 12 / 추가 8

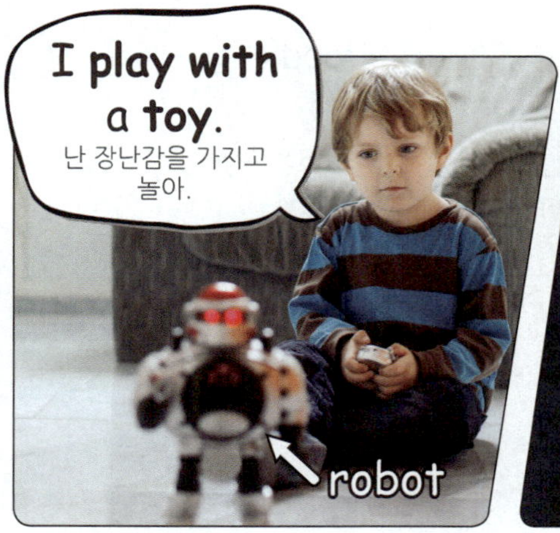

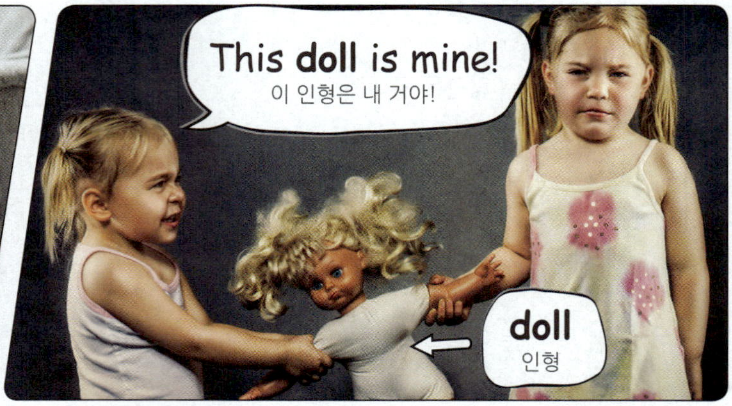

☆초등필수☆

0381
play
play   p   p

[plei] 놀다

☆초등필수☆

0382
with
with   w   w

[wið] ~을 가지고

☆초등필수☆

0383
toy
toy   t   t

[tɔi] 장난감

☆초등필수☆

0384
robot
robot   r   r

[róubət] 로봇

☆초등필수☆

0385
doll
doll   d   d

[dal] 인형

0386

game

game   g   g

[geim] 놀이, 게임

0387

chess

chess   c   c

[tʃes] 체스

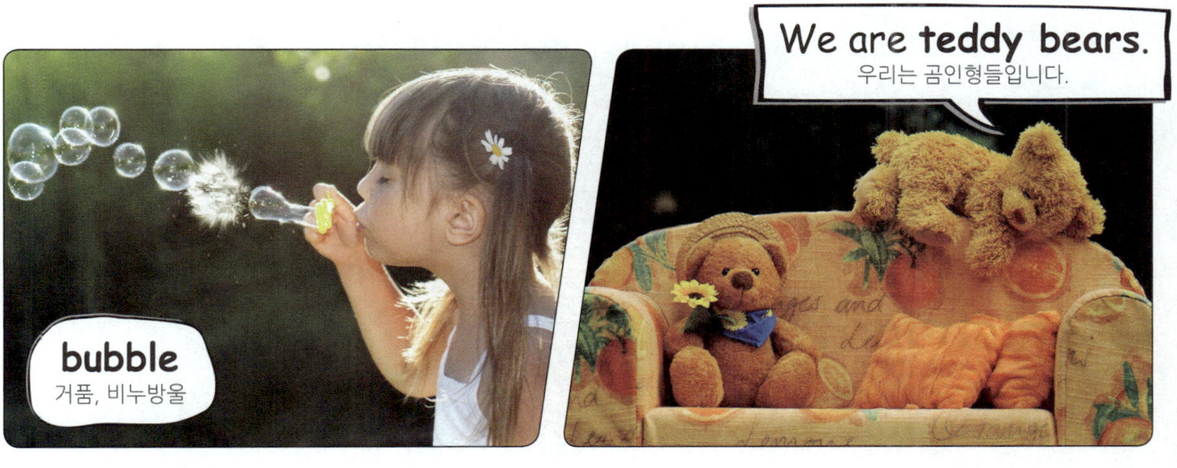

0388

bubble

bubble   b   b

[bʌbl] 거품, 비누방울

0389

teddy bear

teddy bear   t

[tédi bɛər] 곰인형

0390

skate

skate

[skeit] 스케이트를 타다

☆초등필수☆

0391

speed

speed

[spi:d] 속도

☆초등필수☆

0392

line

line

[lain] 선, 줄

0393

skateboard

skateboard

[skéitbɔ̀:rd] 스케이트보드

☆초등필수☆

0394

build

build

[bild] 만들다

☆초등필수☆

0395

block

block

[blak] 블록

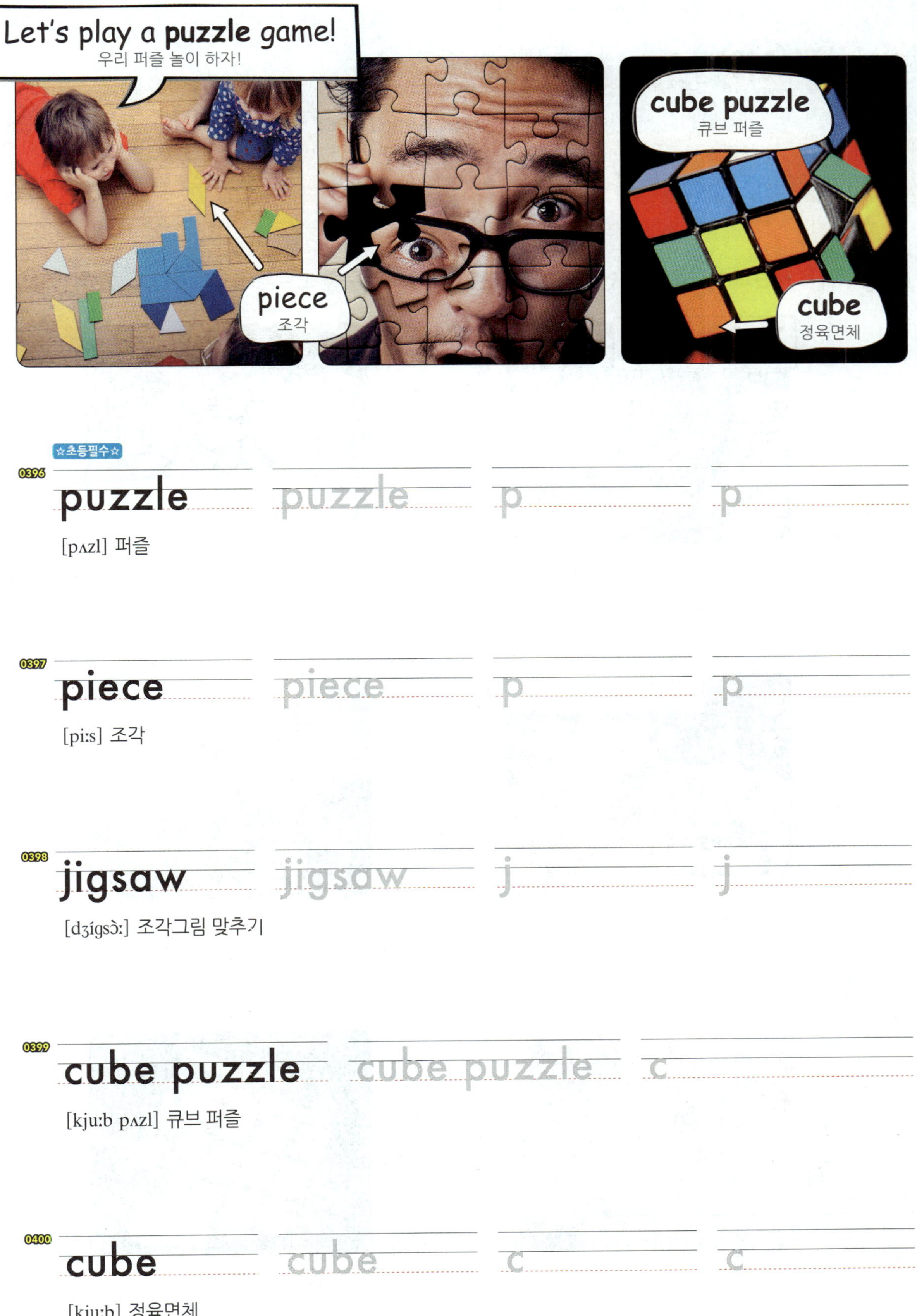

0396
puzzle
[pʌzl] 퍼즐

puzzle   p   p

0397
piece
[piːs] 조각

piece   p   p

0398
jigsaw
[dʒígsɔ̀ː] 조각그림 맞추기

jigsaw   j   j

0399
cube puzzle
[kjuːb pʌzl] 큐브 퍼즐

cube puzzle   c

0400
cube
[kjuːb] 정육면체

cube   c   c

DAY 20 Activity

A. 다음 사진과 설명을 보고 연상되는 영어 단어나 우리말 뜻을 고르세요.

1.

ⓐ doll　　ⓑ robot

2.

ⓐ chess　　ⓑ game

3.

ⓐ teddy bear　　ⓑ skateboard

4.
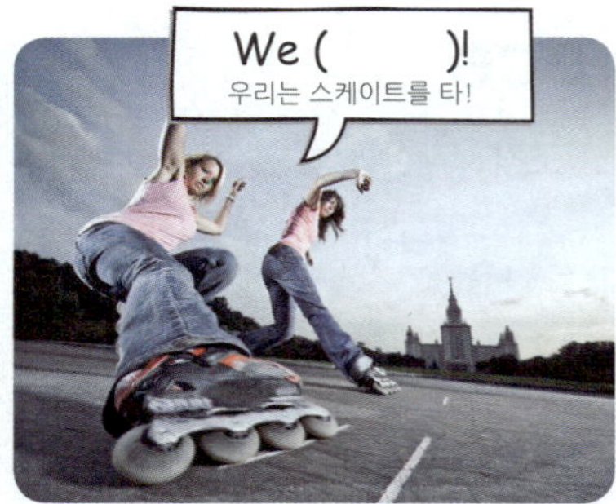

ⓐ skate　　ⓑ bubble

5.

ⓐ 퍼즐　　ⓑ 로봇

6.

ⓐ cube　　ⓑ piece

B. 우리말에 맞도록 주어진 알파벳으로 시작하는 단어를 써 보세요.

7. 나는 **장난감**을 가지고 논다.　　I play with a t_______________.

8. 나는 **로봇**을 가지고 논다.　　I play with a r_______________.

9. 나는 **인형**을 가지고 논다.　　I play with a d_______________.

10. 나는 **퍼즐**을 가지고 논다.　　I play with a p_______________.

11. 나는 **체스**를 둔다.　　I play c_______________.

12. 나는 블록**으로** 성을 만들어.　　I build a castle w_______ blocks.

13. 나는 **스케이트**를 탄다.　　I s_______________.

C. 다음 우리말을 보고 알맞은 영어 단어의 철자를 써 보세요.

14. 놀다　　| p | l | | |

15. 선, 줄　　| | | n |

16. 곰인형　　| t | e | | |　| b | | r |

17. 만들다　　| b | | i | |

18. 블록　　| b | l | | |

19. 거품, 비누방울　　| | | b | l | |

20. 조각　　| | i | | c | |

A. 다음 우리말 뜻에 맞는 단어를 괄호 안에서 고르세요.

1. 그는 배우이다. He is an (actor / artist).

2. 이 그림의 주제는 뭐니? What is the (piece / theme) of this picture?

3. 이것은 나무의 뿌리이다. This is the (root / branch) of the tree.

4. 화장실이 어디에 있니? (What / Where) is the toilet?

5. 왼쪽으로 돌아. Turn (right / left).

6. 그는 양배추를 좋아하지 않아. He doesn't like (cabbage / cucumber).

7. 나는 복숭아를 좋아해. I like (peaches / pears).

8. 나는 인형을 가지고 논다. I play with a (robot / doll).

9. 나는 블록으로 성을 만든다. I (build / skate) a castle with blocks.

B. 아래 영어 단어의 우리말 뜻을 쓰세요.

10. master ___________   16. paint ___________

11. stage ___________   17. seeding ___________

12. radish ___________   18. far ___________

13. across ___________   19. garlic ___________

14. onion ___________   20. potato ___________

15. toy ___________   21. game ___________

C. 빈칸에 알맞은 단어를 찾아 줄로 연결하세요.

22. I like _______ paintings. •
    나는 부드러운 그림을 좋아한다.

• sunflower

23. It's a _______. •
    그것은 해바라기다.

• soft

24. Go _______. •
    똑바로 가세요.

• straight

25. I'm _______ the building. •
    나는 그 건물 앞에 있다.

• diet

26. I like _______. •
    나는 딸기를 좋아해.

• puzzle

27. I'm on a _______. •
    나는 지금 다이어트 중이야.

• strawberries

28. Let's play a _______ game. •
    퍼즐놀이 하자.

• in front of

D. 다음 우리말을 보고 알맞은 영어 단어를 써 보세요.

29. 붓　　　　b_____________
30. 나뭇잎　l_____________
31. 새로운　n_____________
32. ~ 사이에　b_____________
33. 건강한　h_____________
34. 곰인형　t_____________

35. 믿다　　b_____________
36. ~ 밑에　u_____________
37. ~ 뒤에　b_____________
38. 동쪽　　e_____________
39. 너 자신　y_____________
40. 정육면체　c_____________

DAY 21 I do the laundry.

STEP 1 사진으로 단어/표현 학습하기 > STEP 2 음원을 듣고 영단어 따라 읽기 > STEP 3 손으로 줄에 맞춰 단어 쓰기

 NAME :　　　　　　　　　　 DATE :　　.　　.　　.　　　　GOAL : 필수 3 / 추가 17

0401
do the laundry

[du ðə lɔ́:ndri] 빨래를 하다

0402
washing machine

[wáʃiŋ məʃí:n] 세탁기

0403
oven

[ʌvən] 오븐

0404
dessert

[dizéərt] 디저트, 후식

☆초등필수☆

0405
bake

[beik] 굽다

0406

coffee

coffee   c   c

[kɔ́:fi] 커피

☆초등필수☆

0407

make

make   m   m

[meik] 만들다

0408

toast

toast   t   t

[toust] 토스트

0409

toaster

toaster   t

[tóustər] 토스터기

0410

hair dryer

hair dryer

[hɛər dráiər] 헤어 드라이어

☆초등필수☆

0411

dry

dry   d

[drai] (물기 등을) 말리다

0412
fan

[fæn] 선풍기

0413
air conditioner

[ɛər kəndíʃənər] 에어컨

0414
turn on

[təːrn ən] (전기·가스·수도 등을) 켜다

0415
rice cooker

[rais kúkər] 밥솥

refrigerator

refrigerator   r

[rifrídʒərèitər] 냉장고

0417

iron

iron   i   i

[áiərn] 다리미/ 다림질하다

0418

wrinkle

wrinkle   w   w

[ríŋkl] 주름

0419

desk lamp

desk lamp   d

[desk læmp] 탁상용 스탠드

0420

lamp

lamp   l   l

[læmp] 램프

DAY 21 Activity

A. 다음 사진과 설명을 보고 연상되는 영어 단어나 우리말 뜻을 고르세요.

1. 

ⓐ do the laundry ⓑ bake

2. 

ⓐ coffee maker   ⓑ dessert

3. 

ⓐ 밥솥   ⓑ 토스터기

4.

ⓐ hair dryer   ⓑ iron

5. 

ⓐ air conditioner ⓑ refrigerator

6.

ⓐ iron   ⓑ turn on

B. 우리말에 맞도록 주어진 알파벳으로 시작하는 단어를 써 보세요.

7. 나는 **세탁기**를 사용해. I use the w_________ m__________.

8. 나는 **오븐**을 사용해. I use the o_________.

9. 나는 **에어컨**을 사용해. I use the a_________ c___________.

10. 나는 **토스터기**를 사용해. I use the t__________.

11. 나는 **헤어 드라이어**를 사용해. I use the h_________ d________.

12. 나는 **선풍기**를 사용해. I use the f_________.

13. 나는 **냉장고**를 사용해. I use the r________________.

C. 다음 우리말을 보고 알맞은 영어 단어의 철자를 써 보세요.

14. 디저트 | d | | s | | e | | |

15. 굽다 | b | | e |

16. 밥솥 | r | | e | | c | o | | e |

17. 다리미 / 다림질하다 | | r | | n |

18. 주름 | w | | | k | | e |

19. 램프 | | a | |

20. (물기 등을) 말리다 | | | y |

DAY 22   I want to be a police officer in the future.

 NAME :   DATE :   .   .   .   GOAL : 필수 10 / 추가 10

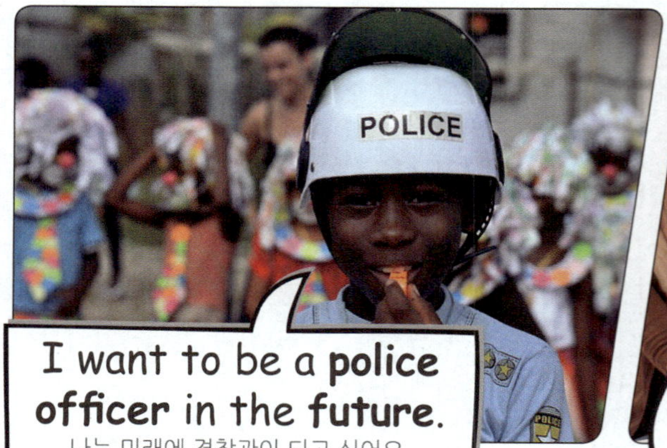

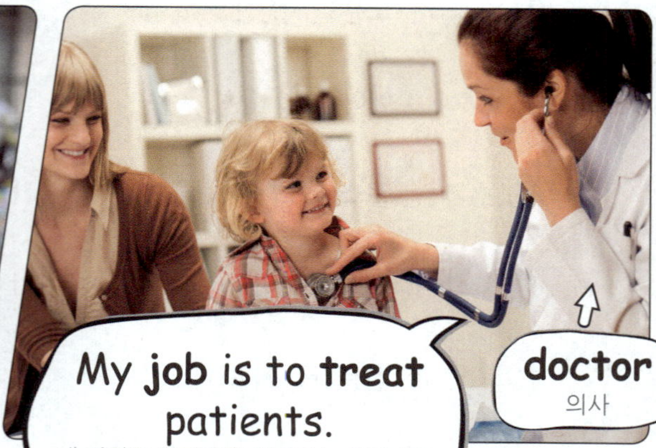

☆초등필수☆

0421 future   future   f   f

[fjúːtʃər] 미래

☆초등필수☆

0422 police officer   police officer

[pəlíːs ɔ́ːfisər] 경찰관

☆초등필수☆

0423 job   job   j   j

[dʒab] 직업

0424 treat   treat   t   t

[triːt] 치료하다

☆초등필수☆

0425 doctor   doctor   d   d

[dάktər] 의사

0426 baker

baker　b　b

[béikər] 제빵사

0427 cook

cook　c　c

[kuk] 요리하다 / 요리사

0423 writer

writer　w　w

[ráitər] 작가

0429 firefighter

firefighter　f

[fáiərfàitər] 소방관

0430

judge

[dʒʌdʒ] 판사

0431

court

[kɔːrt] 법원

0432

decision

[disíʒən] 결정

0433

lawyer

[lɔ́ːjər] 변호사

0434

law

[lɔː] 법

0435

advice

[ædváis] 조언

☆초등필수☆

0436
scientist   scientist   s   s

[sáiəntist] 과학자

☆초등필수☆

0437
want   want   w   w

[want] 원하다

☆초등필수☆

0438
nurse   nurse   n   n

[nə:rs] 간호사

0439
take care of   take care of   t

[teik kɛər əv] ~를 돌보다

0440
president   president   p   p

[prézədənt] 대통령

A. 다음 사진과 설명을 보고 연상되는 영어 단어나 우리말 뜻을 고르세요.

1.

ⓐ 결정　　　ⓑ 직업

2.

ⓐ baker　　　ⓑ writer

3.

ⓐ 경찰관　　　ⓑ 소방관

4.

ⓐ judge　　　ⓑ doctor

5.

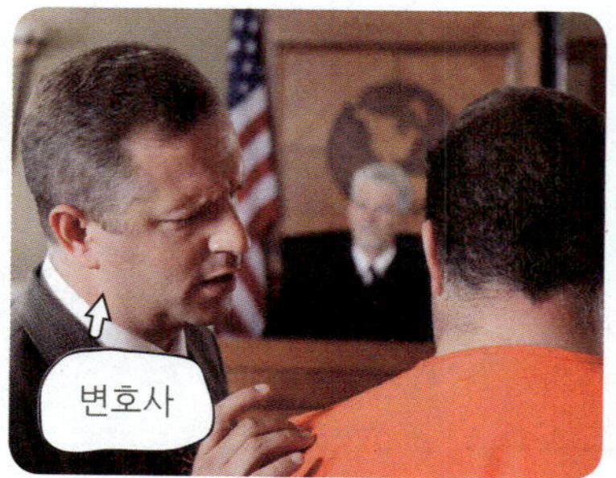

ⓐ lawyer　　　ⓑ police officer

6.

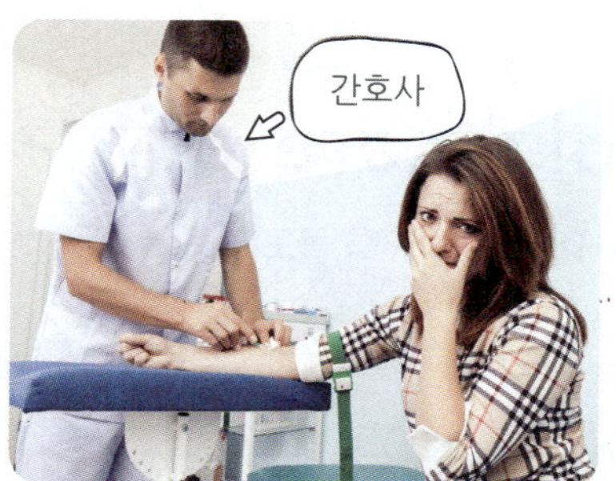

ⓐ scientist　　　ⓑ nurse

B. 우리말에 맞도록 주어진 알파벳으로 시작하는 단어를 써 보세요.

7. 나는 **과학자**가 되고 싶어.　　　I want to be a s ______________.

8. 나는 **간호사**가 되고 싶어.　　　I want to be a n ______________.

9. 나는 **대통령**이 되고 싶어.　　　I want to be a p ______________.

10. 나는 **경찰관**이 되고 싶어.　　　I want to be a p ________ o ________.

11. 나는 **소방관**이 되고 싶어.　　　I want to be a f ______________.

12. 나는 **의사**가 되고 싶어.　　　I want to be a d ______________.

13. 나는 **작가**가 되고 싶어.　　　I want to be a w ______________.

C. 다음 우리말을 보고 알맞은 영어 단어의 철자를 써 보세요.

14. 미래　　| f | | t | u | | |

15. 결정　　| | | c | i | | | n |

16. 직업　　| j | | |

17. 요리하다 / 요리사　　| c | | | k |

18. 판사　　| j | | | g | e |

19. 변호사　　| l | | w | y | |

20. 조언　　| a | | | i | | e |

DAY 23 Attention, please.

 NAME :　　　DATE :　.　.　.　　GOAL : 필수 5 / 추가 15

☆초등필수☆

0441 holiday — holiday — h — h
[hálədèi] 휴일, 휴가

0442 attend — attend — a — a
[əténd] 출석하다

0443 attendance — attendance — a
[əténdəns] 출석

0444 absent — absent — a — a
[ǽbsənt] 결석한

0445 absence — absence — a — a
[ǽbsəns] 결석

0446
attention
attention   a   a

[əténʃən] 주목

0447
take an exam
take an exam

[teik ən igzǽm] 시험을 보다

0448
midterm exam
midterm exam

[mídtəːrm igzǽm] 중간고사

0449
final exam
final exam   f

[fáinl igzǽm] 기말고사

☆초등필수☆
0450
classmate
classmate   c

[klǽsmeit] (같은) 반 친구

0451
principal
principal   p

[prínsəpəl] 교장 선생님

0452

homeroom teacher

[hóumrù:m tí:tʃər] 담임선생님

☆초등필수☆

0453

loud

[laud] 시끄러운

☆초등필수☆

0454

voice

[vɔis] 목소리

0455

private school

[práivət skuːl] 사립학교

0456

public school

[pʌ́blik skuːl] 공립학교

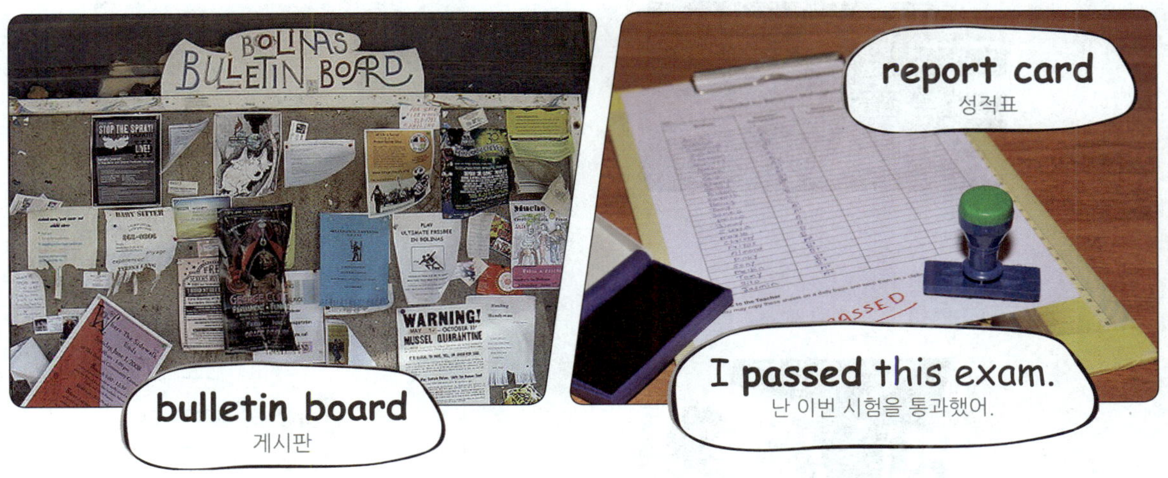

0457

bulletin board

[búlitən bɔːrd] 게시판

0458

report

[ripɔ́ːrt] 보고

0459

report card

[ripɔ́ːrt kaːrd] 성적표

☆초등필수☆

0460

pass

[pæs] 통과하다

DAY 23 Activity

A. 다음 사진과 설명을 보고 연상되는 영어 단어나 우리말 뜻을 고르세요.

1.

ⓐ 휴일　　　ⓑ 출석

2.

ⓐ attend　　　ⓑ absent

3.

ⓐ take an exam　　ⓑ pass an exam

4.

ⓐ 담임선생님　　　ⓑ 교장 선생님

5.
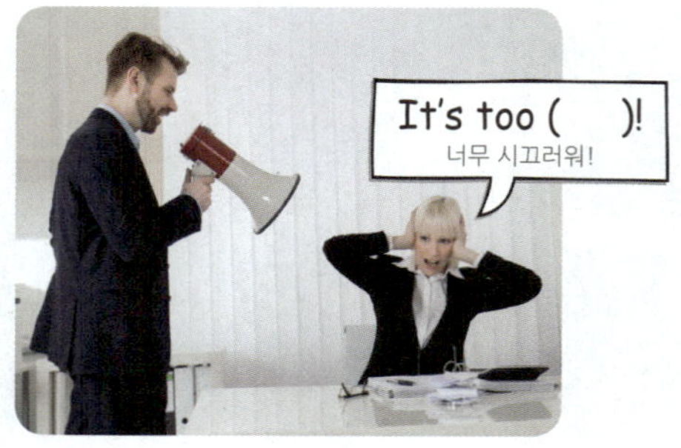

ⓐ pass　　　ⓑ loud

6.

ⓐ bulletin board　　ⓑ report card

B. 우리말에 맞도록 주어진 알파벳으로 시작하는 단어를 써 보세요.

7. 난 시험을 **통과**해야만 해. I have to p________ the exam.

8. 난 시험을 **치러**야만 해. I have to t________ the exam.

9. **성적표**를 받았어. I got my r________ c________.

10. 너 **게시판** 봤니? Did you see the b________ b________?

11. 난 **사립**학교에 다녀. I go to a p________ school.

12. 난 **공립**학교에 다녀. I go to a p________ school.

13. 그는 오늘 **결석**이야. He is a________ today.

C. 다음 우리말을 보고 알맞은 영어 단어의 철자를 써 보세요.

14. 출석 | a | | t | e | | d | a | | e |

15. 결석 | | b | | e | n | |

16. 주목 | a | t | | e | | t | | o |

17. (같은) 반 친구 | c | l | | | m | | t |

18. 시끄러운 | l | o | | |

19. 교장 | p | | n | | p | a | |

20. 보고 | r | | | o | r |

DAY 24 · We are in a fairy tale world.

NAME :　　　　　DATE :　　.　　.　　.　　GOAL : 필수 10 / 추가 10

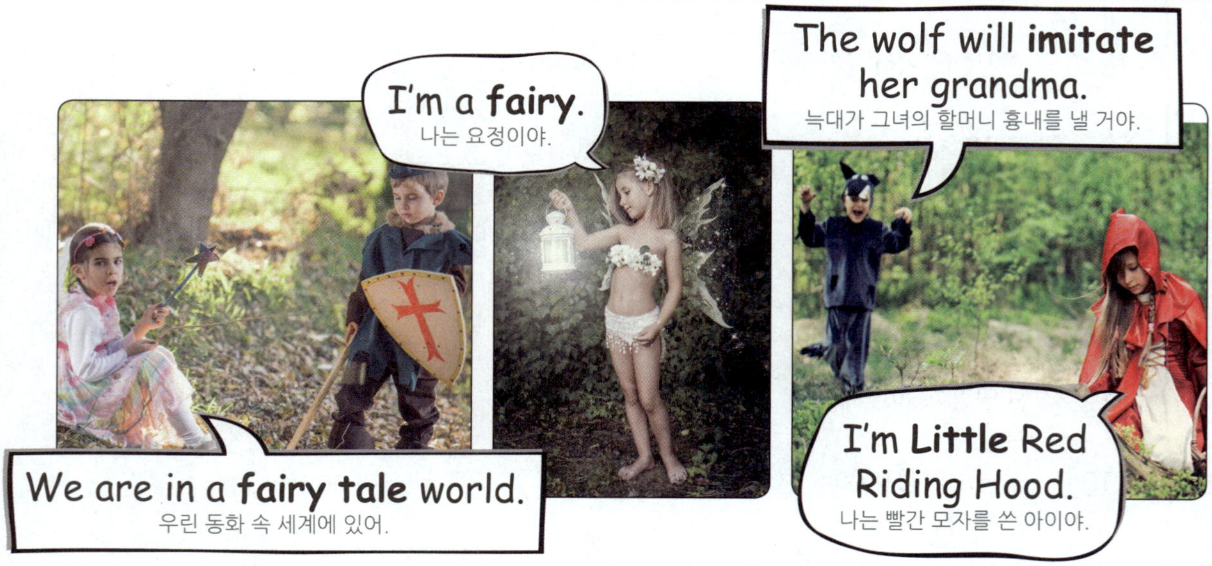

0461 fairy tale　　fairy tale　　f

[fέəri teil] 동화

0462 fairy　　fairy　　f　　f

[fέəri] 요정

0463 imitate　　imitate　　i　　i

[ímətèit] 흉내 내다

☆초등필수☆

0464 wolf　　wolf　　w　　w

[wulf] 늑대

☆초등필수☆

0465 little　　little　　t　　t

[lítl] 작은

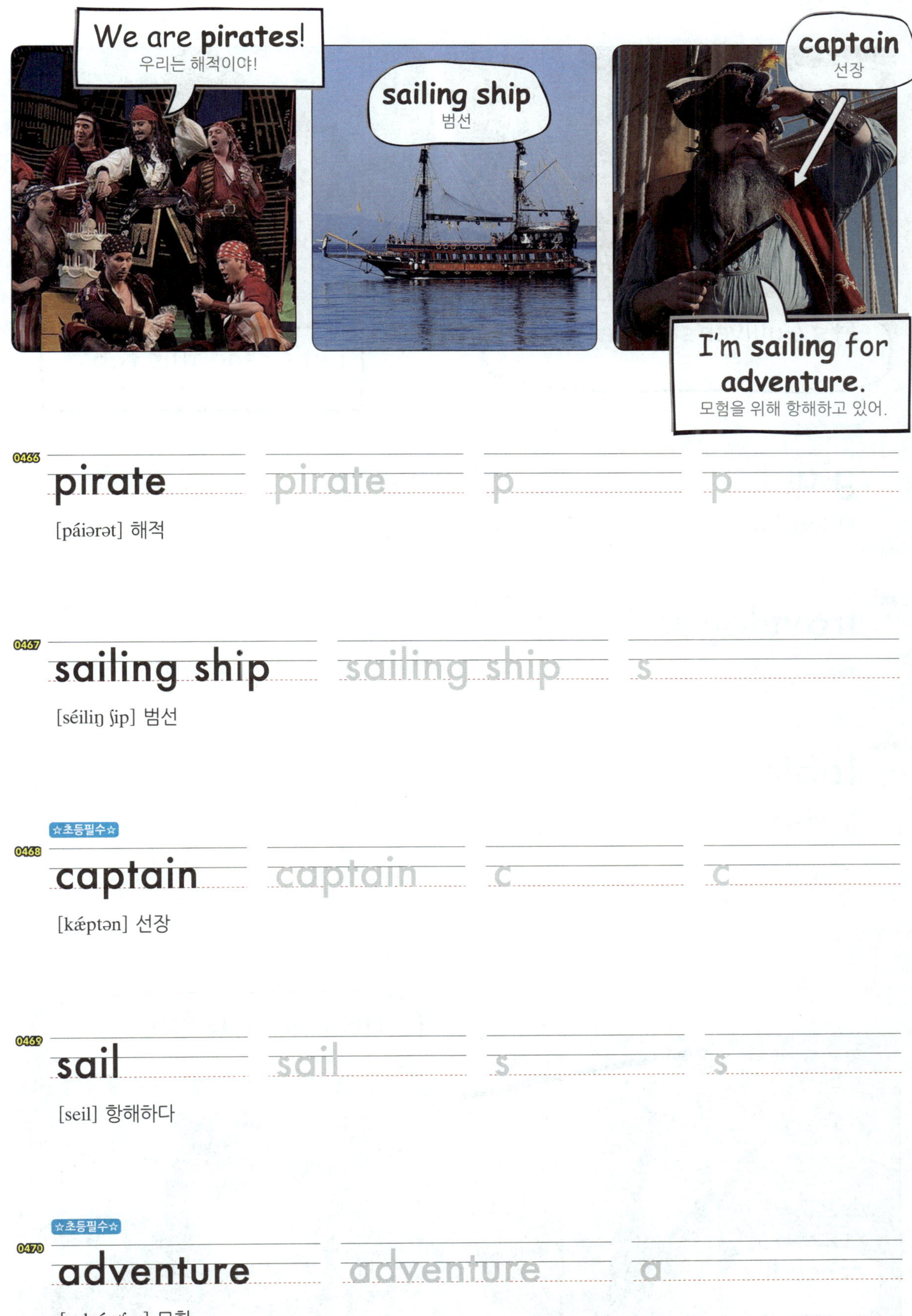

0466

pirate

pirate　　p　　p

[páiərət] 해적

0467

sailing ship

sailing ship　　s

[séiliŋ ʃip] 범선

☆초등필수☆

0468

captain

captain　　c　　c

[kǽptən] 선장

0469

sail

sail　　s　　s

[seil] 항해하다

☆초등필수☆

0470

adventure

adventure　　a

[ædvéntʃər] 모험

☆초등필수☆

0471
giant
[dʒáiənt] 거인

0472
travelogue
[trǽvəlɔ̀:g] 여행기

0473
fable
[féibl] 우화

0474 crocodile

crocodile　　c

[krάkədàil] 악어

0475 large

large　　l　　l

[lɑ:rdʒ] 큰

0476 dragon

dragon　　d　　d

[drǽgən] 용

0477 fantastic

fantastic　　f　　f

[fæntǽstik] 환상적인

0478 dead

dead　　d　　d

[ded] 죽은

0479 hunt

hunt　　h　　h

[hʌnt] 사냥하다

0480 kill

kill　　k　　k

[kil] 죽이다

DAY 24 Activity

A. 다음 사진과 설명을 보고 연상되는 영어 단어나 우리말 뜻을 고르세요.

1.

ⓐ 동화　　　ⓑ 모험

2.

ⓐ hunt　　　ⓑ imitate

3.

ⓐ 거인　　　ⓑ 해적

4.

ⓐ fairy　　　ⓑ giant

5.

ⓐ adventure　　　ⓑ fantastic

6.

ⓐ hunt　　　ⓑ sail

B. 우리말에 맞도록 주어진 알파벳으로 시작하는 단어를 써 보세요.

7. 나는 **동화**를 좋아한다.　　　I like f_________ t_________s.

8. 그녀는 **작은** 소녀야.　　　She is a l_________ girl.

9. 나는 우리 할머니 **흉내를 낸다**.　　　I i_____________ my grandmother.

10. 우리는 **해적**이야.　　　We are p_____________s.

11. 그는 **선장**이야.　　　He is the c_____________.

12. 우리는 바다를 **항해해**.　　　We s_________ the seas.

13. 이 **우화**를 읽어보자.　　　Let's read this f_________.

C. 다음 우리말을 보고 알맞은 영어 단어의 철자를 써 보세요.

14. 요정　　| f | a | | |

15. 모험　　| | | v | e | | t | | r | |

16. 거인　　| g | | a | |

17. 사냥하다　　| | | | t |

18. 용　　| | | a | g | |

19. 악어　　| c | | | c | o | d | | | e |

20. 환상적인　　| f | | n | t | | s | | i | |

DAY 25 This size is too big.

STEP 1 사진으로 단어/표현 학습하기 〉 STEP 2 음원을 듣고 영단어 따라 읽기 〉 STEP 3 손으로 줄에 맞춰 단어 쓰기

NAME :　　　DATE :　　.　　.　　.　　GOAL : 필수 12 / 추가 8

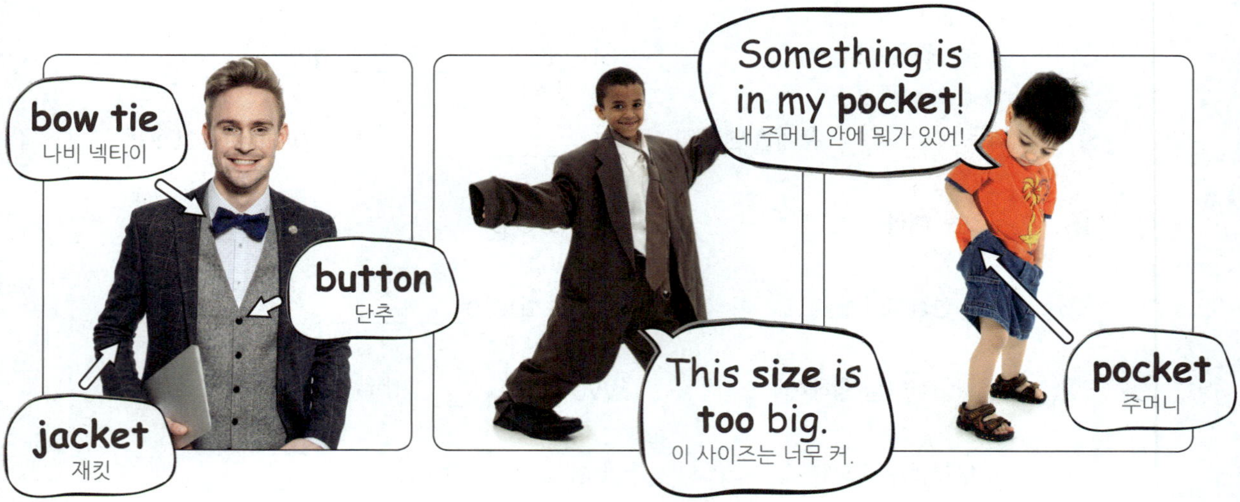

0481

bow tie
[bou tai] 나비 넥타이

☆초등필수☆

0482

button
[bʌtn] 단추

☆초등필수☆

0483

jacket
[dʒǽkit] 재킷

☆초등필수☆

0484

size
[saiz] 사이즈

☆초등필수☆

0485

too
[tu:] 너무

0486
pocket
pocket   p   p

[pάkit] 주머니

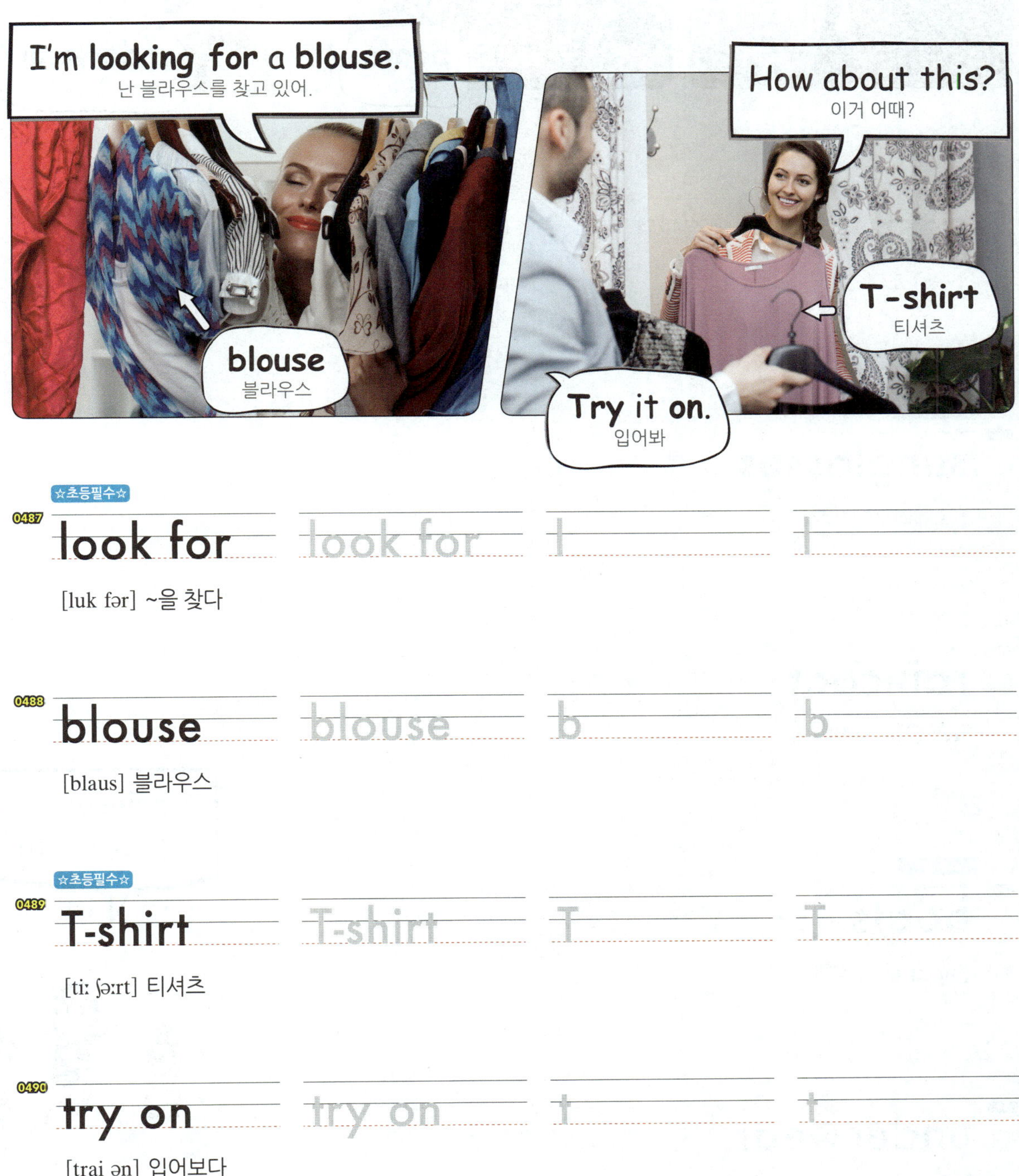

0487
look for
look for   l   l

[luk fər] ~을 찾다

0488
blouse
blouse   b   b

[blaus] 블라우스

0489
T-shirt
T-shirt   T   T

[ti: ʃəːrt] 티셔츠

0490
try on
try on   t   t

[trai ən] 입어보다

0491

vest

vest   v   v

[vest] 조끼

0492

sunglasses

sunglasses   s

[sʌ́nglæ̀siz] 선글라스

0493

raincoat

raincoat   r   r

[réinkòut] 우비

0494

boots

boots   b

[buːts] 부츠, 장화

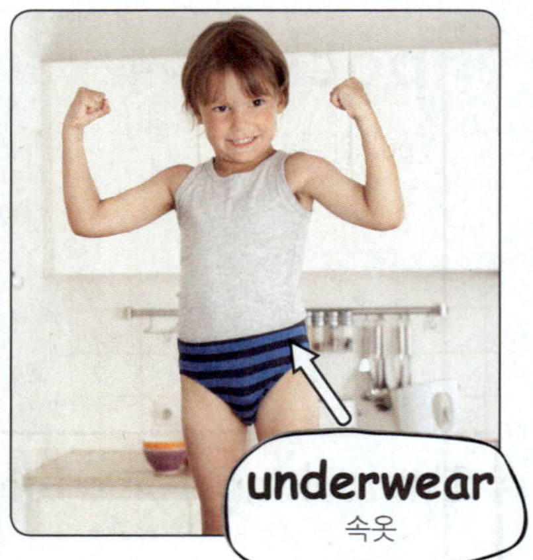

0495

underwear

underwear

[ʌ́ndərwɛ̀ər] 속옷

☆초등필수☆

0496

pants

[pænts] 바지

pants　　p　　p

☆초등필수☆

0497

shorts

[ʃɔːrts] 반바지

shorts　　s　　s

☆초등필수☆

0498

sweater

[swétər] 스웨터

sweater　　s　　s

☆초등필수☆

0499

jeans

[dʒiːnz] 청바지

jeans　　j　　j

0500

pajamas

[pədʒáːməz] 잠옷

pajamas　　p　　p

DAY 25 Activity

A. 다음 사진과 설명을 보고 연상되는 영어 단어나 우리말 뜻을 고르세요.

1.

ⓐ 주머니   ⓑ 단추

2.

ⓐ pocket   ⓑ vest

3.

ⓐ bow tie   ⓑ blouse

4.

ⓐ 찾아봐.   ⓑ 입어봐.

5.

ⓐ sunglasses   ⓑ sweater

6.

ⓐ pants   ⓑ boots

B. 우리말에 맞도록 주어진 알파벳으로 시작하는 단어를 써 보세요.

7. 나는 **블라우스**를 입고 있어.　　I'm wearing a b____________.

8. 나는 **반바지**를 입고 있어.　　I'm wearing s____________.

9. 나는 **티셔츠**를 입고 있어.　　I'm wearing a T____________.

10. 나는 **스웨터**를 입고 있어.　　I'm wearing a s____________.

11. 나는 **잠옷**을 입고 있어.　　I'm wearing my p____________.

12. 내 **주머니** 안에 뭐가 있어!　　Something is in my p____________!

13. 이 **사이즈**는 너무 커!　　This s________ is too big!

C. 다음 우리말을 보고 알맞은 영어 단어의 철자를 써 보세요.

14. 단추

b			t	o	

15. 우비

r			c		

16. ~를 찾다

l		k		f	

17. 입어보다

	r		o	

18. 조끼

	e	s	

19. 너무

	o	

20. 청바지

	e	a		

A.  다음 우리말 뜻에 맞는 단어를 괄호 안에서 고르세요.

1. 나는 오븐을 사용해.   I use the (fan / oven).

2. 나는 세탁기를 사용해.   I use the (coffee maker / washing machine).

3. 나는 작가가 되고 싶어.   I want to be a (baker / writer).

4. 나는 과학자가 되고 싶어.   I want to be a (scientist / nurse).

5. 그녀는 오늘 결석했다.   She is (absent / attend) today.

6. 너무 시끄러워!   It's too (voice / loud)!

7. 나는 동화를 좋아해.   I like (fairy / pirate) tales.

8. 나는 바지를 사고 싶어요.   I want to buy (pants / boots).

9. 새 스웨터를 갖고 싶어.   I want a new (blouse / sweater).

B. 아래 영어 단어의 우리말 뜻을 쓰세요.

10.	dry	16.	dessert
11.	future	17.	job
12.	classmate	18.	report
13.	holiday	19.	giant
14.	imitate	20.	large
15.	homeroom teacher	21.	raincoat

C. 빈칸에 알맞은 단어를 찾아 줄로 연결하세요.

22. I use the _______.   •   • advice
    나는 냉장고를 사용해.

23. I use the _______.   •   • refrigerator
    나는 토스터기를 사용해.

24. He gave me some _______.   •   • toaster
    그는 내게 충고를 해 줬어.

25. She is a _______.   •   • pass
    그녀는 판사야.

26. I have to _______ the exam. •   • T-shirt
    나는 그 시험을 통과해야만 해.

27. We are _______s.   •   • judge
    우리는 해적이야.

28. This _______ is comfortable. •   • pirate
    이 티셔츠는 편안해.

D. 다음 우리말을 보고 알맞은 영어 단어를 써 보세요.

29. 다림질하다   i______   35. 주름   w______

30. 요리사   c______   36. ~를 돌보다 t______

31. 간호사   n______   37. 주목   a______

32. 시끄러운   l______   38. 선장   c______

33. 환상적인   f______   39. 죽이다   k______

34. ~를 찾다   l______   40. 입어보다   t______

STEP 1 사진으로 단어/표현 학습하기 〉 **STEP 2** 음원을 듣고 영단어 따라 읽기 〉 **STEP 3** 손으로 줄에 맞춰 단어 쓰기

 **NAME :**   **DATE :**   .   .   .   **GOAL : 필수 12 / 추가 8**

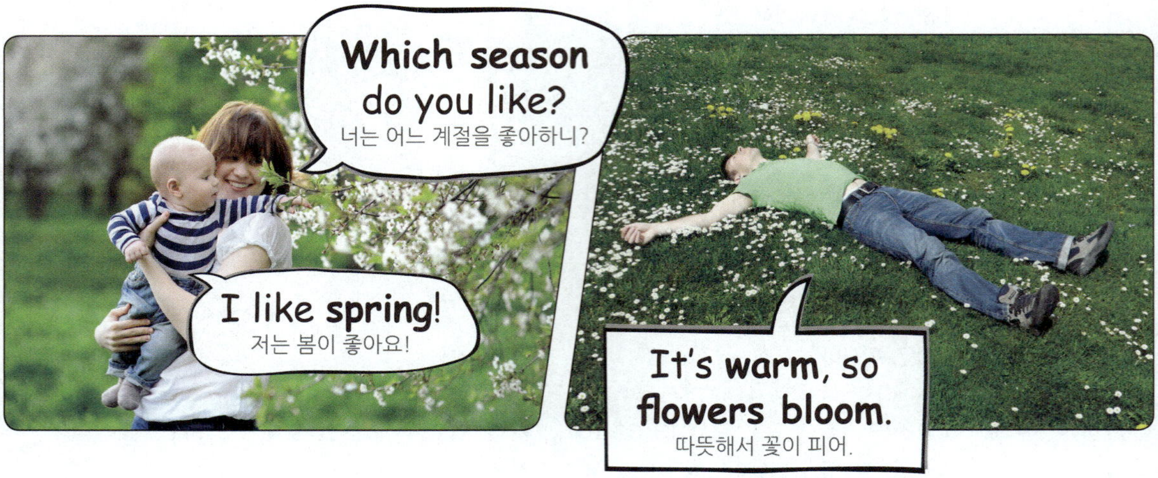

0501
which
which w w

[*h*witʃ] 어느

☆초등필수☆
0502
season
season s s

[síːzn] 계절

☆초등필수☆
0503
spring
spring s s

[spriŋ] 봄

☆초등필수☆
0504
warm
warm w w

[wɔːrm] 따뜻한

☆초등필수☆
0505
flower
flower f f

[fláuər] 꽃

0506
bloom

bloom   b   b

[blu:m] (꽃이) 피다

☆초등필수☆

0507
summer

summer   s   s

[sʌ́mər] 여름

☆초등필수☆

0508
hot

hot   h   h

[hat] 더운

0509
humid

humid   h   h

[hjú:mid] 습한

0510
surfing

surfing   s   s

[sə́:rfiŋ] 서핑

☆초등필수☆

0511
beach

beach   b   b

[bi:tʃ] 해변

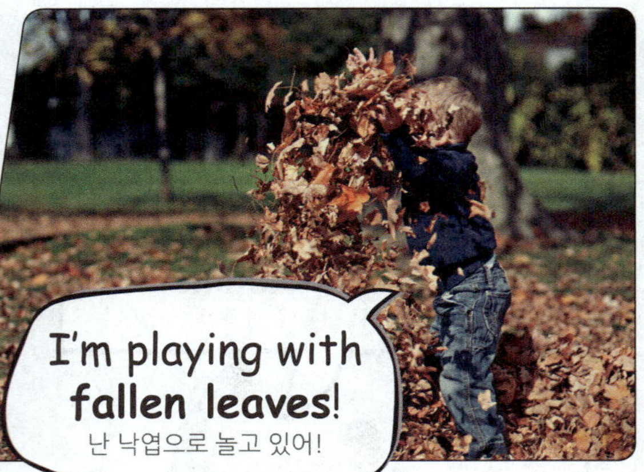

0512

autumn

[ɔ́ːtəm] 가을

0513

fall

[fɔːl] 가을

0514

fallen leaves

[fɔ́ːlən líːvz] 낙엽

0515

maple

[méipl] 단풍

☆초등필수☆

0516
change
change　　c　　c

[tʃeindʒ] 변하다

☆초등필수☆

0517
winter
winter　　w　　w

[wíntər] 겨울

0518
snowman
snowman　　s　　s

[snóumæn] 눈사람

☆초등필수☆

0519
become
become　　b　　b

[bikʌ́m] ~이 되다

☆초등필수☆

0520
ice
ice　　i　　i

[ais] 얼음

DAY 26 Activity

A.  다음 사진과 설명을 보고 연상되는 영어 단어나 우리말 뜻을 고르세요.

1.

ⓐ Which   ⓑ Spring

2.
ⓐ bloom   ⓑ hot

3.
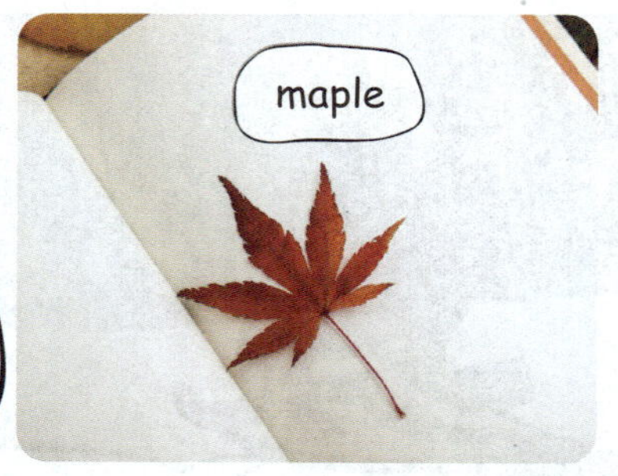

ⓐ 봄   ⓑ 여름

4.

ⓐ 단풍   ⓑ 가을

5.

ⓐ winter   ⓑ snowman

6.

ⓐ ice   ⓑ snowman

B. 우리말에 맞도록 주어진 알파벳으로 시작하는 단어를 써 보세요.

7. 나는 **봄**이 좋아. I like s__________.

8. 나는 **여름**이 좋아. I like s__________.

9. 나는 **가을**이 좋아. I like f__________.

10. 나는 **겨울**이 좋아. I like w__________.

11. 너는 어느 **계절**을 좋아하니? Which s__________ do you like?

12. 오늘 정말 **덥다**. It is very h__________ today.

13. 오늘 정말 **습하다**. It is very h__________ today.

C. 다음 우리말을 보고 알맞은 영어 단어의 철자를 써 보세요.

14. 따뜻한 | | a | r | |

15. (꽃이) 피다 | b | | o | |

16. 해변 | | | c | h |

17. 가을 | a | | t | u | |

18. 단풍 | | a | | e |

19. 눈사람 | s | | | w | m | |

20. 얼음 | i | | |

DAY 27 — How do you feel today?

 NAME :   DATE :   .   .   .   GOAL : 필수 8 / 추가 12

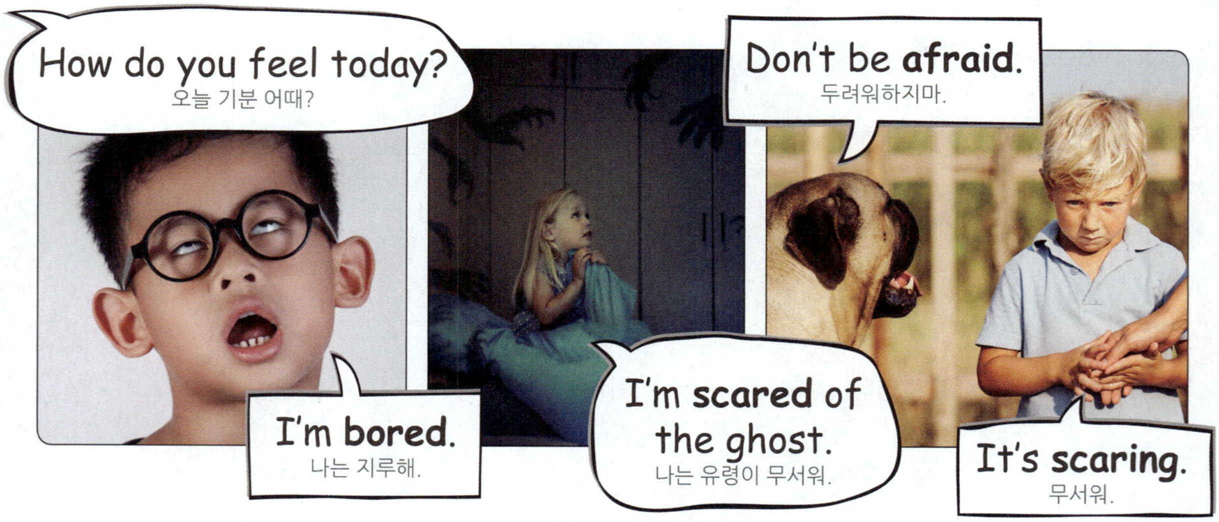

0521
bored
bored   b   b

[bɔːrd] 지루한(지루함을 느끼는)

0522
boring
boring   b   b

[bɔ́ːriŋ] 지루한(지루하게 하는)

0523
scared
scared   s   s

[skɛərd] 무서운(무서움을 느끼는)

0524
scaring
scaring   s   s

[skɛəriŋ] 무서운(무섭게 하는)

☆초등필수☆

0525
afraid
afraid   a   a

[əfréid] 두려운

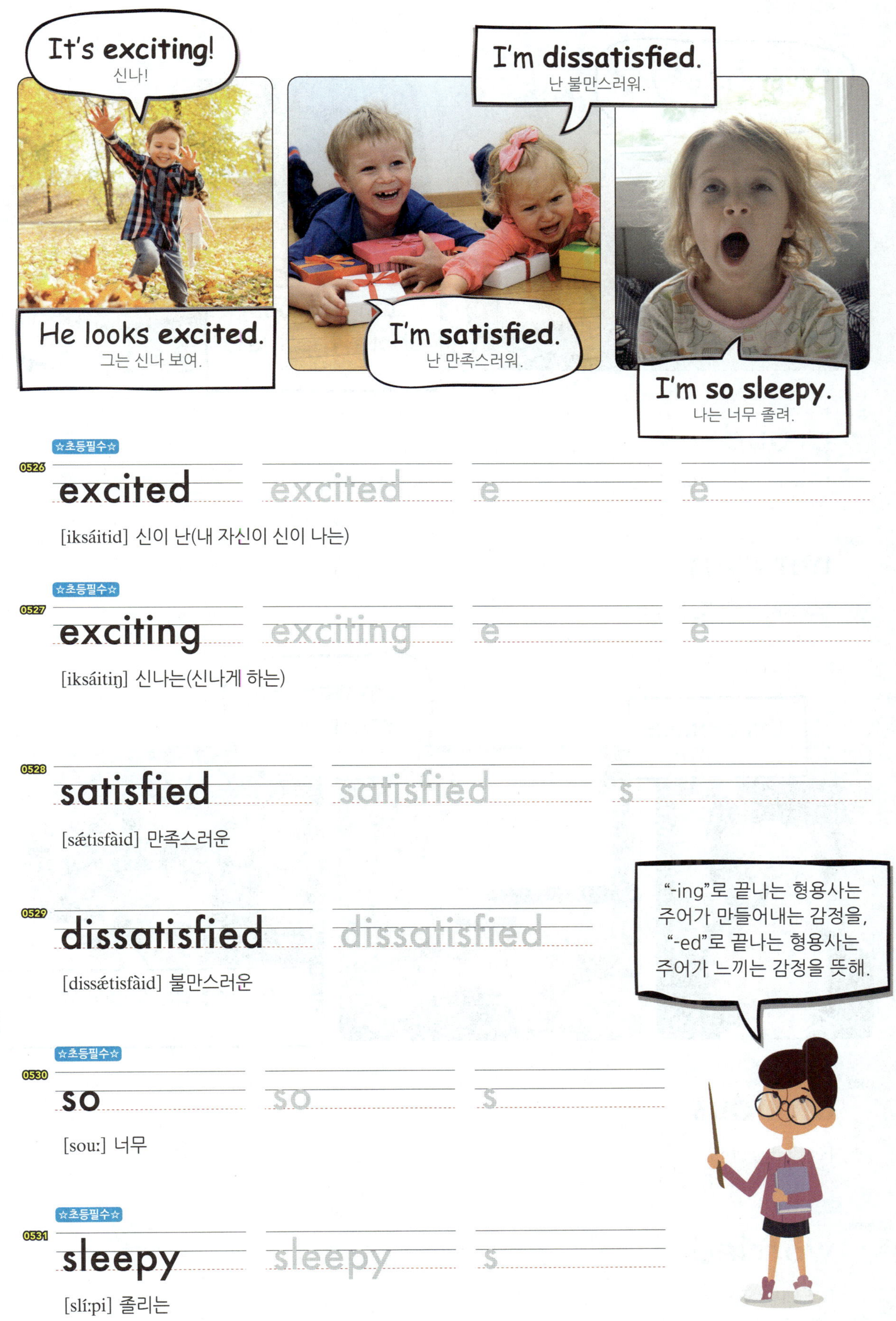

☆초등필수☆

0526 excited excited e e

[iksáitid] 신이 난(내 자신이 신이 나는)

☆초등필수☆

0527 exciting exciting e e

[iksáitiŋ] 신나는(신나게 하는)

0528 satisfied satisfied s

[sǽtisfàid] 만족스러운

0529 dissatisfied dissatisfied

[dissǽtisfàid] 불만스러운

"-ing"로 끝나는 형용사는 주어가 만들어내는 감정을, "-ed"로 끝나는 형용사는 주어가 느끼는 감정을 뜻해.

☆초등필수☆

0530 so so s

[sou:] 너무

☆초등필수☆

0531 sleepy sleepy s

[slí:pi] 졸리는

0532 proud

proud　p　p

[praud] 자랑스러운

0533 nervous

nervous　n　n

[nə́:rvəs] 긴장되는

0534 anxious

anxious　a　a

[ǽŋkʃəs] 불안한

☆초등필수☆

0535 worried

worried　w　w

[wə́:rid] 걱정하는

0536 disappointed disappointed d

[dìsəpɔ́intid] 실망한

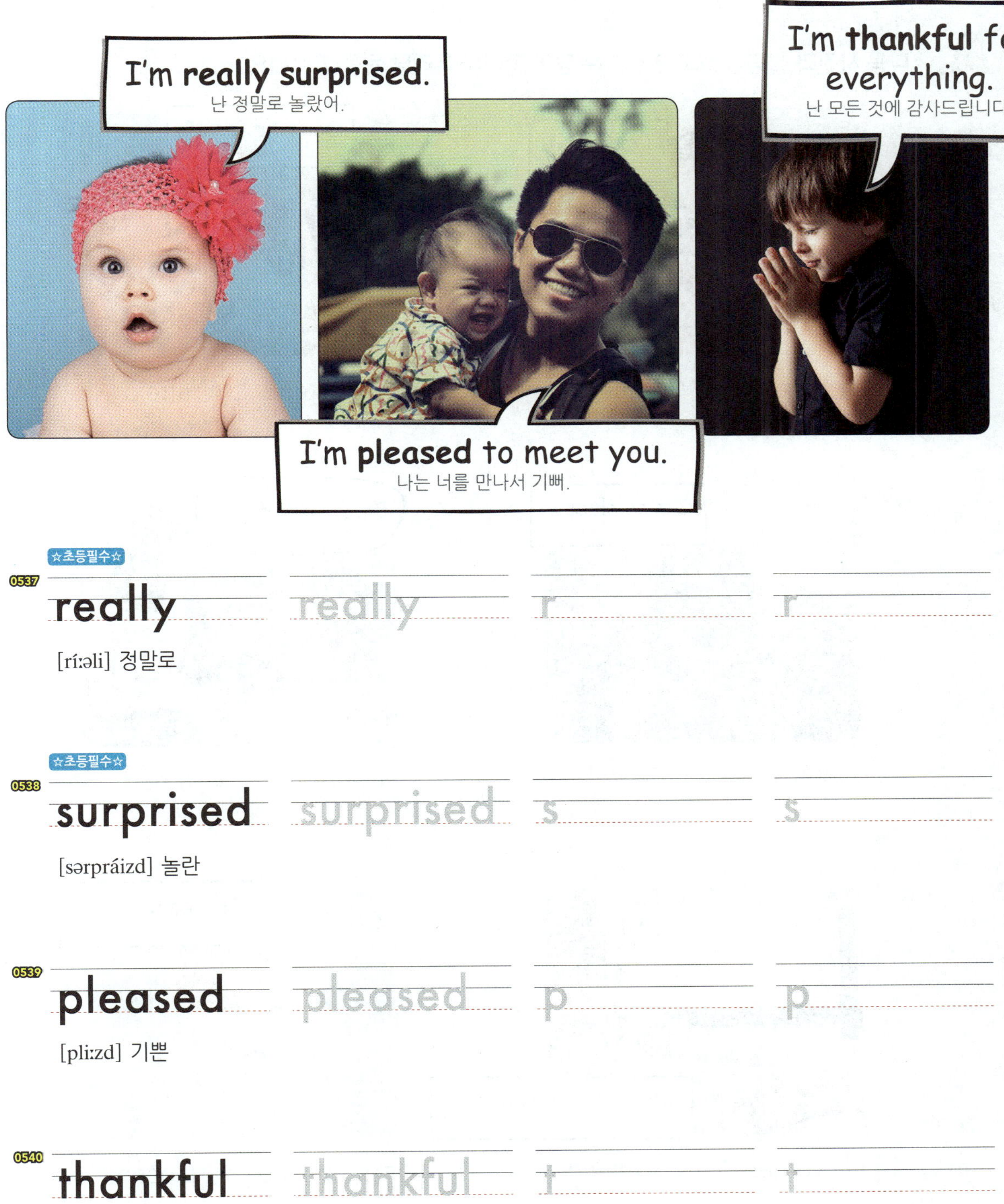

☆초등필수☆

0537 really really r r

[ríːəli] 정말로

☆초등필수☆

0538 surprised surprised s s

[sərpráizd] 놀란

0539 pleased pleased p p

[pliːzd] 기쁜

0540 thankful thankful t t

[θǽŋkfəl] 감사하는

DAY 27 Activity

A. 다음 사진과 설명을 보고 연상되는 영어 단어나 우리말 뜻을 고르세요.

1.

ⓐ bored　　ⓑ scared

2.

ⓐ excited　　ⓑ afraid

3.

ⓐ 졸려　　ⓑ 만족스러워

4.

ⓐ bored　　ⓑ proud

5.

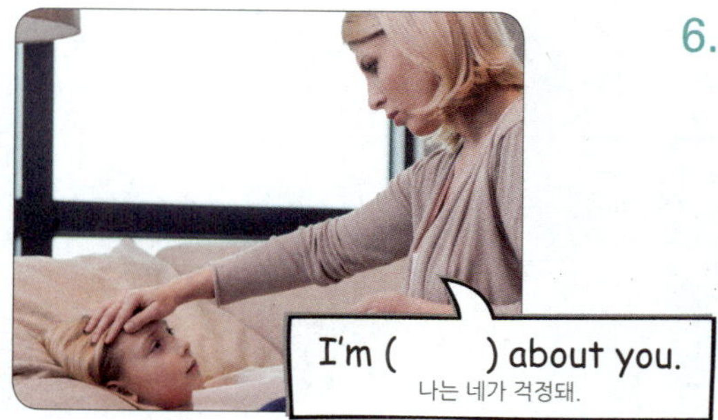

ⓐ worried　　ⓑ exciting

6.

ⓐ surprised　　ⓑ pleased

B. 우리말에 맞도록 주어진 알파벳으로 시작하는 단어를 써 보세요.

7. 이 책은 **지루해**.　　　　This book is b__________.

8. 나는 유령이 **무서워**.　　　I'm s__________ of the ghost.

9. 나는 **만족스러워**.　　　　I'm s__________.

10. 나는 너무 **졸려**.　　　　I'm so s__________.

11. 나는 네가 **자랑스러워**.　　I'm p__________ of you.

12. 나는 **긴장돼**.　　　　　I'm n__________.

13. 나는 정말 **놀랐어**.　　　I'm really s__________.

C. 다음 우리말을 보고 알맞은 영어 단어의 철자를 써 보세요.

14. 두려운　　　| a | | r | | |

15. 신이 난　　| e | | | i | t | d |

16. 불안한　　| | n | | i | o | |

17. 걱정하는　| w | | | r | i | |

18. 기쁜　　　| p | | | a | s | |

19. 감사하는　| | h | a | | | f | | l |

20. 불만스러운　| d | | s | a | | s | f | i | |

DAY 28 I have a sore throat.

 NAME :   DATE :   .   .   .   GOAL : 필수 8 / 추가 12

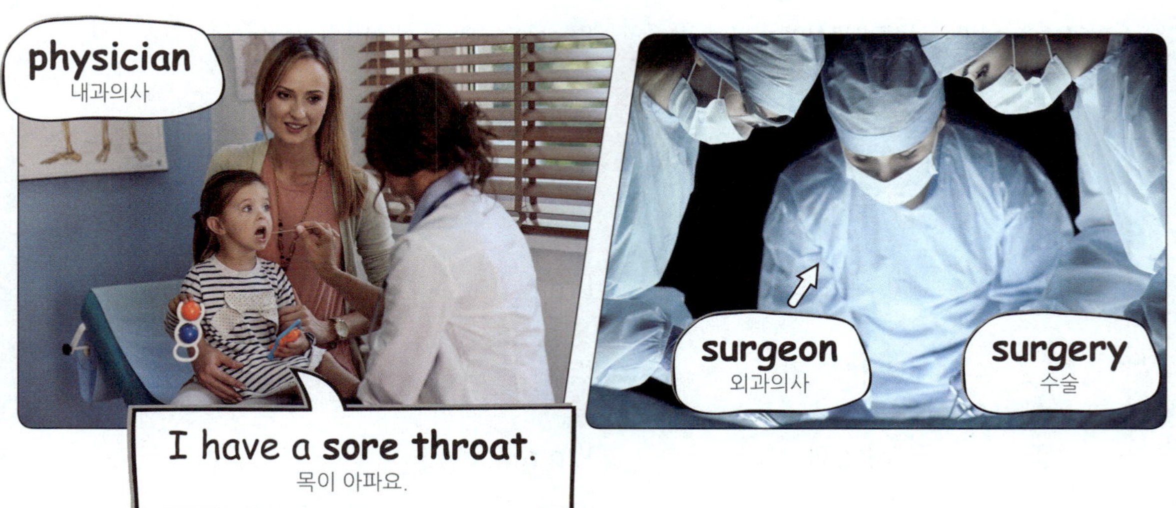

0541

sore
[sɔːr] 아픈

0542

throat
[θrout] 목(구멍)

0543

physician
[fizíʃən] 내과의사

0544

surgery
[sə́ːrdʒəri] 수술

0545

surgeon
[sə́ːrdʒən] 외과의사

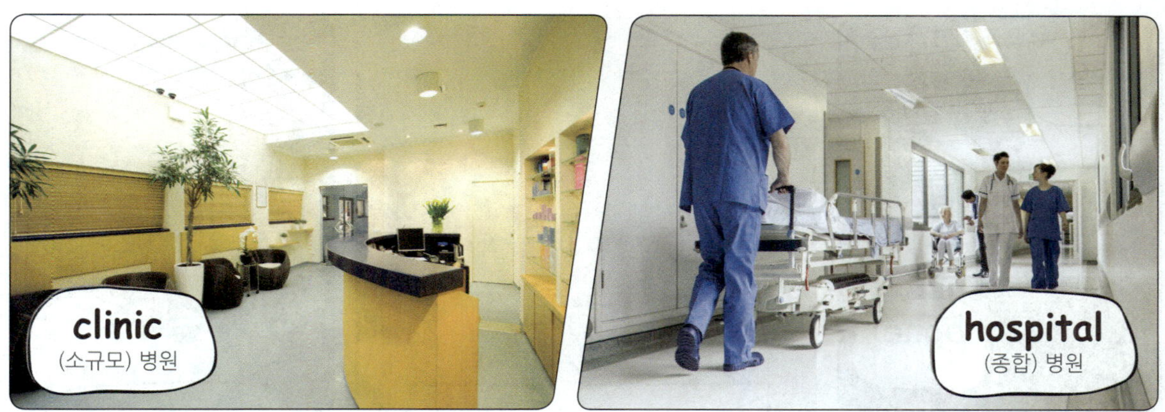

0546

clinic

clinic   c   c

[klínik] (소규모) 병원

0547

hospital

hospital   h   h

[háspitl] (종합) 병원

0548

muscle

muscle   m   m

[mʌsl] 근육

0549

toothache

toothache   t

[túːθèik] 치통

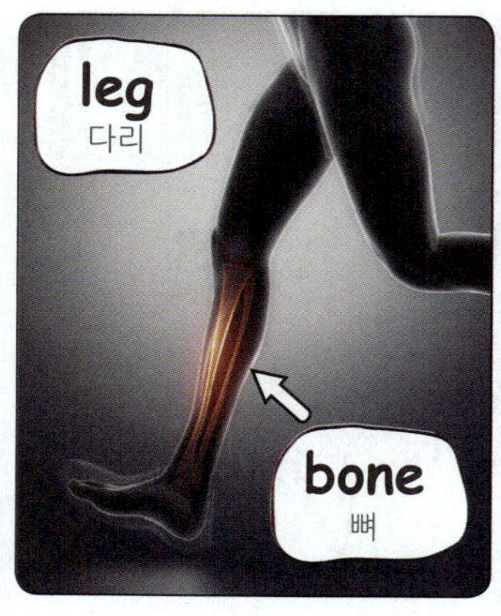

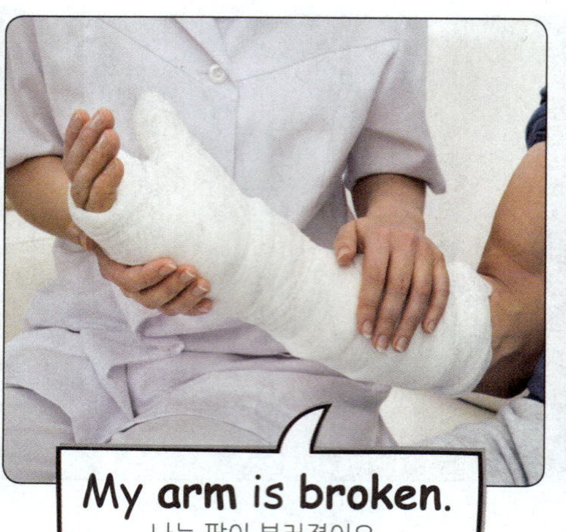

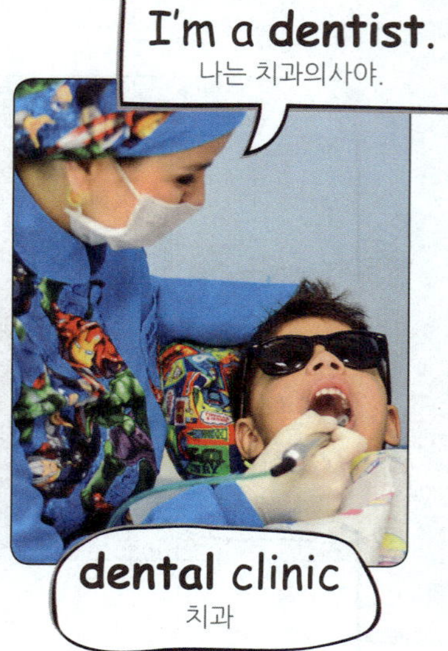

0550

leg
leg   l   l

[leg] 다리

0551

bone
bone   b   b

[boun] 뼈

0552

break
break   b

[breik] 부수다

0553

arm
arm   a

[a:rm] 팔

0554

dentist
dentist   d

[déntist] 치과의사

0555

dental
dental   d

[déntl] 치과의

"broken"은 "break"의
과거분사 형태야.
과거형은 "broke"
break-broke-broken

0556

sprain

sprain   s   s

[sprein] 접질리다, 삐다

0557

need

need   n   n

[niːd] ~해야 한다

0558

headache

headache   h

[hédeìk] 두통

0559

cure

cure   c   c

[kjuər] 치료하다

0560

remedy

remedy   r   r

[rémədi] 치료

DAY 28 Activity

A. 다음 사진과 설명을 보고 연상되는 영어 단어나 우리말 뜻을 고르세요.

1.
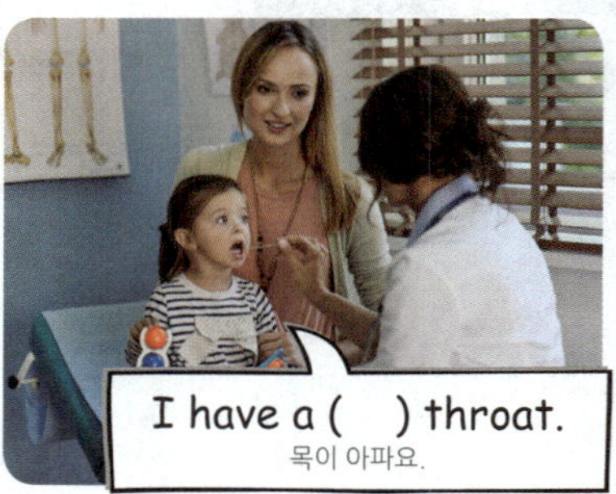

ⓐ sore   ⓑ break

2.
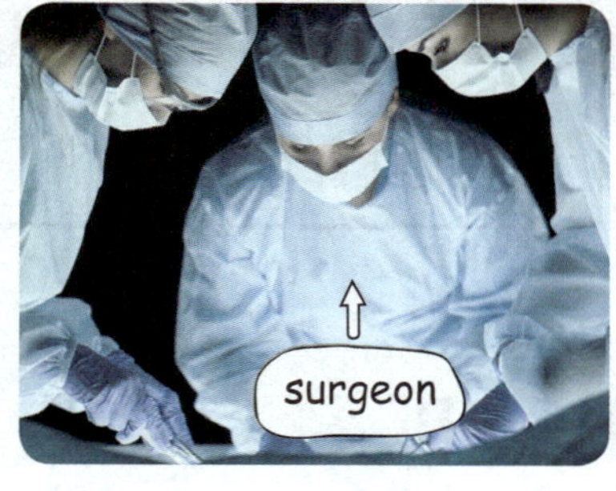

ⓐ 치과의사   ⓑ 외과의사

3.
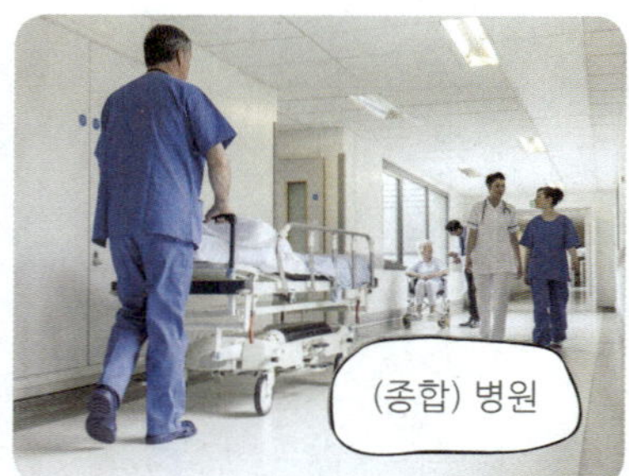

ⓐ hospital   ⓑ clinic

4.

ⓐ 치통   ⓑ 근육통

5.
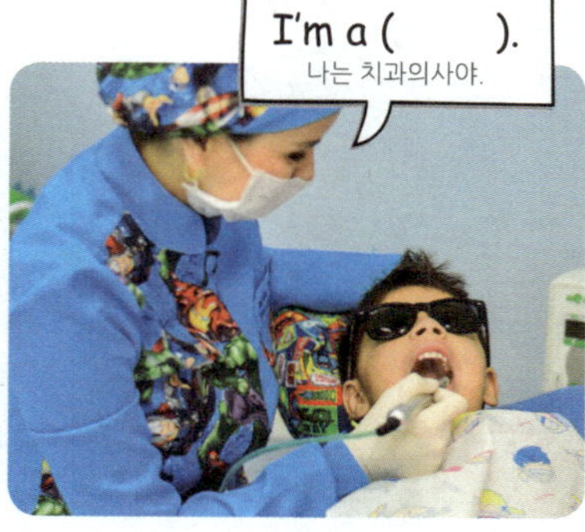

ⓐ physician   ⓑ dentist

6.
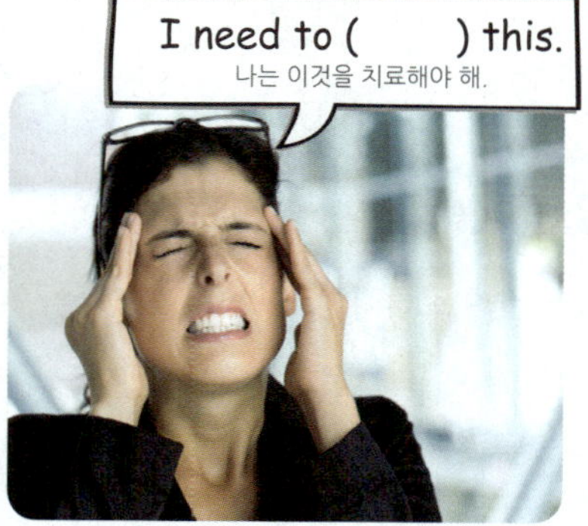

ⓐ cure   ⓑ clinic

B. 우리말에 맞도록 주어진 알파벳으로 시작하는 단어를 써 보세요.

7.   목이 **아파요**.   I have a s__________ throat.

8.   **근육**통이 있어요.   I have m__________ pain.

9.   **치통**이 있어요.   I have a t__________________.

10.   넌 **병원**에 가야 해.   You should go to the h__________.

11.   그녀는 **치과의사**야.   She is a d__________.

12.   그는 **외과의사**야.   He is a s__________.

13.   당신은 **수술**을 해야 합니다.   You need s__________.

C. 다음 우리말을 보고 알맞은 영어 단어의 철자를 써 보세요.

14.   내과의사 | p | h | | | c | i | | n |

15.   목(구멍) | | | r | o | | t |

16.   뼈 | b | | n | |

17.   부수다 | b | r | | | k |

18.   접질리다 | s | p | | | |

19.   두통 | h | | | d | a | | |

20.   치료 | r | | | e | d | |

DAY 29　What's your address?

☆초등필수☆

0561 address — address — a — a
[ədrés] 주소

0562 furniture — furniture — f — f
[fə́:rnitʃər] 가구

0563 armchair — armchair — a — a
[áːrmtʃὲər] 안락의자

☆초등필수☆

0564 inside — inside — i — i
[ìnsáid] ~안에

0565 ceiling — ceiling — c — c
[síːliŋ] 천장

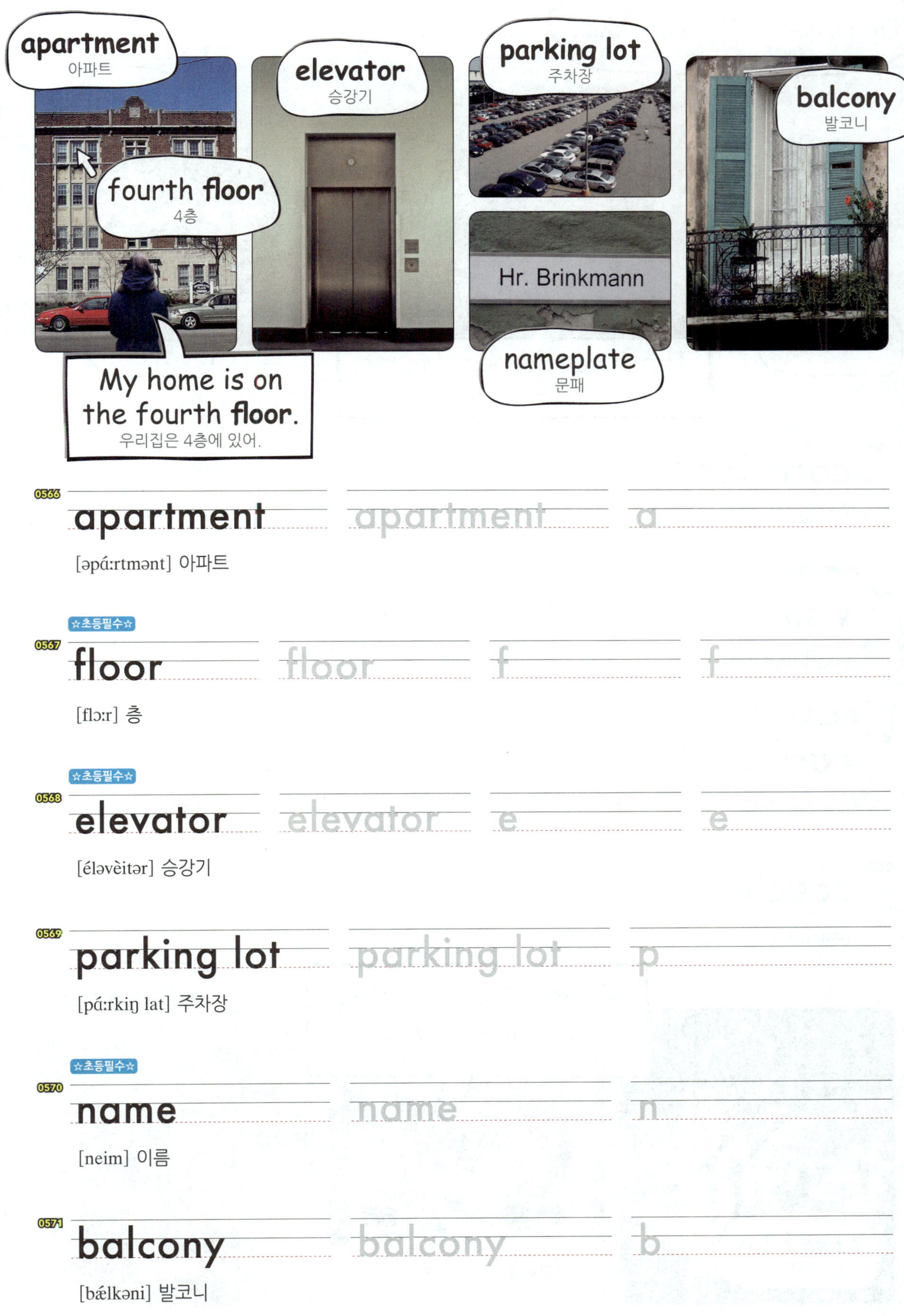

0566
apartment

apartment   a

[əpáːrtmənt] 아파트

☆초등필수☆

0567
floor

floor   f   f

[flɔːr] 층

☆초등필수☆

0568
elevator

elevator   e   e

[éləvèitər] 승강기

0569
parking lot

parking lot   p

[páːrkiŋ lat] 주차장

☆초등필수☆

0570
name

name   n

[neim] 이름

0571
balcony

balcony   b

[bǽlkəni] 발코니

0572

corridor

corridor · · c · · c

[kɔ́:ridər] 복도

☆초등필수☆

0573

visit

visit · · v · · v

[vízit] 방문하다

☆초등필수☆

0574

carpet

carpet · · c · · c

[káːrpit] 카펫

0575

couch

couch · · c · · c

[kautʃ] 소파

0576
basement
basement   b

[béismənt] 지하실

0577
terrace
terrace   t   t

[térəs] 테라스

0578
utility room
utility room   u

[ju:tíləti ru:m] 다용도실

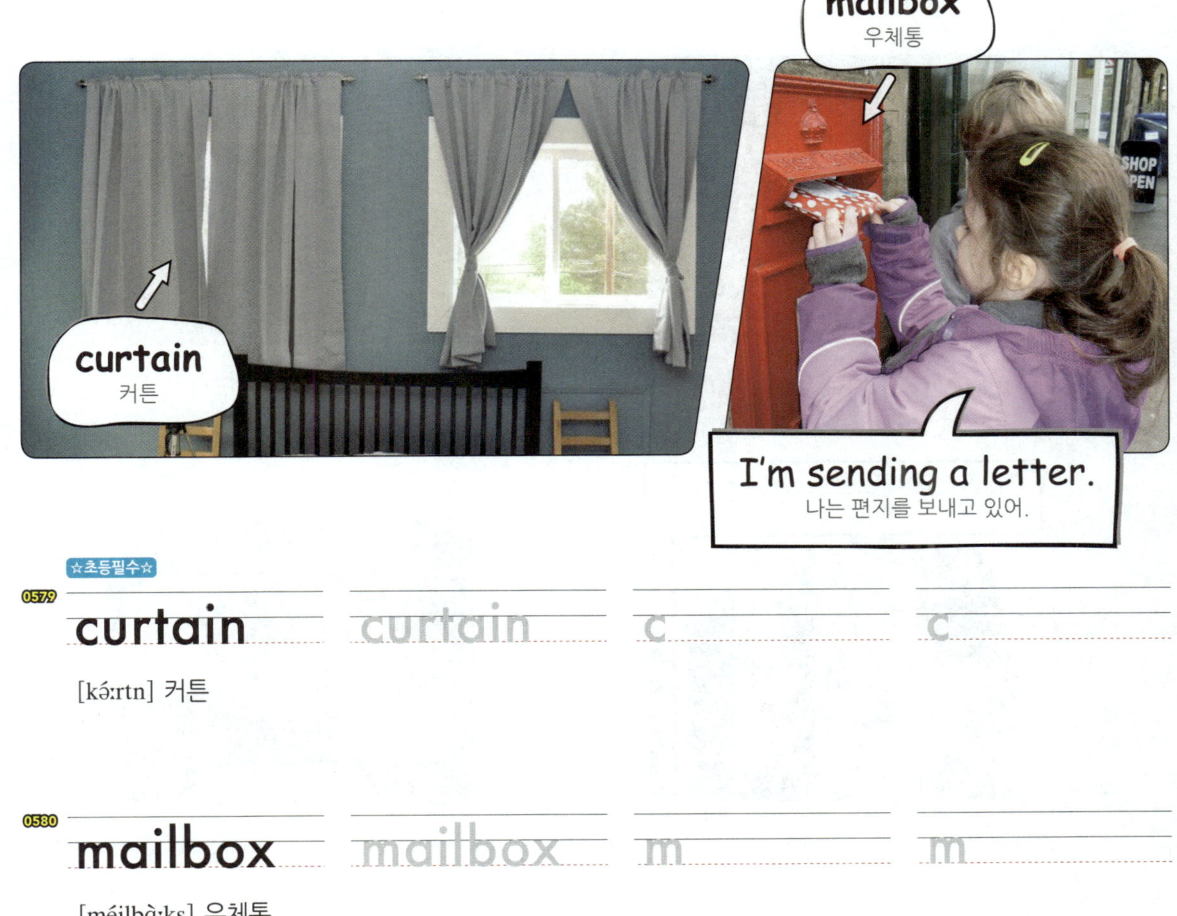

☆초등필수☆

0579
curtain
curtain   c   c

[kə́:rtn] 커튼

0580
mailbox
mailbox   m   m

[méilbɑ̀:ks] 우체통

DAY 29 Activity

A. 다음 사진과 설명을 보고 연상되는 영어 단어나 우리말 뜻을 고르세요.

1.

ⓐ 주소   ⓑ 깔개

2.

ⓐ ceiling   ⓑ rug

3.

ⓐ apartment   ⓑ parking lot

4.

ⓐ 발코니   ⓑ 주차장

5.

ⓐ rug   ⓑ visit

6.

ⓐ curtain   ⓑ couch

B. 우리말에 맞도록 주어진 알파벳으로 시작하는 단어를 써 보세요.

7.   여긴 **테라스**야.   This is a t__________.

8.   이건 **안락의자**야.   This is an a__________.

9.   네 **이름**은 뭐니?   What's your n__________?

10.   이건 **소파**야.   This is a c__________.

11.   **주차장**이 어디에 있나요?   Where is the p__________ l__________?

12.   이건 **카펫**이야.   This is a c__________.

13.   이건 **천장**이야.   This is a c__________.

C. 다음 우리말을 보고 알맞은 영어 단어의 철자를 써 보세요.

14.   주소

| a | | | r | e | | |

15.   아파트

| | p | a | | m | | n | t |

16.   층

| f | | o | | |

17.   승강기

| e | | v | a | | o | |

18.   방문하다

| v | | i | | |

19.   복도

| c | | r | i | | r |

20.   커튼

| | u | | t | | n |

DAY 30　I observe this insect.

NAME :　　DATE :　.　.　.　　GOAL : 필수 6 / 추가 14

0581
insect
insect　　i　　i

[ínsekt] 곤충

0582
cricket
cricket　　c　　c

[kríkit] 귀뚜라미

0583
observe
observe　　o　　o

[əbzə́ːrv] 관찰하다

0584
bedbug
bedbug　　b　　b

[bédbʌ̀g] 빈대

0585
snail
snail　　s　　s

[sneil] 달팽이

0586

mosquito

mosquito   m   m

[məskí:tou] 모기

☆초등필수☆

0587

bite

bite   b   b

[bait] 물다

☆초등필수☆

0588

ant

ant   a   a

[ænt] 개미

☆초등필수☆

0589

fly

fly   f

[flai] 파리

☆초등필수☆

0590

dirty

dirty   d

[dá:rti] 더러운

0591

flea

flea   f

[fli:] 벼룩

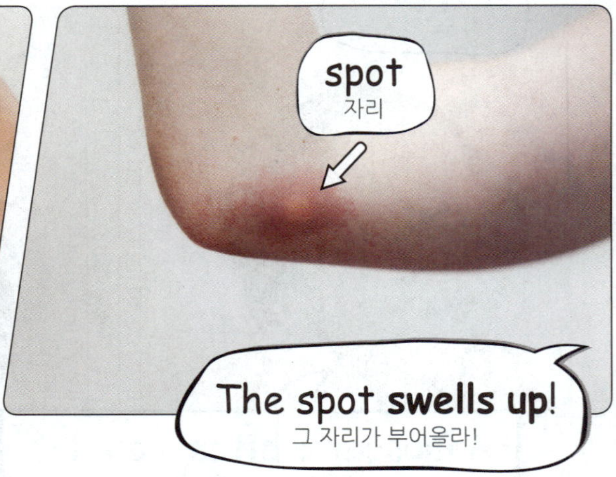

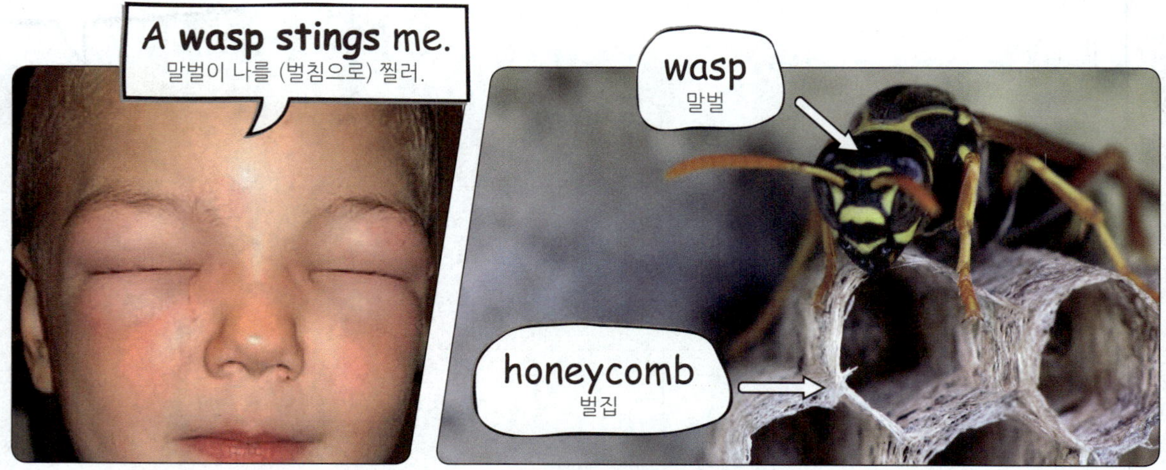

0592

itchy

itchy   i   i

[ítʃi] 가려운

0593

scratch

scratch   s   s

[skrætʃ] 긁다

0594

swell

swell   s   s

[swel] 붓다

☆초등필수☆

0595

up

up   u   u

[ʌp] 위에, 위쪽으로

0596

wasp

[wasp] 말벌

0597

sting

[stiŋ] 찌르다, 쏘다

0598

honey

[hʌni] 꿀

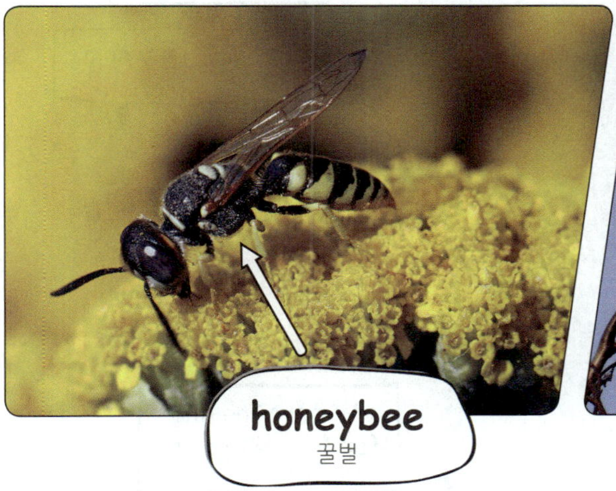

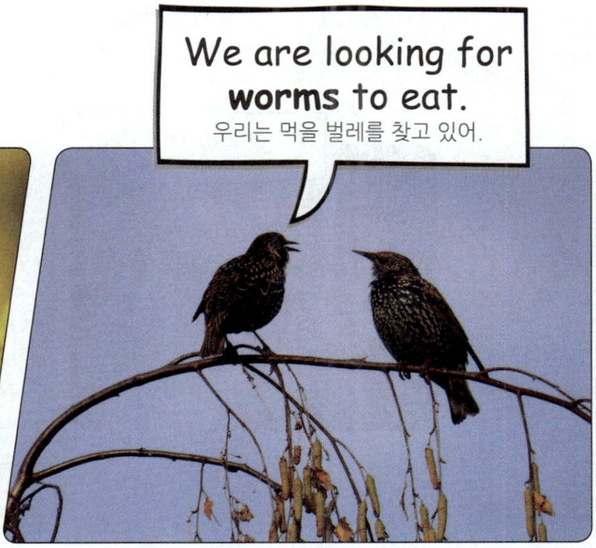

0599

honeybee

[hʌ́nibìː] 꿀벌

0600

worm

[wəːrm] 벌레

DAY 30 Activity

A. 다음 사진과 설명을 보고 연상되는 영어 단어나 우리말 뜻을 고르세요.

1.

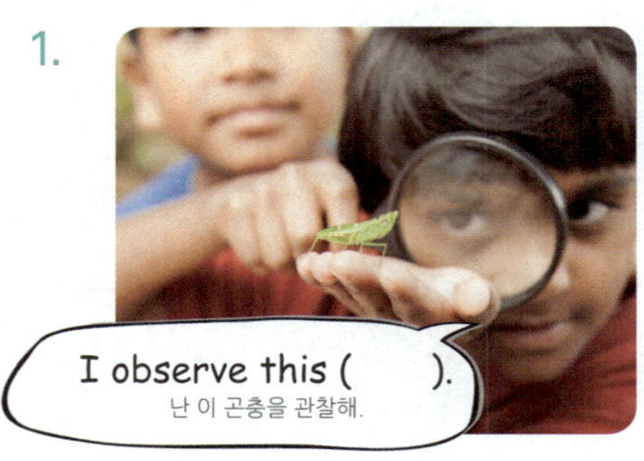

ⓐ insect　　ⓑ cricket

2.

ⓐ 모기　　ⓑ 파리

3.

ⓐ 벼룩　　ⓑ 꿀벌

4.

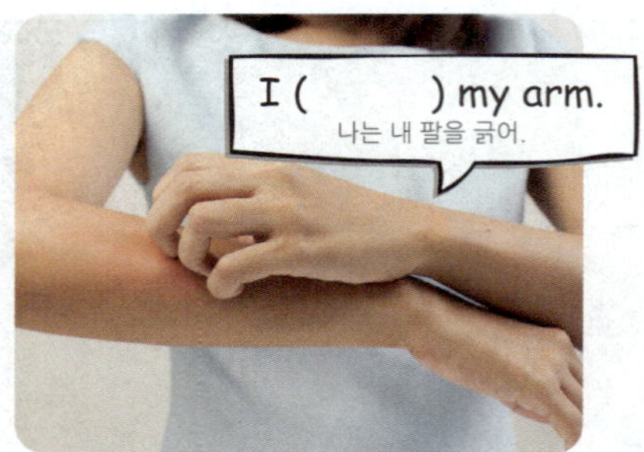

ⓐ sting　　ⓑ scratch

5.

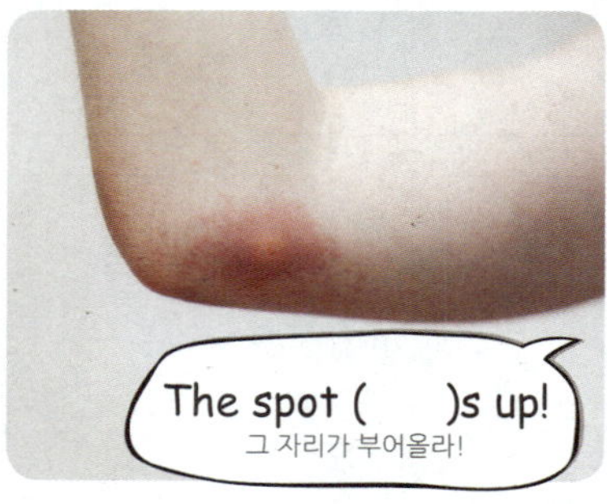

ⓐ swell　　ⓑ scratch

6.

ⓐ worm　　ⓑ honeybee

B. 우리말에 맞도록 주어진 알파벳으로 시작하는 단어를 써 보세요.

7. 나는 이 **곤충**을 관찰해.   I observe this i__________.

8. **모기**가 날 물었어.   A m__________ bit me.

9. **벼룩**이 어디 있지?   Where is the f______?

10. 그것은 **더러워**.   It's d__________.

11. 그 자리가 **부어올라**.   The spot s________s up.

12. 벌이 나를 (벌침으로) **찔러**.   A bee s_______s me.

13. 나는 **개미**가 좋아.   I like a_______s.

C. 다음 우리말을 보고 알맞은 영어 단어의 철자를 써 보세요.

14. 관찰하다 | o | | s | e | | |

15. 귀뚜라미 | c | | | k | e | |

16. 달팽이 | s | | a | |

17. 물다 | | i | |

18. 가려운 | | | c | h | |

19. 파리 | | l | |

20. 꿀 | h | | n | e | |

A.  다음 우리말 뜻에 맞는 단어를 괄호 안에서 고르세요.

1. 오늘 정말 덥다. It is very (hot / humid) today.

2. 이 책은 지루해. This book is (boring / exciting).

3. 나는 긴장돼. I'm (nervous / proud).

4. 목이 아파요. I have a sore (throat / muscle).

5. 그는 치과의사야. He is a (dentist / surgeon).

6. 이건 카펫이야. This is a (carpet / ceiling).

7. 이건 안락의자야. This is an (armchair / apartment).

8. 모기가 날 물었어. A (flea / mosquito) bit me.

9. 나는 내 팔을 긁어. I (scratch / sprain) my arm.

B. 아래 영어 단어의 우리말 뜻을 쓰세요.

10. warm __________	16. become __________
11. satisfied __________	17. worried __________
12. anxious __________	18. surgery __________
13. break __________	19. bone __________
14. ceiling __________	20. curtain __________
15. bite __________	21. dirty __________

 빈칸에 알맞은 단어를 찾아 줄로 연결하세요.

22. Which ________ do you like? •
너는 어느 계절을 좋아하니?

• season

23. I like ________. •
나는 가을을 좋아해.

• dissatisfied

24. I am ________. •
나는 기뻐.

• autumn

25. I am ________. •
나는 불만족스러워.

• hospital

26. I have to go to the ________. •
나는 병원에 가야 해,

• pleased

27. This is a ________. •
이건 우체통이야.

• honey

28. Bears like ________. •
곰은 꿀을 좋아해.

• mailbox

다음 우리말을 보고 알맞은 영어 단어를 써 보세요.

29. 봄   s ________
30. 꽃이 피다 b ________
31. 놀란   s ________
32. 접질리다   s ________
33. 아파트   a ________
34. 가려운   i ________

35. 얼음   i ________
36. 두려운   a ________
37. 치통   t ________
38. 치료하다   c ________
39. 주소   a ________
40. 관찰하다   o ________

Day 01

https://pixabay.com/ko/AC-592171/
https://pixabay.com/en/wedding-marriage-hand-painting-1404620/
https://pixabay.com/en/pregnancy-baby-feet-baby-toes-1039537/
https://en.wikipedia.org/wiki/Anklet
https://pixabay.com/en/children-curious-kneeling-italy-65584/

Day 02

http://www.publicdomainpictures.net/view-image.php?image=45712&picture=panda-bear
https://pixabay.com/ko/80-1613208/
https://pixabay.com/ko/98-286357/
https://pixabay.com/en/man-sculpture-art-wonders-talk-1483479/
https://commons.wikimedia.org/wiki/File:Dialog_face_to_face.JPG
https://pixabay.com/en/woman-poses-e-learning-female-girl-1401612/
https://www.flickr.com/photos/westmidlandspolice/8515971228

Day 03

https://pixabay.com/ko/B5-1098020/
https://pixabay.com/ko/88-1571732/

Day 04

https://en.wikipedia.org/wiki/Gangnam_Style_in_popular_culture
https://commons.wikimedia.org/wiki/File:KOCIS_Korean_wave,_hallyu_in_Singapore_(5838660086).jpg
https://en.wikipedia.org/wiki/Backup_dancer
https://en.wikipedia.org/wiki/Fashion_show
https://en.wikipedia.org/wiki/Punk_fashion
https://pixabay.com/en/girl-young-play-guitar-music-590672/
https://pixabay.com/ko/94-881654/

Day 05

https://www.flickr.com/photos/mrgrubb/1428174994
https://pixabay.com/ko/8C-1578510/
https://en.wikipedia.org/wiki/File:Myeondong-Tourist_info._center.JPG
https://en.wikipedia.org/wiki/Finnish_cuisine
https://www.pexels.com/photo/39519/

Day 06

https://www.flickr.com/photos/tomas_sobek/13005790745
https://pixabay.com/ko/B0-1031234/
https://pixabay.com/ko/91-181760/
https://pixabay.com/en/black-swans-pond-water-nature-lake-1034529/
https://pixabay.com/ko/AD-1562405/

Day 07

https://pixabay.com/ko/80-927394/
https://pixabay.com/ko/AD-1160103/
https://pixabay.com/ko/AC-569070/
https://www.flickr.com/photos/wwworks/8081867203
https://www.flickr.com/photos/83633410@N07/7658225516
https://pixabay.com/ko/A1-1180052/
https://en.wikipedia.org/wiki/Bilingual_dictionary
http://www.geograph.org.uk/photo/4866249

Day 08

https://pixabay.com/ko/80-81665/
https://www.pexels.com/photo/29550/
https://pixabay.com/ko/A4-497925/
https://www.pexels.com/photo/6571/
https://www.pexels.com/photo/25230/
https://pixabay.com/ko/A0-1521093/
https://pixabay.com/ko/90-570500/
https://www.pexels.com/photo/105015/

Day 09

http://www.geograph.org.uk/photo/533146
http://www.freestockphotos.biz/stockphoto/10094
https://fr.wikipedia.org/wiki/Discussion_utilisateur:Totodu74/Archive_11
https://pixabay.com/en/cochin-zwergcochin-chicks-chicken-1415260/
https://en.wikipedia.org/wiki/Domestic_goose
https://en.wikipedia.org/wiki/Fallow_deer
https://pixabay.com/ko/B8-1337201/
https://commons.m.wikimedia.org/wiki/File:Male_mallard.jpg
https://pl.wikipedia.org/wiki/Plik:Giraffes_at_west_midlands_safari_park.jpg
https://pixabay.com/en/calf-cow-beef-simmental-cattle-804623/
https://en.wikipedia.org/wiki/Sheep_farming_in_New_Zealand

Day 11

https://www.flickr.com/photos/wcmcwi/3920419919

Day 12

https://pixabay.com/ko/98-731506/

Day 13

https://pixabay.com/ko/B8-1422182/

Day 14

https://pixabay.com/ko/94-438385/
https://commons.wikimedia.org/wiki/File:Ministop_convenience_store.JPG
https://www.flickr.com/photos/stockmanngroup/7829951766
https://pixabay.com/ko/9C-918471/

Day 15

https://pixabay.com/ko/B8-1511054/

Day 16

https://commons.wikimedia.org/wiki/File:Oil_painting_palette.jpg
https://en.m.wikipedia.org/wiki/Cats_(musical)#London_Cast_album
https://pixabay.com/ko/B0-932098/
https://en.wikipedia.org/wiki/Humour

Day 17

https://en.m.wikipedia.org/wiki/Radish
https://pixabay.com/ko/85-1149919/
https://www.flickr.com/photos/28561082@N05/2795250519
https://pixabay.com/en/cosmos-flower-cosmos-pink-flower-830034/
https://pixabay.com/ko/83-1346516/
http://www.freestockphotos.biz/stockphoto/10049

Day 18

https://www.pexels.com/photo/street-corner-house-architecture-8155/
https://www.pexels.com/photo/restaurant-man-bar-building-2578/
https://pixabay.com/ko/84-1121839/
https://pixabay.com/ko/98-535789/
https://www.pexels.com/photo/721/
https://www.flickr.com/photos/26202414@N08/4924007180
https://pixabay.com/ko/9C-442965/
https://commons.wikimedia.org/wiki/File:Prilep_Macedonia_Panorama_Tilt_Shift_(13546328044).jpg
https://commons.wikimedia.org/wiki/File:Prilep_Macedonia_Panorama_Tilt_Shift_(13546328044).jpg
https://pixabay.com/en/sunrise-sun-grab-the-sun-432349/

Day 19

https://www.pexels.com/photo/5929/
https://www.pexels.com/photo/37912/
https://pixabay.com/ko/BC-656570/
https://pixabay.com/ko/94-1625832/

Day 20

https://www.pexels.com/photo/40796/
https://pixabay.com/ko/B8-792466/
https://pixabay.com/ko/B8-821502/
https://pixabay.com/ko/84-1093759/
https://pixabay.com/ko/98-1487340/
https://www.pexels.com/photo/54101/

Day 21

https://pixabay.com/ko/9C-403074/

Day 22

https://pixabay.com/en/child-disguise-carnival-police-913077/
https://pixabay.com/en/baker-baking-bread-cook-food-858401/
https://www.flickr.com/photos/56218409@N03/16018971290
https://www.flickr.com/photos/johnonolan/4898796303
https://pixabay.com/en/water-hose-child-water-fun-wet-942973/
https://pixabay.com/en/laboratory-scientists-research-385349/
https://pixabay.com/en/memorial-lincoln-president-monument-1512541/

Day 23

https://pixabay.com/ko/B5-70316/
https://wikimedia.org/wiki/File:Parent%27s_day_at_Eirfan%27s_Kindergarten.jpg
https://www.flickr.com/photos/122129153@N02/14046784708
https://www.flickr.com/photos/departmentofed/9605585697/
https://en.wikipedia.org/wiki/School_uniforms_by_country
https://www.flickr.com/photos/sadsnaps/2546581214
https://pixabay.com/en/evaluation-exam-passed-list-1516644/

Day 24

https://pixabay.com/ko/84-1576459/
https://wikimedia.org/wiki/File:Opera_Australia's_Pirates_of_Penzance.jpg
https://pixabay.com/ko/B0-1576526/
https://pixabay.com/ko/9D-1273172/
https://www.flickr.com/photos/friend0o/9417292982
https://en.wikipedia.org/wiki/Magic_Kingdom_Parade
https://pixabay.com/ko/81-airsoft-1194303/
http://www.public-domain-image.com/free-images/sport/fishing-and-hunting/bear-hunter-with-bear

Day 25

https://www.flickr.com/photos/aquamech-utah/25072344705

Day 26

https://pixabay.com/ko/8C-52495/
https://www.pexels.com/photo/33109/
https://www.pexels.com/photo/36965/
https://pixabay.com/ko/9C-638022/
https://pixabay.com/ko/B0-791206/
http://www.publicdomainpictures.net/view-image.php?image=64054&picture=winter-fun
https://www.pexels.com/photo/clear-glass-26398/

Day 27

https://pixabay.com/ko/88-1359236/
https://pixabay.com/ko/91-849092/

Day 28

https://pixabay.com/ko/8C-1437430/
https://pixabay.com/ko/94-1410584/

Day 29

https://www.flickr.com/photos/28550044@N08/3929868687
http://www.geograph.org.uk/photo/3563656
https://www.flickr.com/photos/35034346243@N01/9573416
https://pixabay.com/en/person-forest-outdoor-standing-731476/
https://pixabay.com/ko/80-495231/
https://www.flickr.com/photos/alex92287/3379625639
https://www.flickr.com/photos/35965093@N00/362701625
https://www.flickr.com/photos/respres/2645348735
http://www.public-domain-image.com/free-images/interiors-and-exteriors-design/two-seater-furniture-in-the-room
https://commons.wikimedia.org/wiki/File:EA_Poe_basement_Philly.JPG
https://www.flickr.com/photos/78552401@N00/4640220664
https://pixabay.com/en/post-ecommerce-mail-shipping-1193778/

Day 30

https://pixabay.com/ko/91-405384/
https://pixabay.com/en/hymenoptera-ant-head-rossa-macro-1037434/
https://en.wikipedia.org/wiki/Angioedema#/media/File:Angioedema2010.JPG
https://www.flickr.com/photos/tharrin/4237555041
https://pixabay.com/en/bee-wolf-insect-wasp-wild-bee-1320349/
https://pixabay.com/en/birds-stare-nature-songbird-1641580/

초등교과서 영단어 2400

이미지로 학습하는 시각적 단어 암기장

초등 4학년

받아쓰기
쪽지시험
해답

교육부 지정단어 + 5종 교과서 + 테마별 추가단어

마더텅

부록책 구성 및 활용법

1. 받아쓰기 (p.1)

① 먼저 본문 학습을 마무리합니다.
② 해당하는 DAY의 받아쓰기 원어민 음원 파일을 본문의 QR코드 또는 부록으로 제공된 MP3CD 또는
마더텅 홈페이지(**www.toptutor.co.kr**)에서 찾아서 재생합니다.
③ 원어민 선생님이 두 번씩 읽어주는 영단어를 잘 듣고 안내선에는 알맞은 철자를, 안내선 옆에 있는 빈칸에는
우리말 뜻을 적습니다.
④ 받아쓰기 해답은 부록책 맨 마지막 장에 있습니다.

2. 쪽지시험 (p.31)

① 본문과 받아쓰기까지 학습을 마무리합니다.
② 해당하는 DAY에 수록된 단어들만 따로 쪽지시험으로 확인 할 수 있습니다.
③ 학원에서 평가용으로 활용할 수 있고, 스스로 확인하는 용도로 활용할 수도 있습니다.

3. ACTIVITY 해답 (p.46)

마더텅 초등교과서 영단어 2400은 초등학생들도 한 눈에 알아보기 쉬운 형태의 해답지를 제공합니다.

마더텅 학습 교재 이벤트에 참여해 주세요. 참여해 주신 모든 분께 선물을 드립니다.

이벤트 1 🎁 1분 간단 교재 사용 후기 이벤트

마더텅은 고객님의 소중한 의견을 반영하여 보다 좋은 책을 만들고자 합니다.
교재 구매 후, <교재 사용 후기 이벤트>에 참여해 주신 모든 분께는 감사의 마음을 담아
모바일 문화상품권 1천 원권 을 보내 드립니다. **지금 바로 QR 코드를 스캔**해 소중한 의견을 보내 주세요!

이벤트 2 🎁 학습계획표 이벤트

STEP 1 책을 다 풀고 SNS 또는 수험생 커뮤니티에 작성한 학습계획표 사진을 업로드

필수 태그 #마더텅 #초등영어 #초등교과서영단어2400 #학습계획표 #공스타그램
SNS/수험생 커뮤니티 페이스북, 인스타그램, 블로그, 네이버/다음 카페 등

STEP 2

왼쪽 QR 코드를 스캔하여
작성한 게시물의 URL 인증

참여해 주신 모든 분께는 감사의 마음을 담아 **모바일 편의점 상품권 1천 원권** 및 **북포인트 2천 점** 을 드립니다.

이벤트 3 🎁 블로그/SNS 이벤트

STEP 1 자신의 블로그/SNS 중 하나에 마더텅 교재에 대한 사용 후기를 작성

필수 태그 #마더텅 #초등영어 #초등교과서영단어2400 #교재리뷰 #공스타그램
필수 내용 마더텅 교재 장점, 교재 사진

STEP 2
왼쪽 QR 코드를 스캔하여
작성한 게시물의 URL 인증

참여해 주신 모든 분께는 감사의 마음을 담아 **모바일 편의점 상품권 2천 원권** 및 **북포인트 3천 점** 을 드립니다.
매달 우수 후기자를 선정하여 **모바일 문화상품권 2만 원권** 과 **북포인트 1만 점** 을 드립니다.

북포인트란? 마더텅 인터넷 서점 http://book.toptutor.co.kr에서 교재 구매 시 현금처럼 사용할 수 있는 포인트입니다.

※자세한 사항은 해당 QR 코드를 스캔하거나 홈페이지 이벤트 공지글을 참고해 주세요.
※당사 사정에 따라 이벤트의 내용이나 상품이 변경될 수 있으며 변경 시 홈페이지에 공지합니다. ※만 14세 미만은 부모님께서 신청해 주셔야 합니다.
※상품은 이벤트 참여일로부터 2~3일(영업일 기준) 내에 발송됩니다. ※동일 교재로 세 가지 이벤트 모두 참여 가능합니다. (단, 같은 이벤트 중복 참여는 불가합니다.)
※이벤트 기간: 2023년 12월 31일까지 (*해당 이벤트는 당사 사정에 따라 조기 종료될 수 있습니다.)

마 더 텅

초2400_4_d1

NAME : DATE : . . SCORE :

1. bracelet | 팔찌

2.

3.

4.

5.

6.

7.

8.

9.

10.

11.

12.

13.

14.

15.

16.

17.

18.

19.

20.

틀린 단어만 모아서 다시 공부해 보세요!!

NAME :   DATE :   .   .   SCORE :

1.	thank	감사하다

2.

3.

4.

5.

6.

7.

8.

9.

10.

11.

12.

13.

14.

15.

16.

17.

18.

19.

20.

틀린 단어만 모아서 다시 공부해 보세요!!

DAY 03 영단어 받아쓰기

초2400_4_d3

NAME :　　　　　DATE :　　.　　.　　SCORE :

1. invite　　　초대하다
2.
3.
4.
5.
6.
7.
8.
9.
10.
11.
12.
13.
14.
15.
16.
17.
18.
19.
20.

초2400_4_d3

틀린 단어만 모아서 다시 공부해 보세요!!

초2400_4_d4

NAME :   DATE :   .   .   SCORE :

1. singer 가수
2.
3.
4.
5.
6.
7.
8.
9.
10.

11.
12.
13.
14.
15.
16.
17.
18.
19.
20.

틀린 단어만 모아서 다시 공부해 보세요!!

DAY 05 영단어 받아쓰기

NAME :　　　　　DATE :　　.　　.　　SCORE :

1. local　그 지역의

2.

3.

4.

5.

6.

7.

8.

9.

10.

11.

12.

13.

14.

15.

16.

17.

18.

19.

20.

틀린 단어만 모아서 다시 공부해 보세요!!

초2400_4_d6

NAME :　　　　　　　　DATE :　　　.　　.　　　　SCORE :

1. waterfall 　폭포

2.

3.

4.

5.

6.

7.

8.

9.

10.

11.

12.

13.

14.

15.

16.

17.

18.

19.

20.

📑 틀린 단어만 모아서 다시 공부해 보세요!!

NAME :   DATE :   .   .   SCORE :

1. *example* 예시, 본보기
2.
3.
4.
5.
6.
7.
8.
9.
10.
11.
12.
13.
14.
15.
16.
17.
18.
19.
20.

📝 틀린 단어만 모아서 다시 공부해 보세요!!

NAME :　　　　　　DATE :　　.　　.　　SCORE :

1. breeze　산들바람
2.
3.
4.
5.
6.
7.
8.
9.
10.
11.
12.
13.
14.
15.
16.
17.
18.
19.
20.

틀린 단어만 모아서 다시 공부해 보세요!!

초2400_4_d9

NAME :　　　　DATE :　　.　　.　　SCORE :

1. approach　다가가다
2.
3.
4.
5.
6.
7.
8.
9.
10.
11.
12.
13.
14.
15.
16.
17.
18.
19.
20.

틀린 단어만 모아서 다시 공부해 보세요!!

NAME :　　　　DATE :　　.　　.　　SCORE :

1. multiplication　곱셈

2.

3.

4.

5.

6.

7.

8.

9.

10.

11.

12.

13.

14.

15.

16.

17.

18.

19.

20.

틀린 단어만 모아서 다시 공부해 보세요!!

초2400_4_d11

NAME :　　　　　DATE :　　.　　.　　SCORE :

1. dinner　저녁식사
2.
3.
4.
5.
6.
7.
8.
9.
10.
11.
12.
13.
14.
15.
16.
17.
18.
19.
20.

틀린 단어만 모아서 다시 공부해 보세요!!

DAY 12 영단어 받아쓰기

NAME :　　　　DATE :　　.　　.　　SCORE :

1. gardening　정원 가꾸기
2.
3.
4.
5.
6.
7.
8.
9.
10.

11.
12.
13.
14.
15.
16.
17.
18.
19.
20.

틀린 단어만 모아서 다시 공부해 보세요!!

NAME :　　　　DATE :　.　　.　　SCORE :

1. day　일
2.
3.
4.
5.
6.
7.
8.
9.
10.
11.
12.
13.
14.
15.
16.
17.
18.
19.
20.

틀린 단어만 모아서 다시 공부해 보세요!!

NAME :　　　　　DATE :　　.　　.　　SCORE :

1. cinema　　영화관
2.
3.
4.
5.
6.
7.
8.
9.
10.
11.
12.
13.
14.
15.
16.
17.
18.
19.
20.

틀린 단어만 모아서 다시 공부해 보세요!!

초2400_4_d15

NAME :　　　　　　DATE :　　.　　.　　SCORE :

1. Wednesday　수요일
2.
3.
4.
5.
6.
7.
8.
9.
10.

11.
12.
13.
14.
15.
16.
17.
18.
19.
20.

📝 틀린 단어만 모아서 다시 공부해 보세요!!

초2400_4_d16

NAME :　　　　　　　　DATE :　　.　　.　　SCORE :

1. play　연극

2.

3.

4.

5.

6.

7.

8.

9.

10.

11.

12.

13.

14.

15.

16.

17.

18.

19.

20.

틀린 단어만 모아서 다시 공부해 보세요!!

NAME :　　　　DATE :　.　.　　　SCORE :

1. cosmos 　코스모스
2.
3.
4.
5.
6.
7.
8.
9.
10.
11.
12.
13.
14.
15.
16.
17.
18.
19.
20.

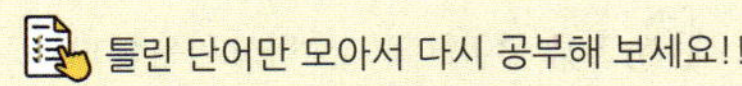

NAME :　　　　DATE :　　.　　.　　SCORE :

1. building　건물
2.
3.
4.
5.
6.
7.
8.
9.
10.
11.
12.
13.
14.
15.
16.
17.
18.
19.
20.

틀린 단어만 모아서 다시 공부해 보세요!!

초2400_4_d19

NAME :　　　　DATE :　　.　　.　　SCORE :

1. grape 　포도

2.

3.

4.

5.

6.

7.

8.

9.

10.

11.

12.

13.

14.

15.

16.

17.

18.

19.

20.

✂ 틀린 단어만 모아서 다시 공부해 보세요!!

초2400_4_d20

NAME :　　　　DATE :　.　.　　　　SCORE :

1. puzzle 　퍼즐
2.
3.
4.
5.
6.
7.
8.
9.
10.
11.
12.
13.
14.
15.
16.
17.
18.
19.
20.

틀린 단어만 모아서 다시 공부해 보세요!!

NAME :　　　　　　DATE :　　.　　.　　SCORE :

1. refrigerator　냉장고

2.

3.

4.

5.

6.

7.

8.

9.

10.

11.

12.

13.

14.

15.

16.

17.

18.

19.

20.

틀린 단어만 모아서 다시 공부해 보세요!!

초2400_4_d22

NAME :　　　　　　DATE :　　.　　.　　SCORE :

1. scientist 　과학자
2.
3.
4.
5.
6.
7.
8.
9.
10.

11.
12.
13.
14.
15.
16.
17.
18.
19.
20.

틀린 단어만 모아서 다시 공부해 보세요!!

초2400_4_d23

NAME :　　　　　DATE :　.　　.　　SCORE :

1. public school　공립학교
2.
3.
4.
5.
6.
7.
8.
9.
10.
11.
12.
13.
14.
15.
16.
17.
18.
19.
20.

틀린 단어만 모아서 다시 공부해 보세요!!

초2400_4_d24

NAME :　　　　　DATE :　　.　　.　　SCORE :

1. large 　큰
2.
3.
4.
5.
6.
7.
8.
9.
10.
11.
12.
13.
14.
15.
16.
17.
18.
19.
20.

틀린 단어만 모아서 다시 공부해 보세요!!

초2★00_4_d25

NAME :　　　　DATE :　　.　　.　　SCORE :

1. pants　바지
2.
3.
4.
5.
6.
7.
8.
9.
10.
11.
12.
13.
14.
15.
16.
17.
18.
19.
20.

틀린 단어만 모아서 다시 공부해 보세요!!

초2400_4_d26

NAME :　　　　　　DATE :　　.　　.　　SCORE :

1. change　변하다
2.
3.
4.
5.
6.
7.
8.
9.
10.
11.
12.
13.
14.
15.
16.
17.
18.
19.
20.

틀린 단어만 모아서 다시 공부해 보세요!!

초2400_4_d27

NAME :　　　　　DATE :　.　.　　　　SCORE :

1. dissappointed　살망한
2.
3.
4.
5.
6.
7.
8.
9.
10.
11.
12.
13.
14.
15.
16.
17.
18.
19.
20.

틀린 단어만 모아서 다시 공부해 보세요!!

DAY 28 영단어 받아쓰기

초2400_4_d28

NAME :　　　　　　　　DATE :　.　.　　　　SCORE :

1. sprain　　　접질리다, 삐다

2.

3.

4.

5.

6.

7.

8.

9.

10.

11.

12.

13.

14.

15.

16.

17.

18.

19.

20.

틀린 단어만 모아서 다시 공부해 보세요!!

초2400_4_d29

NAME :　　　　DATE :　　.　　.　　SCORE :

1. basement 지하실
2.
3.
4.
5.
6.
7.
8.
9.
10.
11.
12.
13.
14.
15.
16.
17.
18.
19.
20.

틀린 단어만 모아서 다시 공부해 보세요!!

초2400_4_d30

NAME :   DATE :   .   .   SCORE :

1. wasp — 말벌

2.

3.

4.

5.

6.

7.

8.

9.

10.

11.

12.

13.

14.

15.

16.

17.

18.

19.

20.

틀린 단어만 모아서 다시 공부해 보세요!!

 # DAY 01 영단어 쪽지시험

| DATE | | NAME | | SCORE | 점 |

1. beard ___________
2. ankle ___________
3. touch ___________
4. guy ___________
5. mustache ___________
6. chin ___________
7. bracelet ___________
8. brush ___________
9. tooth ___________
10. eye ___________

11. 치아(여러 개) ___________
12. 무릎 ___________
13. 이마 ___________
14. 발가락 ___________
15. 피부 ___________
16. 손목 ___________
17. 혀 ___________
18. 옆구리 ___________
19. 입술 ___________
20. 눈썹 ___________

 # DAY 02 영단어 쪽지시험

※ 문제당 5점입니다.

| DATE | | NAME | | SCORE | 점 |

1. take care of ___________
2. from ___________
3. help ___________
4. introduce ___________
5. beg ___________
6. luck ___________
7. What's up? ___________
8. shake ___________
9. Excuse me. ___________
10. may ___________

11. 축복하다 ___________
12. 그리워하다 ___________
13. 물론이죠. ___________
14. 악수하다 ___________
15. 너는 어때? ___________
16. 뭐라고요? ___________
17. 신 ___________
18. 감사하다 ___________
19. 내 자신 ___________
20. 저도 기뻐요. ___________

 # DAY 03 영단어 쪽지시험

| DATE | NAME | SCORE | 점 |

1. host　＿＿＿＿＿＿＿＿
2. give　＿＿＿＿＿＿＿＿
3. card　＿＿＿＿＿＿＿＿
4. receive　＿＿＿＿＿＿＿＿
5. cake　＿＿＿＿＿＿＿＿
6. party　＿＿＿＿＿＿＿＿
7. gift　＿＿＿＿＿＿＿＿
8. make a wish　＿＿＿＿＿＿＿＿
9. birthday　＿＿＿＿＿＿＿＿
10. blow　＿＿＿＿＿＿＿＿

11. 축하　＿＿＿＿＿＿＿＿
12. 나이　＿＿＿＿＿＿＿＿
13. 초대　＿＿＿＿＿＿＿＿
14. 양초　＿＿＿＿＿＿＿＿
15. 소망, 소원　＿＿＿＿＿＿＿＿
16. 너의 생일을 축하해.　＿＿＿＿＿＿＿＿
17. 선물　＿＿＿＿＿＿＿＿
18. 손님　＿＿＿＿＿＿＿＿
19. 초대하다　＿＿＿＿＿＿＿＿
20. 놀라게 하다/ 깜짝 놀라게 하기　＿＿＿＿＿＿＿＿

 # DAY 04 영단어 쪽지시험

| DATE | NAME | SCORE | 점 |

1. popular　＿＿＿＿＿＿＿＿
2. wave　＿＿＿＿＿＿＿＿
3. fashionable　＿＿＿＿＿＿＿＿
4. dancer　＿＿＿＿＿＿＿＿
5. teenage　＿＿＿＿＿＿＿＿
6. musician　＿＿＿＿＿＿＿＿
7. celebrity　＿＿＿＿＿＿＿＿
8. comedian　＿＿＿＿＿＿＿＿
9. model　＿＿＿＿＿＿＿＿
10. photographer　＿＿＿＿＿＿＿＿

11. 노래하다　＿＿＿＿＿＿＿＿
12. 춤/ 춤추다　＿＿＿＿＿＿＿＿
13. 아이돌 스타　＿＿＿＿＿＿＿＿
14. 무리, 집단　＿＿＿＿＿＿＿＿
15. 패션　＿＿＿＿＿＿＿＿
16. 가수　＿＿＿＿＿＿＿＿
17. 공연하다　＿＿＿＿＿＿＿＿
18. 한류　＿＿＿＿＿＿＿＿
19. 영웅　＿＿＿＿＿＿＿＿
20. 팬　＿＿＿＿＿＿＿＿

 # DAY 05 영단어 쪽지시험

※ 문제당 5점입니다.

DATE		NAME		SCORE	점

1. single ___________________
2. local food ___________________
3. tourist attraction ___________________
4. tour ___________________
5. airplane ___________________
6. single ticket ___________________
7. overseas travel ___________________
8. trip ___________________
9. fill out ___________________
10. return ticket ___________________

11. 관광 ___________________
12. 기차 ___________________
13. 양식 ___________________
14. ~해야 한다 ___________________
15. 유명한 ___________________
16. 해외의 ___________________
17. 그 지역의 ___________________
18. 기념품 ___________________
19. 운전사, 기사 ___________________
20. 돌아오다 ___________________

 # DAY 06 영단어 쪽지시험

※ 문제당 5점입니다.

DATE		NAME		SCORE	점

1. North Pole ___________________
2. hill ___________________
3. pond ___________________
4. sea ___________________
5. river ___________________
6. island ___________________
7. desert ___________________
8. mountain ___________________
9. landscape ___________________
10. waterfall ___________________

11. 개울 ___________________
12. 흐르다 ___________________
13. 수평선 ___________________
14. 바위 ___________________
15. 평화 ___________________
16. 흙 ___________________
17. 절벽 ___________________
18. 평화로운 ___________________
19. 가파른 ___________________
20. 남극 ___________________

 # DAY 07 영단어 쪽지시험

※ 문제당 5점입니다.

| DATE | | NAME | | SCORE | 점 |

1. well __________
2. ask __________
3. learn __________
4. example __________
5. wrong __________
6. mathematics __________
7. question __________
8. read __________
9. history __________
10. carefully __________

11. 지식 __________
12. 문제 __________
13. 사전 __________
14. 정확한 __________
15. 복습 __________
16. 어려운 __________
17. 준비하다 __________
18. 답/ 답하다 __________
19. 알다 __________
20. 과목 __________

 # DAY 08 영단어 쪽지시험

※ 문제당 5점입니다.

| DATE | | NAME | | SCORE | 점 |

1. thunder __________
2. mild __________
3. tornado __________
4. frost __________
5. storm __________
6. weather forecast __________
7. weatherman __________
8. sunny __________
9. sky __________
10. freeze __________

11. 몹시 추운 __________
12. 얼어붙은 __________
13. 비오는 __________
14. 햇살 __________
15. 산들바람 __________
16. 번개 __________
17. 우울한 __________
18. 구름이 뒤덮인 __________
19. 우산 __________
20. 쌀쌀한 __________

DAY 09 영단어 쪽지시험

| DATE | NAME | SCORE | 점 |

1. cow _______________
2. sheep _______________
3. leopard _______________
4. bird _______________
5. horn _______________
6. approach _______________
7. careful _______________
8. chicken _______________
9. beside _______________
10. duck _______________

11. 고양이 _______________
12. 치타 _______________
13. 사슴 _______________
14. 호수 _______________
15. 버팔로 _______________
16. 동물 _______________
17. 돼지 _______________
18. 꼬리 _______________
19. 거위 _______________
20. 토끼 _______________

DAY 10 영단어 쪽지시험

| DATE | NAME | SCORE | 점 |

1. plus _______________
2. equals sign _______________
3. first _______________
4. eighth _______________
5. eleventh _______________
6. fifth _______________
7. ninth _______________
8. second _______________
9. fourth _______________
10. even number _______________

11. 뺄셈 _______________
12. 열 번째의 _______________
13. 더하다 _______________
14. 세 번째의 _______________
15. 나눗셈 _______________
16. 일곱 번째의 _______________
17. 홀수 _______________
18. 4분의 1 _______________
19. 여섯 번째의 _______________
20. 곱셈 _______________

DAY 11 영단어 쪽지시험

※ 문제당 5점입니다.

DATE		NAME		SCORE	점

1. lunch ___________
2. finish ___________
3. apple ___________
4. go to bed ___________
5. dinner ___________
6. keep a diary ___________
7. homework ___________
8. come ___________
9. ready ___________
10. busy ___________

11. 꿈 ___________
12. 시작하다 ___________
13. 늦은 ___________
14. 일찍 ___________
15. 일기장 ___________
16. 자다 ___________
17. 일어나다 ___________
18. 샤워를 하다 ___________
19. (잠에서) 깨다, 깨우다 ___________
20. 아침식사 ___________

DAY 12 영단어 쪽지시험

※ 문제당 5점입니다.

DATE		NAME		SCORE	점

1. enjoy ___________
2. gardening ___________
3. tent ___________
4. hiking ___________
5. alone ___________
6. garden ___________
7. outdoor ___________
8. rafting ___________
9. jogging ___________
10. skiing ___________

11. 불 ___________
12. 두 사람, 두 개 ___________
13. 캠핑 ___________
14. ~에 관심이 있다 ___________
15. 편지 ___________
16. 재미있다 ___________
17. 스카이 다이빙 ___________
18. 오르다 ___________
19. 관심 ___________
20. 활동 ___________

 # DAY 13 영단어 쪽지시험

※ 문제당 5점입니다.

DATE		NAME		SCORE	점

1. day   ____________
2. watch   ____________
3. yesterday   ____________
4. clock   ____________
5. tomorrow   ____________
6. time   ____________
7. quarter   ____________
8. minute   ____________
9. then   ____________
10. before   ____________

11. 반 시간, 30분   ____________
12. 초   ____________
13. 시간   ____________
14. ~을 지나서/ 과거   ____________
15. 년   ____________
16. 오늘   ____________
17. ~ 후에   ____________
18. 지금   ____________
19. 월   ____________
20. 전, ~쪽으로   ____________

 # DAY 14 영단어 쪽지시험

※ 문제당 5점입니다.

DATE		NAME		SCORE	점

1. beauty shop   ____________
2. pharmacy   ____________
3. bookstore   ____________
4. self-service   ____________
5. people   ____________
6. cinema   ____________
7. clerk   ____________
8. there is   ____________
9. convenience   ____________
10. avenue   ____________

11. 백화점   ____________
12. 시내   ____________
13. 가게   ____________
14. 아름다움   ____________
15. 책   ____________
16. 레스토랑, 식당   ____________
17. 상점   ____________
18. 구내식당   ____________
19. 모퉁이   ____________
20. 거리   ____________

 # DAY 15 영단어 쪽지시험

※ 문제당 5점입니다.

| DATE | | NAME | | SCORE | 점 |

1. **Wednesday** _______________
2. **Sunday** _______________
3. **December** _______________
4. **October** _______________
5. **September** _______________
6. **May** _______________
7. **February** _______________
8. **Friday** _______________
9. **August** _______________
10. **date** _______________

11. 토요일 _______________
12. 7월 _______________
13. 11월 _______________
14. 6월 _______________
15. 3월 _______________
16. 4월 _______________
17. 월요일 _______________
18. 1월 _______________
19. 목요일 _______________
20. 화요일 _______________

 # DAY 16 영단어 쪽지시험

※ 문제당 5점입니다.

| DATE | | NAME | | SCORE | 점 |

1. **what** _______________
2. **paint** _______________
3. **stage** _______________
4. **theater** _______________
5. **masterpiece** _______________
6. **theme** _______________
7. **can** _______________
8. **master** _______________
9. **painting** _______________
10. **genre** _______________

11. 연극 _______________
12. 붓 _______________
13. 여자 배우 _______________
14. 작품 _______________
15. 팔레트 _______________
16. 부드러운 _______________
17. 믿다 _______________
18. 예술가 _______________
19. 창의적인 _______________
20. 남자 배우 _______________

DAY 17 영단어 쪽지시험

| DATE | | NAME | | SCORE | | 점 |

1. root ___________
2. made of ___________
3. leaf ___________
4. palm tree ___________
5. dandelion ___________
6. new ___________
7. seeding ___________
8. cosmos ___________
9. radish ___________
10. leaves ___________

11. 나무 ___________
12. 장미 ___________
13. 들꽃, 야생화 ___________
14. 소나무 ___________
15. 화분 ___________
16. 가지 ___________
17. (씨를) 뿌리다 ___________
18. ~ 밑에 ___________
19. 해바라기 ___________
20. 백합 ___________

DAY 18 영단어 쪽지시험

| DATE | | NAME | | SCORE | | 점 |

1. where ___________
2. in front of ___________
3. behind ___________
4. north ___________
5. near ___________
6. straight ___________
7. here ___________
8. between ___________
9. next to ___________
10. across ___________

11. 오른쪽 ___________
12. 멀리 있는 ___________
13. 서쪽 ___________
14. 남쪽 ___________
15. 건물 ___________
16. 왼쪽 ___________
17. 방향 ___________
18. 건너편의 ___________
19. 돌다 ___________
20. 동쪽 ___________

DAY 19 영단어 쪽지시험

| DATE | | NAME | | SCORE | 점 |

1. onion   11. ~하시겠어요?

2. garlic   12. 건강한

3. grape   13. 옥수수

4. pepper   14. 당근

5. sweet potato   15. 딸기

6. cucumber   16. 식이요법, 다이어트

7. some   17. 너 자신

8. pear   18. 양배추

9. orange   19. 감자

10. peach   20. 마음껏 드세요!

DAY 20 영단어 쪽지시험

| DATE | | NAME | | SCORE | 점 |

1. speed   11. 퍼즐

2. cube puzzle   12. 정육면체

3. piece   13. 스케이트를 타다

4. build   14. 로봇

5. line   15. 거품, 비누방울

6. chess   16. 곰인형

7. doll   17. 장난감

8. skateboard   18. 놀이, 게임

9. play   19. ~를 가지고

10. block   20. 조각그림 맞추기

 # DAY 21 영단어 쪽지시험

| DATE | | NAME | | SCORE | 점 |

1. turn on ___________
2. oven ___________
3. dry ___________
4. toaster ___________
5. rice cooker ___________
6. do the laundry ___________
7. toast ___________
8. air conditioner ___________
9. refrigerator ___________
10. wrinkle ___________

11. 헤어 드라이어 ___________
12. 세탁기 ___________
13. 디저트, 후식 ___________
14. 다리미/ 다림질하다 ___________
15. 커피 ___________
16. 굽다 ___________
17. 만들다 ___________
18. 선풍기 ___________
19. 탁상용 스탠드 ___________
20. 램프 ___________

 # DAY 22 영단어 쪽지시험

| DATE | | NAME | | SCORE | 점 |

1. baker ___________
2. future ___________
3. cook ___________
4. want ___________
5. nurse ___________
6. job ___________
7. advice ___________
8. judge ___________
9. scientist ___________
10. president ___________

11. 법 ___________
12. 의사 ___________
13. 변호사 ___________
14. ~를 돌보다 ___________
15. 치료하다 ___________
16. 법원 ___________
17. 소방관 ___________
18. 작가 ___________
19. 경찰관 ___________
20. 결정 ___________

 # DAY 23 영단어 쪽지시험

| DATE | | NAME | | SCORE | 점 |

1. attend ___________
2. pass ___________
3. principal ___________
4. take an exam ___________
5. absent ___________
6. final exam ___________
7. report ___________
8. private school ___________
9. attendance ___________
10. public school ___________

11. 목소리 ___________
12. 결석 ___________
13. 휴일, 휴가 ___________
14. 시끄러운 ___________
15. (같은) 반 친구 ___________
16. 성적표 ___________
17. 중간고사 ___________
18. 담임선생님 ___________
19. 게시판 ___________
20. 주목 ___________

 # DAY 24 영단어 쪽지시험

| DATE | | NAME | | SCORE | 점 |

1. dead ___________
2. fable ___________
3. kill ___________
4. fairy tale ___________
5. pirate ___________
6. dragon ___________
7. crocodile ___________
8. little ___________
9. fairy ___________
10. captain ___________

11. 모험 ___________
12. 흉내내다 ___________
13. 환상적인 ___________
14. 늑대 ___________
15. 사냥하다 ___________
16. 항해하다 ___________
17. 범선 ___________
18. 큰 ___________
19. 여행기 ___________
20. 거인 ___________

 # DAY 25 영단어 쪽지시험

※ 문제당 5점입니다.

DATE		NAME		SCORE	점

1.	boots		11.	재킷	
2.	pocket		12.	블라우스	
3.	underwear		13.	조끼	
4.	sunglasses		14.	청바지	
5.	button		15.	스웨터	
6.	size		16.	티셔츠	
7.	look for		17.	입어보다	
8.	shorts		18.	바지	
9.	raincoat		19.	나비넥타이	
10.	pajamas		20.	너무	

 # DAY 26 영단어 쪽지시험

※ 문제당 5점입니다.

DATE		NAME		SCORE	점

1.	autumn		11.	눈사람	
2.	spring		12.	더운, 뜨거운	
3.	ice		13.	따뜻한	
4.	which		14.	~이 되다	
5.	fall		15.	단풍	
6.	winter		16.	여름	
7.	bloom		17.	낙엽	
8.	change		18.	해변	
9.	humid		19.	계절	
10.	flower		20.	서핑	

DAY 27 영단어 쪽지시험

※ 문제당 5점입니다.

| DATE | | NAME | | SCORE | 점 |

1. bored _______________
2. thankful _______________
3. dissatisfied _______________
4. scared _______________
5. worried _______________
6. satisfied _______________
7. anxious _______________
8. disappointed _______________
9. afraid _______________
10. scaring _______________

11. 신나는(신나게 하는) _______________
12. 정말로 _______________
13. 지루한(지루하게 하는) _______________
14. 졸리는 _______________
15. 긴장되는 _______________
16. 자랑스러운 _______________
17. 신이 난(내 자신이 신이 나는) _______________
18. 기쁜 _______________
19. 놀란 _______________
20. 너무 _______________

DAY 28 영단어 쪽지시험

※ 문제당 5점입니다.

| DATE | | NAME | | SCORE | 점 |

1. surgeon _______________
2. sore _______________
3. remedy _______________
4. need _______________
5. leg _______________
6. bone _______________
7. throat _______________
8. arm _______________
9. cure _______________
10. dentist _______________

11. 치과의 _______________
12. 두통 _______________
13. 부수다 _______________
14. 근육 _______________
15. 수술 _______________
16. 치통 _______________
17. 내과의사 _______________
18. (소규모) 병원 _______________
19. (종합) 병원 _______________
20. 접질리다, 삐다 _______________

DAY 29 영단어 쪽지시험

※ 문제당 5점입니다.

| DATE | | NAME | | SCORE | 점 |

1. terrace ___________
2. furniture ___________
3. mailbox ___________
4. corridor ___________
5. couch ___________
6. utility room ___________
7. ceiling ___________
8. curtain ___________
9. apartment ___________
10. name ___________

11. 카펫 ___________
12. ~안에 ___________
13. 지하실 ___________
14. 층 ___________
15. 주소 ___________
16. 승강기 ___________
17. 발코니 ___________
18. 방문하다 ___________
19. 주차장 ___________
20. 안락의자 ___________

DAY 30 영단어 쪽지시험

※ 문제당 5점입니다.

| DATE | | NAME | | SCORE | 점 |

1. ant ___________
2. sting ___________
3. dirty ___________
4. fly ___________
5. up ___________
6. observe ___________
7. swell ___________
8. snail ___________
9. bedbug ___________
10. honey ___________

11. 말벌 ___________
12. 모기 ___________
13. 귀뚜라미 ___________
14. 벼룩 ___________
15. 꿀벌 ___________
16. 벌레 ___________
17. 곤충 ___________
18. 긁다 ___________
19. 물다 ___________
20. 가려운 ___________

A. 다음 사진과 설명을 보고 연상되는 영어 단어나 우리말 뜻을 고르세요.

1. 

V ⓐ 혀 ⓑ 입술

2. 

V ⓐ eyebrow ⓑ lip

3. 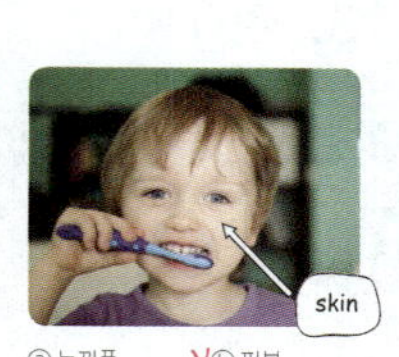

V ⓐ mustache ⓑ beard

4. 

ⓐ 눈꺼풀 V ⓑ 피부

5.

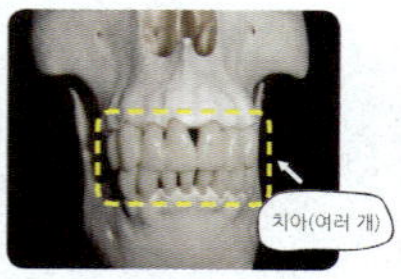

V ⓐ teeth ⓑ ankle

6.

ⓐ wrist V ⓑ knee

B. 우리말에 맞도록 주어진 알파벳으로 시작하는 단어를 써 보세요.

7. 이건 내 **눈썹**이야. This is my e**yebrow**
8. 이건 내 **눈**이야. This is my e**ye**
9. 이건 내 **턱수염**이야. This is my b**eard**
10. 이건 내 **피부**야. This is my s**kin**
11. 이건 내 **발가락**이야. This is my t**oe**
12. 이건 내 **발목**이야. This is my a**nkle**
13. 이건 내 **무릎**이야. This is my k**nee**

C. 다음 우리말을 보고 알맞은 영어 단어의 철자를 써 보세요.

14. 혀 t o n g u e
15. 이마 f o r e h e a d
16. 입술 l i p
17. 만지다 t o u c h
18. 남자 g u y
19. 치아 (하나) t o o t h
20. 턱 c h i n

A. 다음 사진과 설명을 보고 연상되는 영어 단어나 우리말 뜻을 고르세요.

1. 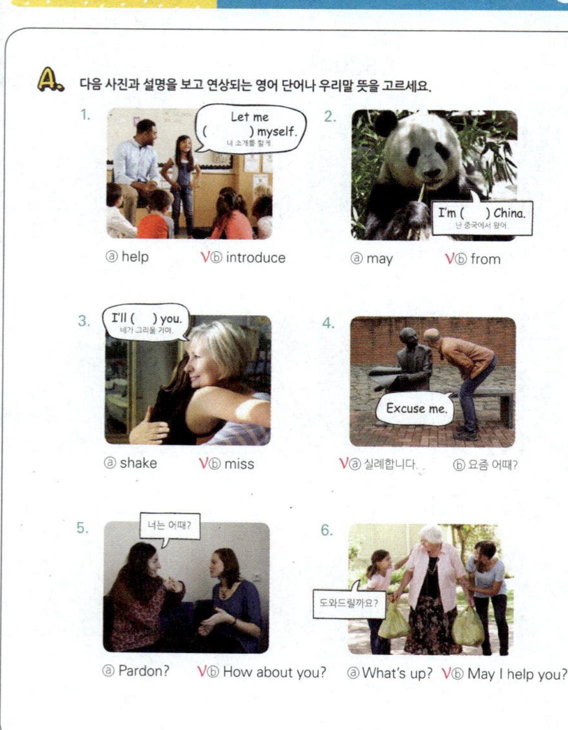

ⓐ help V ⓑ introduce

2.

ⓐ may V ⓑ from

3.

ⓐ shake V ⓑ miss

4.

V ⓐ 실례합니다. ⓑ 요즘 어때?

5.

ⓐ Pardon? V ⓑ How about you?

6. 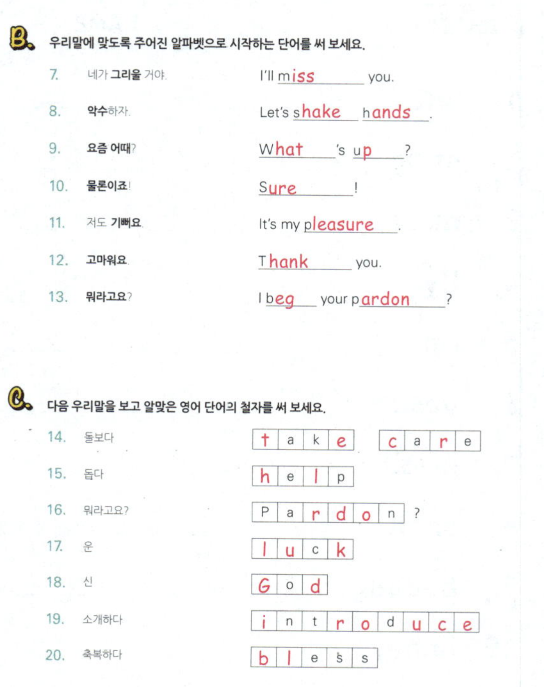

ⓐ What's up? V ⓑ May I help you?

B. 우리말에 맞도록 주어진 알파벳으로 시작하는 단어를 써 보세요.

7. 네가 **그리울** 거야. I'll m**iss** you.
8. **악수**하자. Let's s**hake** **hands**
9. **요즘 어때?** W**hat** 's u**p** ?
10. **물론이죠!** **Sure** !
11. 저도 **기뻐요.** It's my p**leasure** .
12. **고마워요.** T**hank** you.
13. **뭐라고요?** I b**eg** your p**ardon** ?

C. 다음 우리말을 보고 알맞은 영어 단어의 철자를 써 보세요.

14. 돌보다 t a k e c a r e
15. 돕다 h e l p
16. 뭐라고요? P a r d o n ?
17. 운 l u c k
18. 신 G o d
19. 소개하다 i n t r o d u c e
20. 축복하다 b l e s s

DAY 03 — Happy birthday to you! — p. 18

A. 다음 사진과 설명을 보고 연상되는 영어 단어나 우리말 뜻을 고르세요.

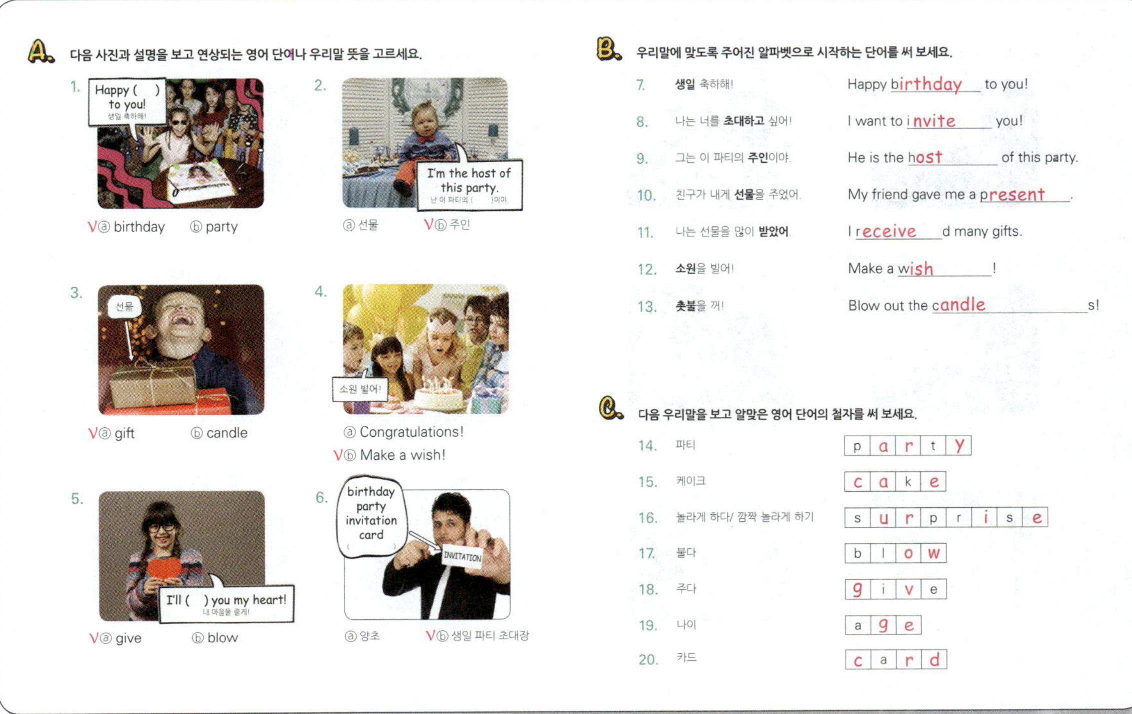

B. 우리말에 맞도록 주어진 알파벳으로 시작하는 단어를 써 보세요.

7. 생일 축하해! — Happy **birthday** to you!
8. 나는 너를 **초대**하고 싶어! — I want to i **nvite** you!
9. 그는 이 파티의 **주인**이야. — He is the h **ost** of this party.
10. 친구가 내게 **선물**을 주었어. — My friend gave me a p **resent**.
11. 나는 선물을 많이 **받았어**. — I r **eceive** d many gifts.
12. **소원**을 빌어! — Make a w **ish**!
13. **촛불**을 꺼! — Blow out the c **andle** s!

C. 다음 우리말을 보고 알맞은 영어 단어의 철자를 써 보세요.

14. 파티 — p a r t y
15. 케이크 — c a k e
16. 놀라게 하다/ 깜짝 놀라게 하기 — s u r p r i s e
17. 불다 — b l o w
18. 주다 — g i v e
19. 나이 — a g e
20. 카드 — c a r d

DAY 04 — We love the Korean wave. — p. 24

A. 다음 사진과 설명을 보고 연상되는 영어 단어나 우리말 뜻을 고르세요.

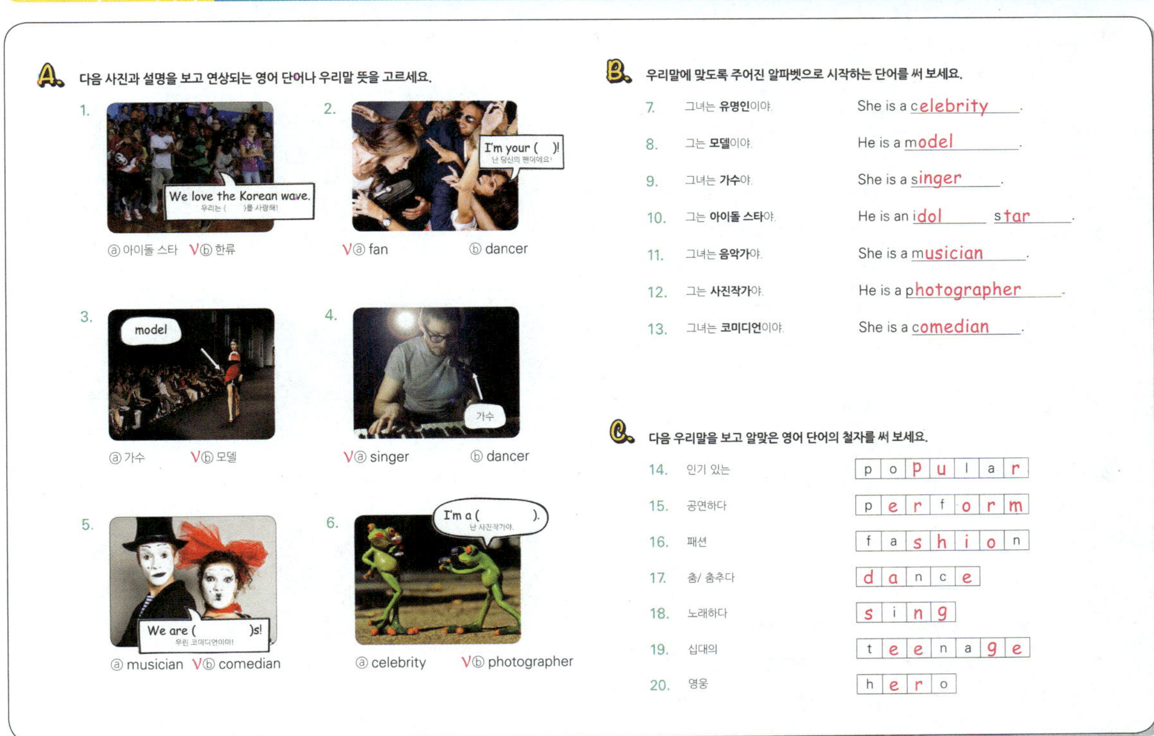

B. 우리말에 맞도록 주어진 알파벳으로 시작하는 단어를 써 보세요.

7. 그녀는 **유명인**이야. — She is a c **elebrity**.
8. 그는 **모델**이야. — He is a m **odel**.
9. 그녀는 **가수**야. — She is a s **inger**.
10. 그는 **아이돌 스타**야. — He is an i **dol** s **tar**.
11. 그녀는 **음악가**야. — She is a m **usician**.
12. 그는 **사진작가**야. — He is a p **hotographer**.
13. 그녀는 **코미디언**이야. — She is a c **omedian**.

C. 다음 우리말을 보고 알맞은 영어 단어의 철자를 써 보세요.

14. 인기 있는 — p o p u l a r
15. 공연하다 — p e r f o r m
16. 패션 — f a s h i o n
17. 춤/ 춤추다 — d a n c e
18. 노래하다 — s i n g
19. 십대의 — t e e n a g e
20. 영웅 — h e r o

A. 다음 사진과 설명을 보고 연상되는 영어 단어나 우리말 뜻을 고르세요.

1. 

✓ⓐ driver ⓑ tourist

2. 

✓ⓐ 왕복 티켓 ⓑ 편도 티켓

3. 

✓ⓐ 해외 ⓑ 국내

4. 

ⓐ local food ✓ⓑ souvenir

5. 

✓ⓐ tourist attraction
ⓑ airplane

6. 

ⓐ return ✓ⓑ fill out

B. 우리말에 맞도록 주어진 알파벳으로 시작하는 단어를 써 보세요.

7. 우린 **편도** 티켓을 갖고 있어. We have s**ingle** tickets.
8. 우린 **왕복** 티켓을 갖고 있어. We have **retrun** tickets.
9. 난 **기차**가 좋아! I love t**rain**s!
10. 난 **비행기**가 좋아! I love a**irplane**s!
11. 이건 내 첫 번째 **해외 여행**이다. It's my first **overseas** travel.
12. 난 그 지역의 음식을 좋아해. I like **local** food.
13. 우리 **관광**하자! Let's go s**ightseeing**!

C. 다음 우리말을 보고 알맞은 영어 단어의 철자를 써 보세요.

14. 유명한 — f a m o u s
15. 하나의 — s i n g l e
16. ~해야 한다 — m u s t
17. 관광 — t o u r
18. 해외의 — o v e r s e a s
19. 그 지역의 — l o c a l
20. 양식 — f o r m

A. 다음 우리말 뜻에 맞는 단어를 괄호 안에서 고르세요.

1. 나는 콧수염을 기르고 싶다. I want to grow a (**mustache** / beard).
2. 너는 어때? How (from / **about**) you?
3. 뭐라고요? I (**beg** / thank) your pardon?
4. 그는 이 파티의 주인이다. He is the (**host** / gift) of this party.
5. 나는 선물을 많이 받았다. I (gave / **received**) many presents.
6. 그녀는 가수다. She is a (**singer** / dancer).
7. 그는 사진작가다. He is a (model / **photographer**).
8. 나는 왕복 티켓을 갖고 있어. I have a (single / **return**) ticket.
9. 피사의 사탑은 반드시 봐야 할 관광명소야.
   The Tower of Pisa is a must-see tourist (local food / **attraction**).

B. 아래 영어 단어의 우리말 뜻을 쓰세요.

10. tongue — 혀
11. eye — 눈
12. blow — 불다
13. sing — 노래하다
14. hero — 영웅
15. famous — 유명한
16. knee — 무릎
17. luck — 운
18. invite — 초대하다
19. teenage — 십대의
20. driver — 운전사
21. single — 하나의

C. 빈칸에 알맞은 단어를 찾아 줄로 연결하세요.

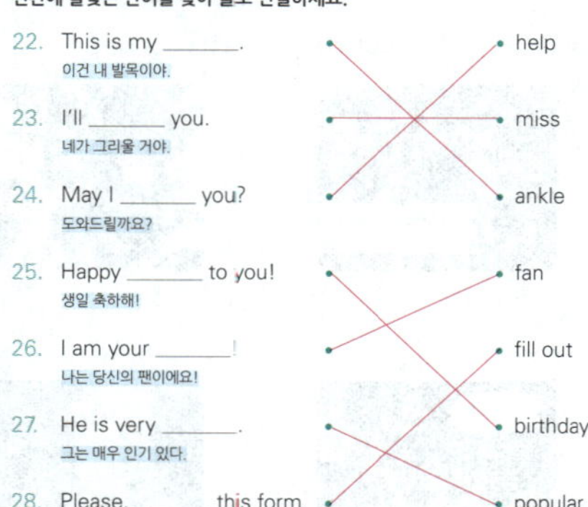

22. This is my ________. 이건 내 발목이야. — ankle
23. I'll ________ you. 네가 그리울 거야. — miss
24. May I ________ you? 도와드릴까요? — help
25. Happy ________ to you! 생일 축하해! — birthday
26. I am your ________! 나는 당신의 팬이에요! — fan
27. He is very ________. 그는 매우 인기 있다. — popular
28. Please, ________ this form. 이 양식을 작성해 주세요. — fill out

D. 다음 우리말을 보고 알맞은 영어 단어를 써 보세요.

29. 이마 — forehead
30. 치아(하나) — tooth
31. 흔들다 — shake
32. 나이 — a**ge**
33. 초대 — invitation
34. ~해야 한다 — m**ust**
35. 만지다 — touch
36. 감사하다 — thank
37. 소망, 소원 — w**ish**
38. 음악가 — m**usician**
39. 해외의 — ov**ereseas**
40. 비행기 — a**irplane**

DAY 06 — Look at the mountain!

A. 다음 사진과 설명을 보고 연상되는 영어 단어나 우리말 뜻을 고르세요.

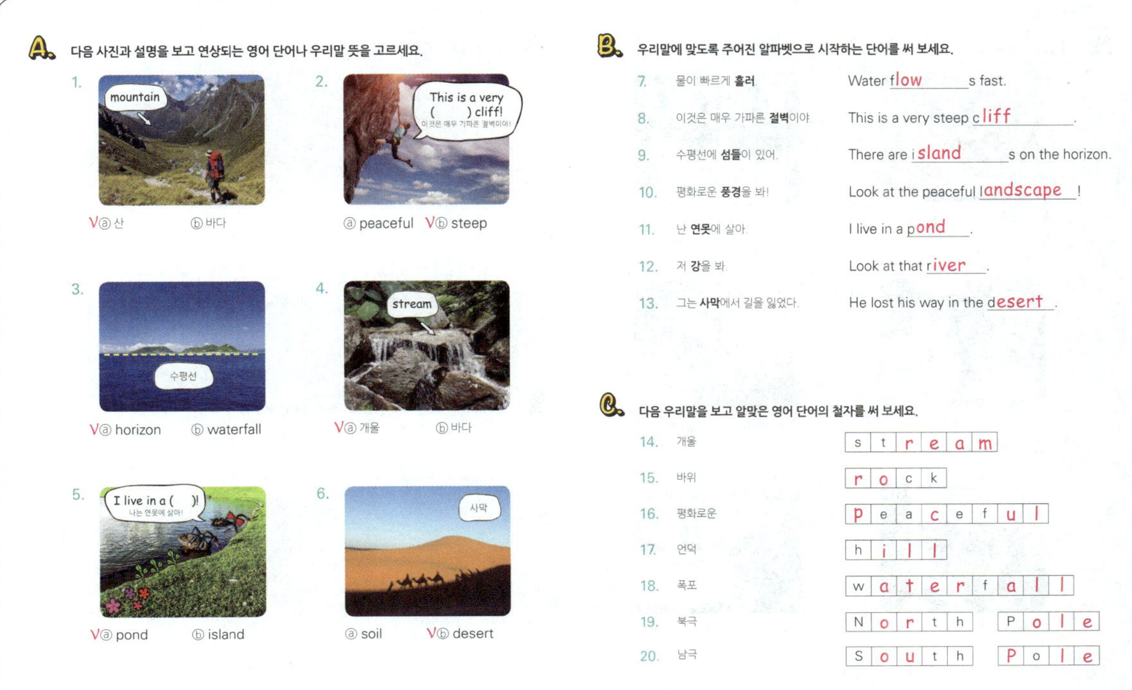

1. ✔ⓐ 산   ⓑ 바다
2. ⓐ peaceful   ✔ⓑ steep
3. ✔ⓐ horizon   ⓑ waterfall
4. ✔ⓐ 개울   ⓑ 바다
5. ✔ⓐ pond   ⓑ island
6. ⓐ soil   ✔ⓑ desert

B. 우리말에 맞도록 주어진 알파벳으로 시작하는 단어를 써 보세요.

7. 물이 빠르게 흘러   Water f**low**s fast.
8. 이것은 매우 가파른 절벽이야.   This is a very steep c**liff**.
9. 수평선에 섬들이 있어.   There are i**sland**s on the horizon.
10. 평화로운 풍경을 봐!   Look at the peaceful **landscape**!
11. 난 연못에 살아.   I live in a p**ond**.
12. 저 강을 봐.   Look at that r**iver**.
13. 그는 사막에서 길을 잃었다.   He lost his way in the d**esert**.

C. 다음 우리말을 보고 알맞은 영어 단어의 철자를 써 보세요.

14. 개울   s t **r e a m**
15. 바위   r **o c k**
16. 평화로운   p **e a c e f u l**
17. 언덕   h **i l l**
18. 폭포   w **a t e r f a l l**
19. 북극   N **o r t h** P **o l e**
20. 남극   S **o u t h** P **o l e**

DAY 07 — I want to ask a question.

A. 다음 사진과 설명을 보고 연상되는 영어 단어나 우리말 뜻을 고르세요.

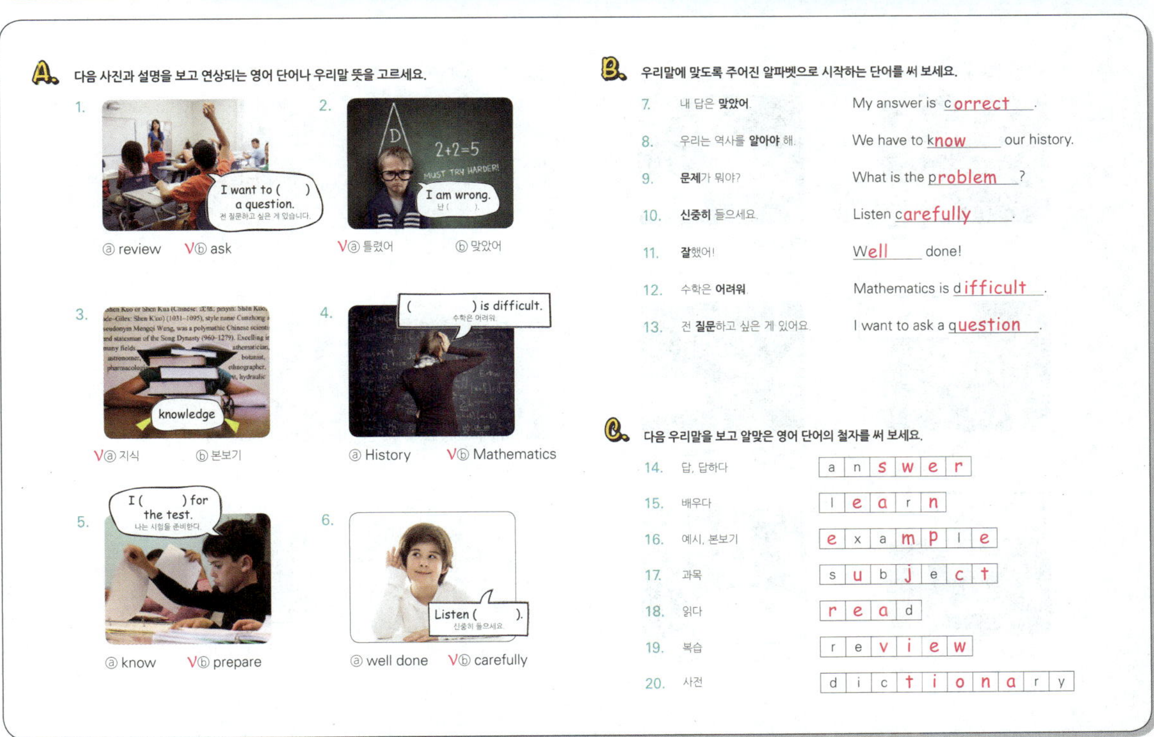

1. ⓐ review   ✔ⓑ ask
2. ✔ⓐ 틀렸어   ⓑ 맞았어
3. ✔ⓐ 지식   ⓑ 본보기
4. ⓐ History   ✔ⓑ Mathematics
5. ⓐ know   ✔ⓑ prepare
6. ⓐ well done   ✔ⓑ carefully

B. 우리말에 맞도록 주어진 알파벳으로 시작하는 단어를 써 보세요.

7. 내 답은 맞았어   My answer is c**orrect**.
8. 우리는 역사를 알아야 해.   We have to k**now** our history.
9. 문제가 뭐야?   What is the **problem**?
10. 신중히 들으세요.   Listen **carefully**.
11. 잘했어!   **Well** done!
12. 수학은 어려워.   Mathematics is d**ifficult**.
13. 전 질문하고 싶은 게 있어요.   I want to ask a **question**.

C. 다음 우리말을 보고 알맞은 영어 단어의 철자를 써 보세요.

14. 답, 답하다   a n **s w e r**
15. 배우다   l **e a r n**
16. 예시, 본보기   e x **a m p l e**
17. 과목   s u b **j e c t**
18. 읽다   r e a **d**
19. 복습   r e **v i e w**
20. 사전   d **i c t i o n a r y**

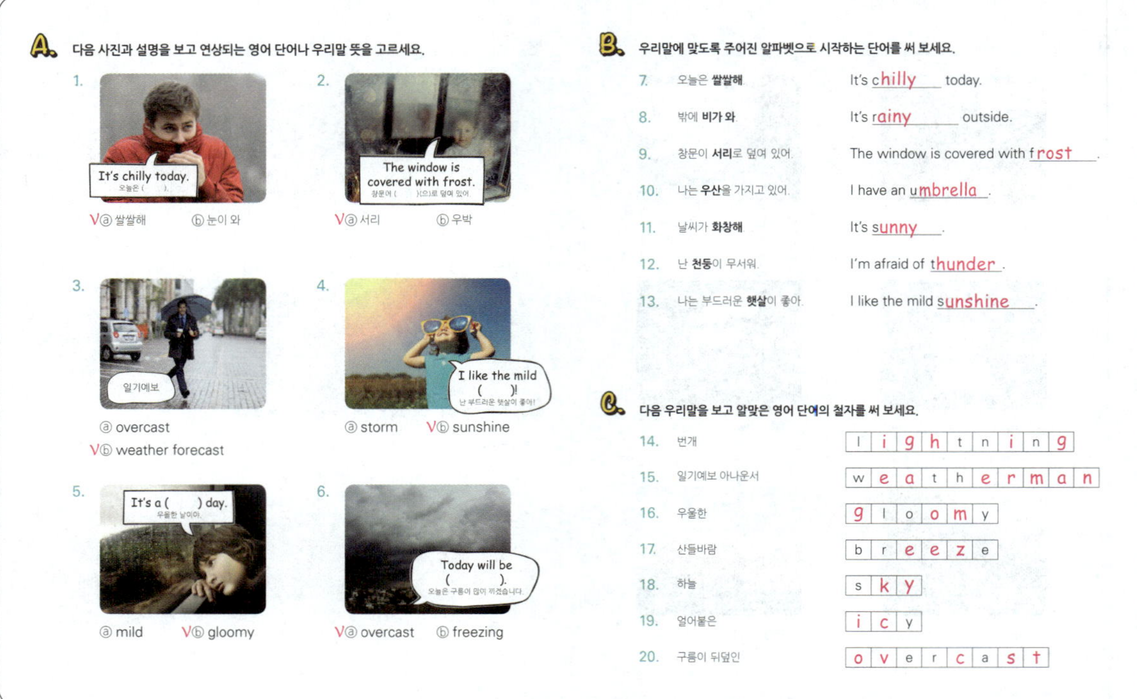

A. 다음 사진과 설명을 보고 연상되는 영어 단어나 우리말 뜻을 고르세요.

1. V ⓐ 쌀쌀해   ⓑ 눈이 와
2. V ⓐ 서리   ⓑ 우박
3. ⓐ overcast   V ⓑ weather forecast
4. ⓐ storm   V ⓑ sunshine
5. ⓐ mild   V ⓑ gloomy
6. V ⓐ overcast   ⓑ freezing

B. 우리말에 맞도록 주어진 알파벳으로 시작하는 단어를 써 보세요.

7. 오늘은 쌀쌀해 — It's chilly today.
8. 밖에 비가 와 — It's rainy outside.
9. 창문이 서리로 덮여 있어 — The window is covered with frost.
10. 나는 우산을 가지고 있어 — I have an umbrella.
11. 날씨가 화창해 — It's sunny.
12. 난 천둥이 무서워 — I'm afraid of thunder.
13. 나는 부드러운 햇살이 좋아 — I like the mild sunshine.

C. 다음 우리말을 보고 알맞은 영어 단어의 철자를 써 보세요.

14. 번개 — l i g h t n i n g
15. 일기예보 아나운서 — w e a t h e r m a n
16. 우울한 — g l o o m y
17. 산들바람 — b r e e z e
18. 하늘 — s k y
19. 얼어붙은 — i c y
20. 구름이 뒤덮인 — o v e r c a s t

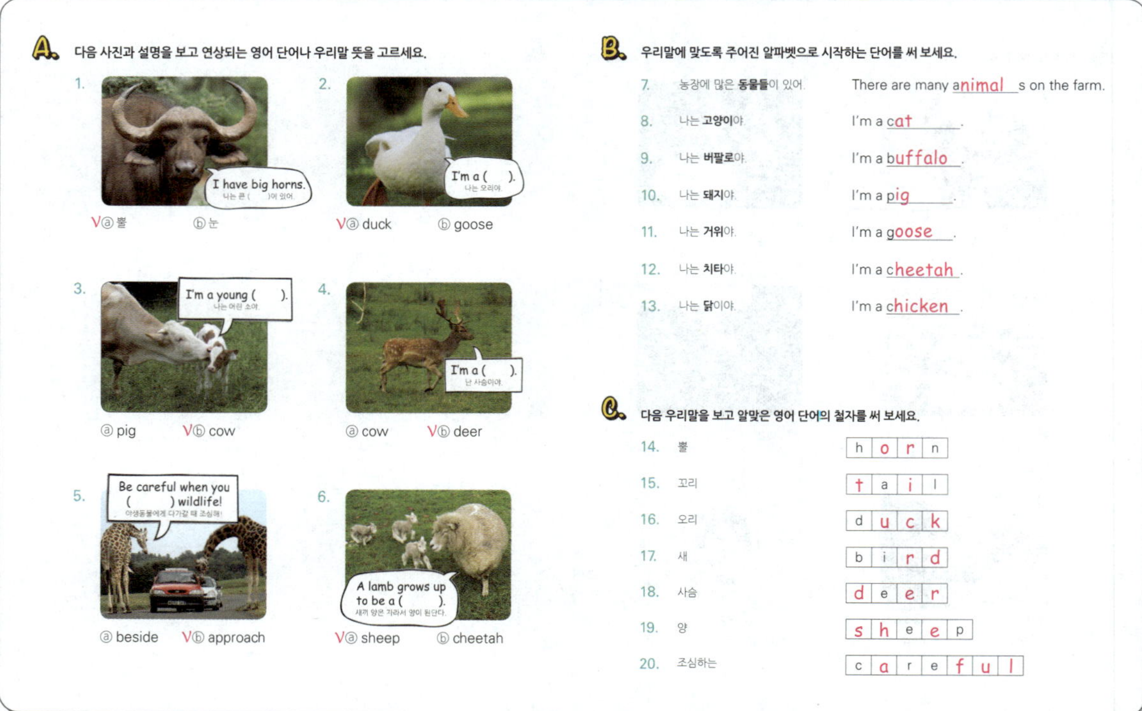

A. 다음 사진과 설명을 보고 연상되는 영어 단어나 우리말 뜻을 고르세요.

1. V ⓐ 뿔   ⓑ 눈
2. V ⓐ duck   ⓑ goose
3. ⓐ pig   V ⓑ cow
4. ⓐ cow   V ⓑ deer
5. ⓐ beside   V ⓑ approach
6. V ⓐ sheep   ⓑ cheetah

B. 우리말에 맞도록 주어진 알파벳으로 시작하는 단어를 써 보세요.

7. 농장에 많은 동물들이 있어 — There are many animals on the farm.
8. 나는 고양이야 — I'm a cat.
9. 나는 버팔로야 — I'm a buffalo.
10. 나는 돼지야 — I'm a pig.
11. 나는 거위야 — I'm a goose.
12. 나는 치타야 — I'm a cheetah.
13. 나는 닭이야 — I'm a chicken.

C. 다음 우리말을 보고 알맞은 영어 단어의 철자를 써 보세요.

14. 뿔 — h o r n
15. 꼬리 — t a i l
16. 오리 — d u c k
17. 새 — b i r d
18. 사슴 — d e e r
19. 양 — s h e e p
20. 조심하는 — c a r e f u l

A. 다음 사진과 설명을 보고 연상되는 영어 단어나 우리말 뜻을 고르세요.

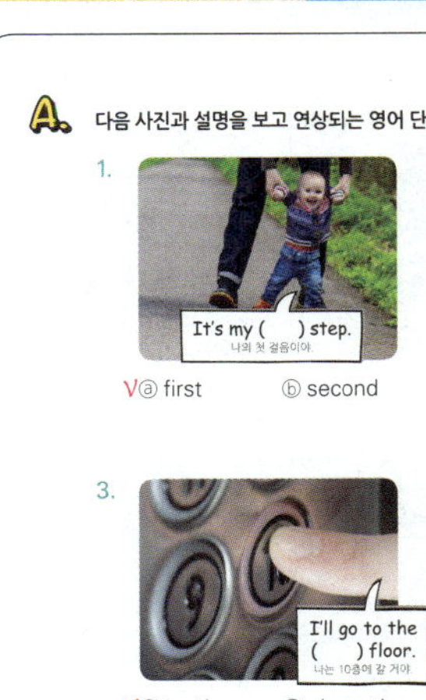

1. ✔ⓐ first   ⓑ second

2. ⓐ 네 번째   ✔ⓑ 다섯 번째

3. ✔ⓐ tenth   ⓑ eleventh

4. ⓐ second   ✔ⓑ third

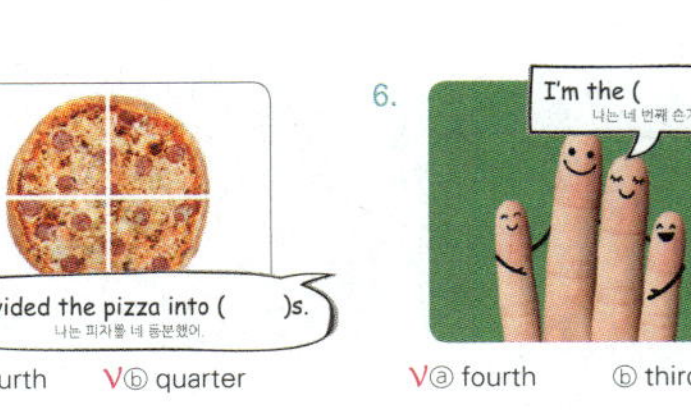

5. ⓐ fourth   ✔ⓑ quarter

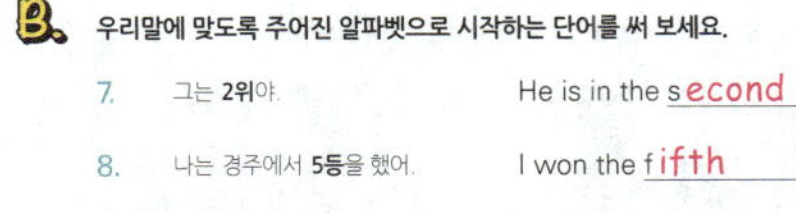

6. ✔ⓐ fourth   ⓑ third

B. 우리말에 맞도록 주어진 알파벳으로 시작하는 단어를 써 보세요.

7. 그는 **2위**야.   He is in the s**econd** place.

8. 나는 경주에서 **5등**을 했어.   I won the f**ifth** in the race.

9. 그녀는 **8번** 레인에 있어.   She is in the e**ighth** lane.

10. 숫자 3은 **홀수**야.   Number 3 is an o**dd** number.

11. 숫자 4는 **짝수**야.   Number 4 is an e**ven** number.

12. 나는 **10층**에 갈거야.   I'll go to the t**enth** floor.

13. 5와 3을 **더해라**.   A**dd** five and three.

C. 다음 우리말을 보고 알맞은 영어 단어의 철자를 써 보세요.

14. 첫 번째의   f i r s t

15. 세 번째의   t h i r d

16. 아홉 번째의   n i n t h

17. 4분의 1   q u a r t e r

18. 등호   e q u a l s | s i g n

19. 뺄셈   m i n u s

20. 나눗셈   d i v i s i o n

A. 다음 우리말 뜻에 맞는 단어를 괄호 안에서 고르세요.

1. 이건 매우 가파른 절벽이다.   This is a very (peaceful / (steep)) cliff.

2. 전 질문하고 싶은 게 있습니다.   I want to (prepare / (ask)) a question.

3. 난 틀렸어.   I am ((wrong) / correct).

4. 밖은 몹시 추워.   It's (sunny / (freezing)) outside.

5. 천둥이 친다.   It's ((thundering) / lightning).

6. 그건 거위야.   It is a ((goose) / duck).

7. 그건 어린 소야.   It is a young ((cow) / pig).

8. 그는 다섯 번째 레인에 있어.   He is in the (fourth / (fifth)) lane.

9. 나는 곱셈이 좋아.   I like (mathematics / (multiplication)).

C. 빈칸에 알맞은 단어를 찾아 줄로 연결하세요.

22. A stream ____s fast.   개울이 빠르게 흘러. — flow

23. I live in a ____.   나는 연못에 살아. — pond

24. My answer is ____.   내 답은 맞았어. — correct

25. We have to ____ our history.   우리는 역사를 알아야 해. — know

26. It's ____ today.   오늘은 쌀쌀해. — chilly

27. A buffalo has big ____s.   버팔로는 큰 뿔을 가지고 있어. — horn

28. I divided the pizza into ____s.   나는 피자를 4등분했어. — quarter

B. 아래 영어 단어의 우리말 뜻을 쓰세요.

10. stream   개울   16. soil   흙

11. river   강   17. example   본보기

12. subject   과목   18. prepare   준비하다

13. umbrella   우산   19. frost   서리

14. sheep   양   20. tail   꼬리

15. ninth   아홉 번째의   21. quarter   4분의 1

D. 다음 우리말을 보고 알맞은 영어 단어를 써 보세요.

29. 폭포   waterfall   35. 사막   desert

30. 산   mountain   36. 복습   review

31. 사전   dictionary   37. 햇살   sunshine

32. 산들바람   breeze   38. 사슴   deer

33. 동물   animal   39. 고양이   cat

34. 첫 번째의   first   40. 두 번째의   second

A. 다음 사진과 설명을 보고 연상되는 영어 단어나 우리말 뜻을 고르세요.

1. 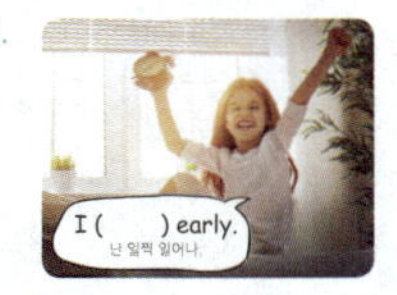

V ⓐ get up　ⓑ go to school

2. 

V ⓐ 아침　ⓑ 점심

3. 

V ⓐ begin　ⓑ finish

4.

ⓐ 아침식사　V ⓑ 점심식사

5.

ⓐ go to bed　V ⓑ keep a diary

6. 

ⓐ am busy　V ⓑ take a shower

B. 우리말에 맞도록 주어진 알파벳으로 시작하는 단어를 써 보세요.

7. 학교 갈 준비됐니?　Are you r**eady** to go to school?
8. 아빠 늦었어!　Daddy is l**ate**!
9. 우리는 항상 바빠.　We are always b**usy**.
10. 난 숙제를 끝냈어.　I f**inish**ed my homework.
11. 난 나쁜 꿈을 꿨어요.　I had a bad d**ream**.
12. 8시에 깨워줘.　W**ake** me up at 8 o'clock.
13. 자니?　Are you s**leep**ing?

C. 다음 우리말을 보고 알맞은 영어 단어의 철자를 써 보세요.

14. 일찍　e a r l y
15. 숙제　h o m e w o r k
16. 일기　d i a r y
17. 저녁식사　d i n n e r
18. 꿈　d r e a m
19. 아침식사　b r e a k f a s t
20. 자다　g o　t o　b e d

A. 다음 사진과 설명을 보고 연상되는 영어 단어나 우리말 뜻을 고르세요.

1. 

ⓐ climbing　V ⓑ camping

2. 

ⓐ 캠핑　V ⓑ 조깅

3. 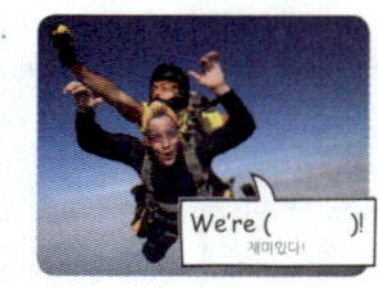

ⓐ climbing　V ⓑ having fun

4. 

V ⓐ 도보여행　ⓑ 래프팅

5. 

ⓐ Hiking　V ⓑ Skiing

6. 

ⓐ hiking　V ⓑ rafting

B. 우리말에 맞도록 주어진 알파벳으로 시작하는 단어를 써 보세요.

7. 난 절벽을 등산하고 있어.　I'm c**limb**ing the cliff.
8. 난 조깅에 관심이 있어.　I'm i**nterested** in jogging.
9. 우리는 도보여행 중이야.　We are h**iking**.
10. 난 정원 가꾸기를 좋아해.　I like g**ardening**.
11. 난 편지를 보냈다.　I sent a l**etter**.
12. 난 스카이다이빙 하는 것을 좋아해.　I like doing s**ky** d**iving**.
13. 우리는 캠핑을 즐긴다.　We e**njoy** camping.

C. 다음 우리말을 보고 알맞은 영어 단어의 철자를 써 보세요.

14. 텐트　t e n t
15. 재미있다　h a v e　f u n
16. 관심　i n t e r e s t
17. 야외의　o u t d o o r
18. 정원　g a r d e n
19. 불　f i r e
20. 래프팅　r a f t i n g

A. 다음 사진과 설명을 보고 연상되는 영어 단어나 우리말 뜻을 고르세요.

1. 

ⓐ today   V ⓑ time

2. 

V ⓐ second   ⓑ hour

3. 

ⓐ 년   V ⓑ 월

4. 

V ⓐ 과거   ⓑ 현재

5. 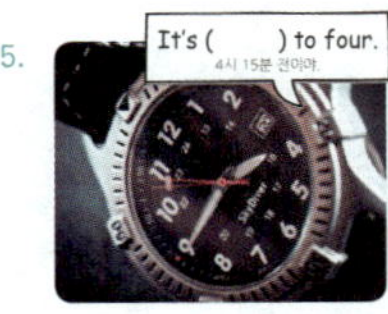

V ⓐ quarter   ⓑ half

6. 

ⓐ quarter   V ⓑ half

B. 우리말에 맞도록 주어진 알파벳으로 시작하는 단어를 써 보세요.

7. 시계가 있다.   There is a c**lock**.
8. 하루는 24시간이다.   There are 24 h**our**s in a day.
9. 세 시 십 분 **전**이야.   It's ten t**o** three.
10. **지금** 몇 시야?   What time is it n**ow**?
11. 지금은 네 시 **반**이야.   It's h**alf** past four.
12. 지금은 9시 **15분** 전이야.   It's q**uarter** to nine.
13. **어제**는 나의 생일이었다.   It was my birthday y**esterday**.

C. 다음 우리말을 보고 알맞은 영어 단어의 철자를 써 보세요.

14. 손목시계   w a t c h
15. ~을 지나서 / 과거   p a s t
16. 월   m o n t h
17. 오늘   t o d a y
18. 내일   t o m o r r o w
19. ~ 전에   b e f o r e
20. ~ 후에   a f t e r

A. 다음 사진과 설명을 보고 연상되는 영어 단어나 우리말 뜻을 고르세요.

1. 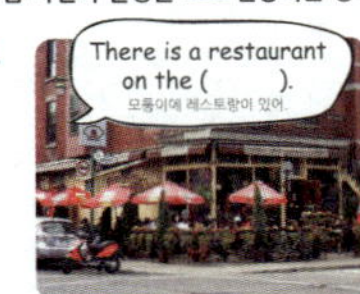

V ⓐ corner   ⓑ street

2.

ⓐ shop   V ⓑ cafeteria

3. 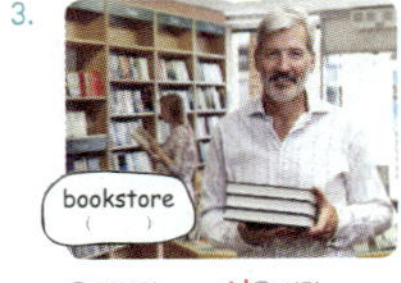

ⓐ 편의점   V ⓑ 서점

4.

ⓐ cinema   V ⓑ department store

5. 

ⓐ pharmacy   V ⓑ downtown

6. 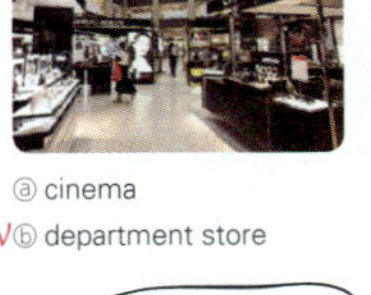

ⓐ beauty shop   V ⓑ street

B. 우리말에 맞도록 주어진 알파벳으로 시작하는 단어를 써 보세요.

7. **모퉁이**에 가게가 있어.   There is a shop on the c**orner**.
8. **구내식당**은 **셀프서비스** 식당이야.   The cafeteria is a s**elf-service** restaurant.
9. **약국**에서 약을 살 수 있다.   You can buy some medicine at the p**harmacy**.
10. **서점**은 책을 판다.   A b**ookstore** sells books.
11. 사람들이 **거리**를 걷고 있다.   People are walking in the s**treet**.
12. **시내**에는 상점들이 많다.   There are many shops in d**owntown**.
13. 난 **미용실**에서 머리를 깎아.   I get my hair cut at a b**eauty shop**.

C. 다음 우리말을 보고 알맞은 영어 단어의 철자를 써 보세요.

14. 영화관   c i n e m a
15. 백화점   d e p a r t m e n t   s t o r e
16. 아름다움   b e a u t y
17. 사람들   p e o p l e
18. 시내   d o w n t o w n
19. 거리(큰 길)   a v e n u e
20. 책   b o o k

A. 다음 사진과 설명을 보고 연상되는 영어 단어나 우리말 뜻을 고르세요.

1.

V ⓐ date   ⓑ hour

2.

V ⓐ 3, 4, 5월   ⓑ 4, 5, 6월

3.

V ⓐ July   ⓑ August

4.

ⓐ 9월   V ⓑ 10월

5.

V ⓐ Thursday   ⓑ Saturday

6.

ⓐ Saturday   V ⓑ Sunday

B. 우리말에 맞도록 주어진 알파벳으로 시작하는 단어를 써 보세요.

7. 오늘은 **1월** 1일이야.　Today is **January** 1st.

8. 난 **2월**에 졸업했어.　I graduated in **February**.

9. 한국전쟁은 **6월**에 시작됐어.　The Korean War began in **June**.

10. 추수감사절은 **11월**이야.　Thanksgiving Day is in **November**.

11. 회의는 **수요일**이에요.　The meeting is on **Wednesday**.

12. 나는 **토요일**에 계획이 있어.　I have plans on **Saturday**.

13. 크리스마스는 **12월** 25일이야.　Christmas is on **December** 25th.

C. 다음 우리말을 보고 알맞은 영어 단어의 철자를 써 보세요.

14. 3월　M a r c h
15. 4월　A p r i l
16. 5월　M a y
17. 8월　A u g u s t
18. 월요일　M o n d a y
19. 화요일　T u e s d a y
20. 일요일　S u n d a y

A. 다음 우리말 뜻에 맞는 단어를 괄호 안에서 고르세요.

1. 나는 일찍 일어난다.　I (**get up** / ready) early.

2. 나는 아침에 항상 바빠.　I am always (**busy** / late) in the morning.

3. 나는 캠핑을 즐겨.　I enjoy (jogging / **camping**).

4. 나는 도보 여행을 좋아해.　I like (rafting / **hiking**).

5. 지금 몇 시야?　What (**time** / watch) is it now?

6. 나는 오늘 학교에 간다.　I go to school (tomorrow / **today**).

7. 우리는 구내식당에서 점심을 먹어.
We have lunch in the (restaurant / **cafeteria**).

8. 오늘은 1월 1일이다.　Today is (**January** / February) 1st.

9. 오늘은 목요일이다.　Today is (**Thursday** / Tuesday).

B. 아래 영어 단어의 우리말 뜻을 쓰세요.

10. breakfast　아침식사
11. enjoy　즐기다
12. homework　숙제
13. second　초
14. corner　모퉁이
15. October　10월
16. begin　시작하다
17. letter　편지
18. hour　시간
19. shop　가게
20. August　8월
21. Friday　금요일

C. 빈칸에 알맞은 단어를 찾아 줄로 연결하세요.

22. Did you have ______?
점심 먹었니? — lunch

23. I keep a ______ everyday.
나는 매일 일기를 써. — diary

24. I like ______.
나는 정원 가꾸기를 좋아해. — gardening

25. I'm ______ skiing.
나는 스키 타는 것에 관심이 있어. — interested in

26. There is a ______.
시계가 있다. — clock

27. I go to the ______.
나는 약국에 가고 있어. — pharmacy

28. She lives in ______.
그녀는 시내에 살아. — downtown

D. 다음 우리말을 보고 알맞은 영어 단어를 써 보세요.

29. 준비된　ready
30. 저녁식사　dinner
31. 야외의　outdoor
32. 절반　half
33. 거리　street
34. 일요일　Sunday
35. 꿈　dream
36. 오르다　climb
37. ~ 전에　before
38. 서점　bookstore
39. 9월　September
40. 월요일　Monday

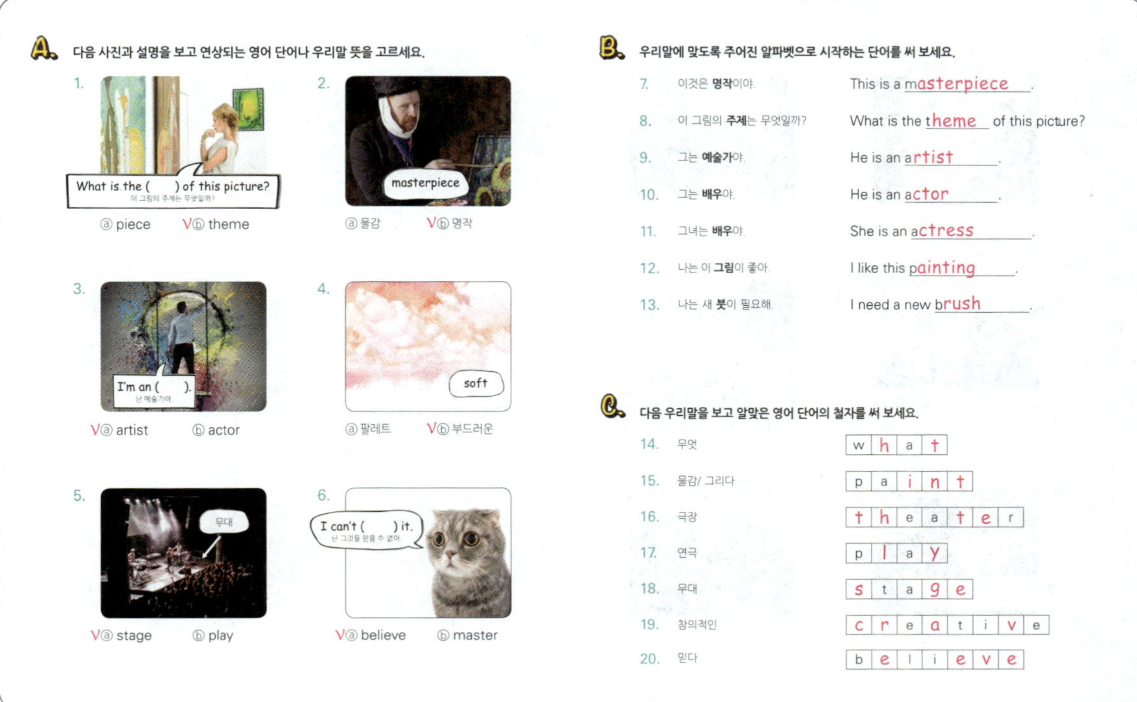
다음 사진과 설명을 보고 연상되는 영어 단어나 우리말 뜻을 고르세요.
1.
What is the (　) of this picture?
이 그림의 주제는 무엇일까?
ⓐ piece
Vⓑ theme
2.
masterpiece
ⓐ 물감
Vⓑ 명작
3.
I'm an (　).
난 예술가야
Vⓐ artist
ⓑ actor
4.
soft
ⓐ 팔레트
Vⓑ 부드러운
5.
무대
Vⓐ stage
ⓑ play
6.
I can't (　) it.
난 그것을 믿을 수 없어.
Vⓐ believe
ⓑ master
우리말에 맞도록 주어진 알파벳으로 시작하는 단어를 써 보세요.
7. 이것은 명작이야.   This is a masterpiece.
8. 이 그림의 주제는 무엇일까?   What is the theme of this picture?
9. 그는 예술가야.   He is an artist.
10. 그는 배우야.   He is an actor.
11. 그녀는 배우야.   She is an actress.
12. 나는 이 그림이 좋아.   I like this painting.
13. 나는 새 붓이 필요해.   I need a new brush.
다음 우리말을 보고 알맞은 영어 단어의 철자를 써 보세요.
14. 무엇   w h a t
15. 물감/ 그리다   p a i n t
16. 극장   t h e a t e r
17. 연극   p l a y
18. 무대   s t a g e
19. 창의적인   c r e a t i v e
20. 믿다   b e l i e v e

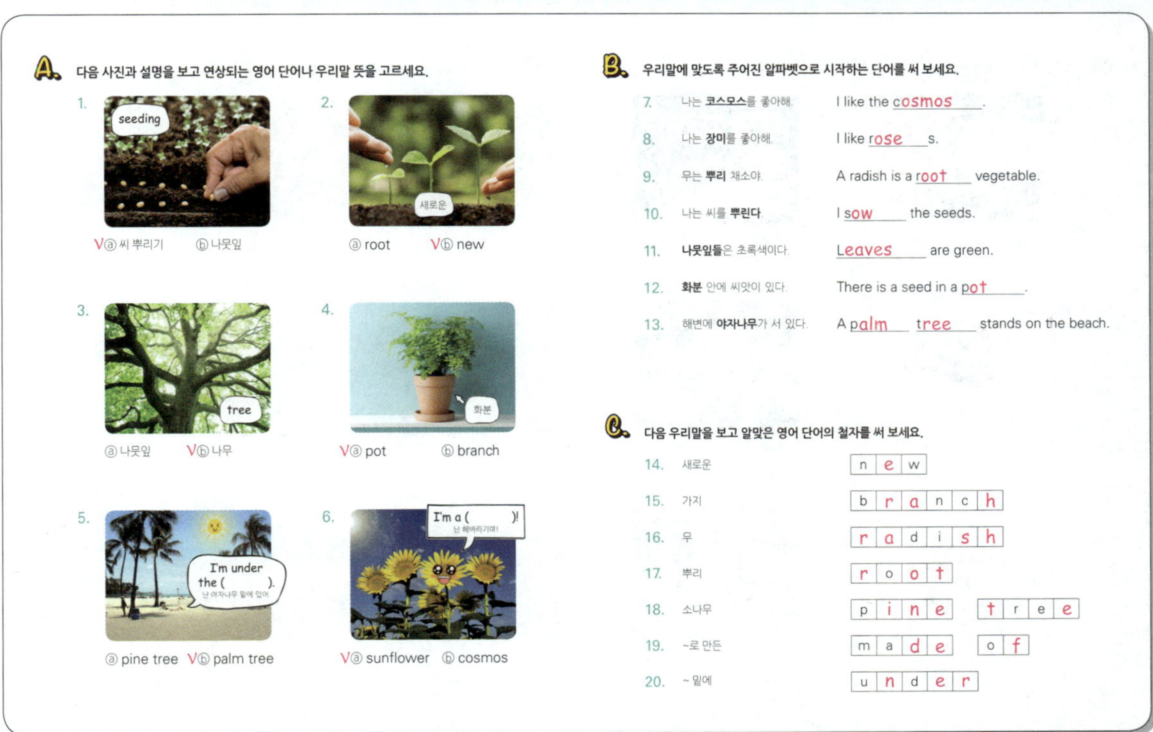
다음 사진과 설명을 보고 연상되는 영어 단어나 우리말 뜻을 고르세요.
1.
seeding
Vⓐ 씨 뿌리기
ⓑ 나뭇잎
2.
새로운
ⓐ root
Vⓑ new
3.
tree
ⓐ 나뭇잎
Vⓑ 나무
4.
화분
Vⓐ pot
ⓑ branch
5.
I'm under the (　).
난 야자나무 밑에 앉아
ⓐ pine tree
Vⓑ palm tree
6.
I'm a (　)!
난 해바라기야!
Vⓐ sunflower
ⓑ cosmos
우리말에 맞도록 주어진 알파벳으로 시작하는 단어를 써 보세요.
7. 나는 코스모스를 좋아해.   I like the cosmos.
8. 나는 장미를 좋아해.   I like rose s.
9. 무는 뿌리 채소야.   A radish is a root vegetable.
10. 나는 씨를 뿌린다.   I sow the seeds.
11. 나뭇잎들은 초록색이다.   Leaves are green.
12. 화분 안에 씨앗이 있다.   There is a seed in a pot.
13. 해변에 야자나무가 서 있다.   A palm tree stands on the beach.
다음 우리말을 보고 알맞은 영어 단어의 철자를 써 보세요.
14. 새로운   n e w
15. 가지   b r a n c h
16. 무   r a d i s h
17. 뿌리   r o o t
18. 소나무   p i n e t r e e
19. ~로 만든   m a d e o f
20. ~ 밑에   u n d e r

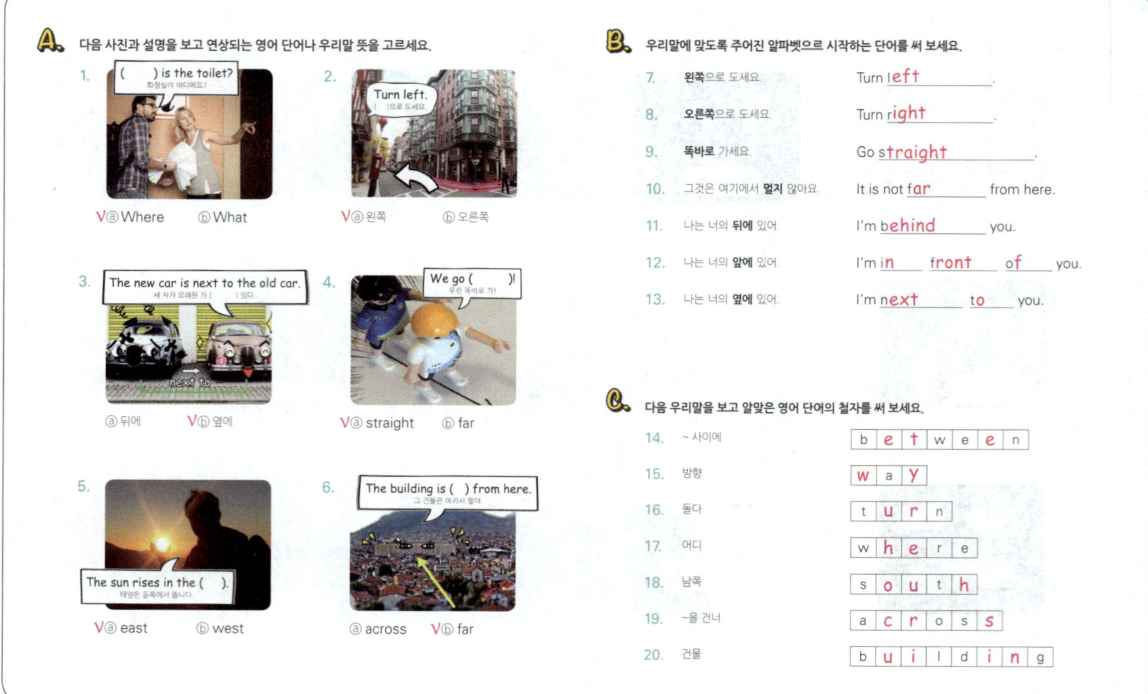

B. 우리말에 맞도록 주어진 알파벳으로 시작하는 단어를 써 보세요.

7. 왼쪽으로 도세요. Turn l**eft**

8. 오른쪽으로 도세요. Turn r**ight**

9. 똑바로 가세요. Go s**traight**.

10. 그것은 여기에서 멀지 않아요. It is not f**ar** from here.

11. 나는 너의 뒤에 있어. I'm b**ehind** you.

12. 나는 너의 앞에 있어. I'm **in front of** you.

13. 나는 너의 옆에 있어. I'm n**ext to** you.

C. 다음 우리말을 보고 알맞은 영어 단어의 철자를 써 보세요.

14. ~ 사이에 b e **t** w e e n

15. 방향 **w a y**

16. 돌다 t u r **n**

17. 어디 **w** h e r **e**

18. 남쪽 s o u t **h**

19. ~을 건너 a **c** r o s **s**

20. 건물 b u i l d i n g

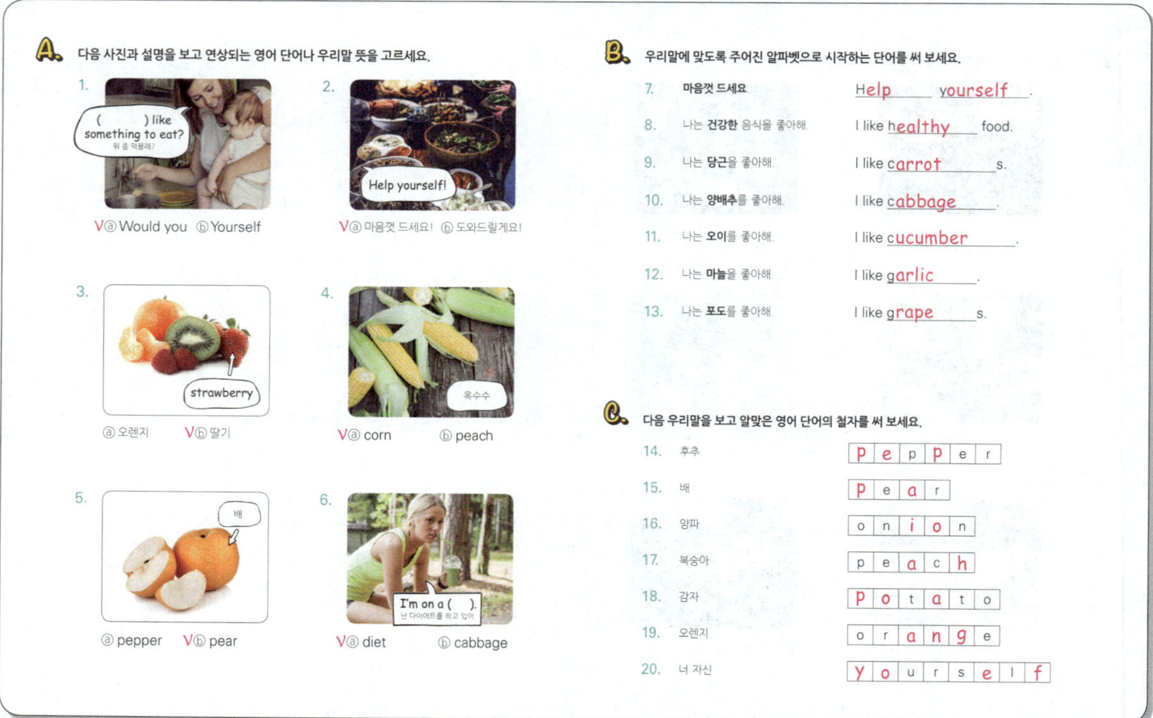

B. 우리말에 맞도록 주어진 알파벳으로 시작하는 단어를 써 보세요.

7. 마음껏 드세요 H**elp yourself**.

8. 나는 건강한 음식을 좋아해. I like h**ealthy** food.

9. 나는 당근을 좋아해. I like c**arrot**s.

10. 나는 양배추를 좋아해. I like c**abbage**.

11. 나는 오이를 좋아해. I like c**ucumber**.

12. 나는 마늘을 좋아해. I like g**arlic**.

13. 나는 포도를 좋아해. I like g**rape**s.

C. 다음 우리말을 보고 알맞은 영어 단어의 철자를 써 보세요.

14. 후추 P e p p e **r**

15. 배 P e **a** r

16. 양파 o n i o n

17. 복숭아 p e **a** c **h**

18. 감자 P o t **a** t o

19. 오렌지 o r **a** n **g** e

20. 너 자신 y o u r s e l **f**

A. 다음 사진과 설명을 보고 연상되는 영어 단어나 우리말 뜻을 고르세요.

1. ⓥⓐ doll   ⓑ robot

2. ⓐ chess   ⓥⓑ game

3. ⓥⓐ teddy bear   ⓑ skateboard

4. ⓥⓐ skate   ⓑ bubble

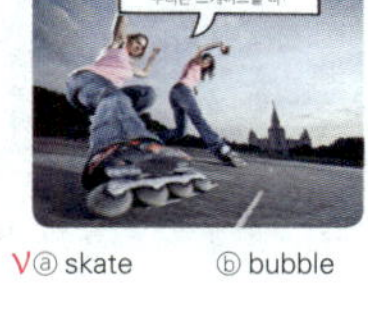

5. ⓥⓐ 퍼즐   ⓑ 로봇

6. ⓥⓐ cube   ⓑ piece

B. 우리말에 맞도록 주어진 알파벳으로 시작하는 단어를 써 보세요.

7. 나는 **장난감**을 가지고 논다.   I play with a **toy**______.
8. 나는 **로봇**을 가지고 논다.   I play with a **robot**______.
9. 나는 **인형**을 가지고 논다.   I play with a **doll**______.
10. 나는 **퍼즐**을 가지고 논다.   I play with a **puzzle**______.
11. 나는 **체스**를 둔다.   I play **chess**______.
12. 나는 **블록**으로 성을 만들어.   I build a castle **with**______ blocks.
13. 나는 **스케이트**를 탄다   I **skate**______.

C. 다음 우리말을 보고 알맞은 영어 단어의 철자를 써 보세요.

14. 놀다   p l a y
15. 선, 줄   l i n e
16. 곰인형   t e d d y   b e a r
17. 만들다   b u i l d
18. 블록   b l o c k
19. 거품, 비눗방울   b u b b l e
20. 조각   p i e c e

A. 다음 우리말 뜻에 맞는 단어를 괄호 안에서 고르세요.

1. 그는 배우이다.   He is an (**actor** / artist).
2. 이 그림의 주제는 뭐니?   What is the (piece / **theme**) of this picture?
3. 이것은 나무의 뿌리이다.   This is the (**root** / branch) of the tree.
4. 화장실이 어디에 있니?   (What / **Where**) is the toilet?
5. 왼쪽으로 돌아.   Turn (right / **left**).
6. 그는 양배추를 좋아하지 않아.   He doesn't like (**cabbage** / cucumber).
7. 나는 복숭아를 좋아해.   I like (**peaches** / pears).
8. 나는 인형을 가지고 논다.   I play with a (robot / **doll**).
9. 나는 블록으로 성을 만든다.   I (**build** / skate) a castle with blocks.

B. 아래 영어 단어의 우리말 뜻을 쓰세요.

10. master   장인
11. stage   무대
12. radish   무
13. across   ~을 건너
14. onion   양파
15. toy   장난감
16. paint   물감/ 그리다
17. seeding   씨 뿌리기
18. far   멀리 있는
19. garlic   마늘
20. potato   감자
21. game   놀이, 게임

C. 빈칸에 알맞은 단어를 찾아 줄로 연결하세요.

22. I like ______ paintings.   • sunflower
    나는 부드러운 그림을 좋아한다.
23. It's a ______.   • soft
    그것은 해바라기다.
24. Go ______.   • straight
    똑바로 가세요.
25. I'm ______ the building.   • diet
    나는 그 건물 앞에 있다.
26. I like ______.   • puzzle
    나는 딸기를 좋아해.
27. I'm on a ______.   • strawberries
    나는 지금 다이어트 중이야.
28. Let's play a ______ game.   • in front of
    퍼즐놀이 하자.

D. 다음 우리말을 보고 알맞은 영어 단어를 써 보세요.

29. 붓   brush
30. 나뭇잎   leaf
31. 새로운   new
32. ~ 사이에   between
33. 건강한   healthy
34. 곰인형   teddy bear
35. 믿다   believe
36. ~ 밑에   under
37. ~ 뒤에   behind
38. 동쪽   east
39. 너 자신   yourself
40. 정육면체   cube

DAY 21 — I do the laundry. — p. 134

A. 다음 사진과 설명을 보고 연상되는 영어 단어나 우리말 뜻을 고르세요.

1. 

✓ⓐ do the laundry　ⓑ bake

2. 

ⓐ coffee maker　✓ⓑ dessert

3. 

ⓐ 밥솥　✓ⓑ 토스터기

4.

✓ⓐ hair dryer　ⓑ iron

5. 

✓ⓐ air conditioner　ⓑ refrigerator

6. 

✓ⓐ iron　ⓑ turn on

B. 우리말에 맞도록 주어진 알파벳으로 시작하는 단어를 써 보세요.

7. 나는 세탁기를 사용해. — I use the **washing machine**.
8. 나는 오븐을 사용해. — I use the **oven**.
9. 나는 에어컨을 사용해. — I use the **air conditioner**.
10. 나는 토스터기를 사용해. — I use the **toaster**.
11. 나는 헤어 드라이어를 사용해. — I use the **hair dryer**.
12. 나는 선풍기를 사용해. — I use the **fan**.
13. 나는 냉장고를 사용해. — I use the **refrigerator**.

C. 다음 우리말을 보고 알맞은 영어 단어의 철자를 써 보세요.

14. 디저트 — d e s s e r t
15. 굽다 — b a k e
16. 밥솥 — r i c e   c o o k e r
17. 다리미 / 다림질하다 — i r o n
18. 주름 — w r i n k l e
19. 램프 — l a m p
20. (물기 등을) 말리다 — d r y

DAY 22 — I want to be a police officer in the future. — p. 140

A. 다음 사진과 설명을 보고 연상되는 영어 단어나 우리말 뜻을 고르세요.

1.

ⓐ 결정　✓ⓑ 직업

2.

✓ⓐ baker　ⓑ writer

3.

ⓐ 경찰관　✓ⓑ 소방관

4.

✓ⓐ judge　ⓑ doctor

5.

✓ⓐ lawyer　ⓑ police officer

6. 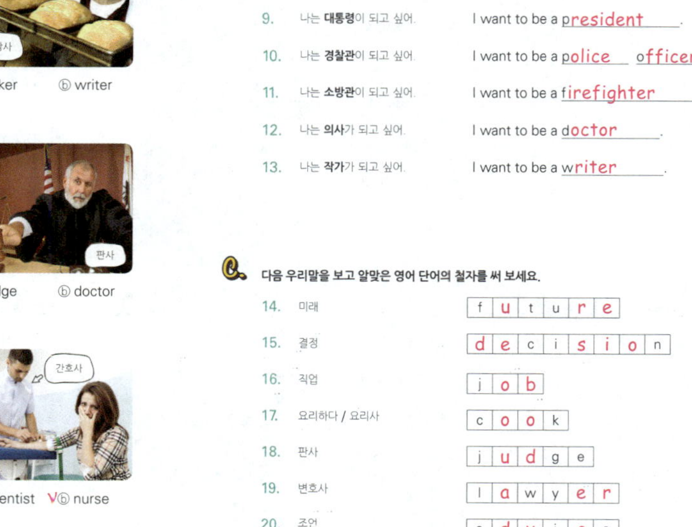

ⓐ scientist　✓ⓑ nurse

B. 우리말에 맞도록 주어진 알파벳으로 시작하는 단어를 써 보세요.

7. 나는 과학자가 되고 싶어. — I want to be a **scientist**
8. 나는 간호사가 되고 싶어. — I want to be a **nurse**
9. 나는 대통령이 되고 싶어. — I want to be a **president**
10. 나는 경찰관이 되고 싶어. — I want to be a **police officer**
11. 나는 소방관이 되고 싶어. — I want to be a **firefighter**
12. 나는 의사가 되고 싶어. — I want to be a **doctor**
13. 나는 작가가 되고 싶어. — I want to be a **writer**

C. 다음 우리말을 보고 알맞은 영어 단어의 철자를 써 보세요.

14. 미래 — f u t u r e
15. 결정 — d e c i s i o n
16. 직업 — j o b
17. 요리하다 / 요리사 — c o o k
18. 판사 — j u d g e
19. 변호사 — l a w y e r
20. 조언 — a d v i c e

A. 다음 사진과 설명을 보고 연상되는 영어 단어나 우리말 뜻을 고르세요.

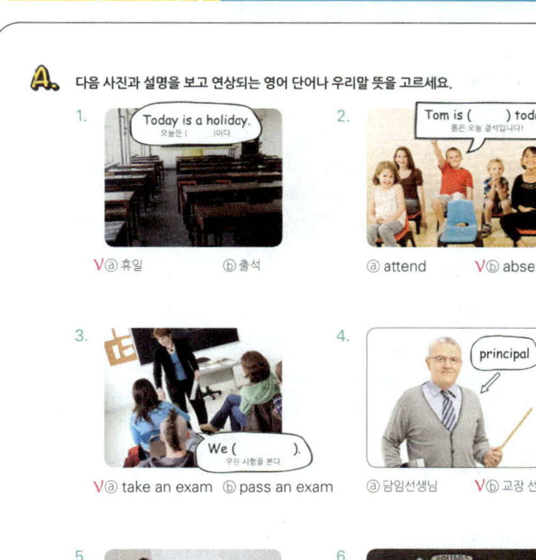

1. ✓ⓐ 휴일 ⓑ 출석
2. ⓐ attend ✓ⓑ absent

3.

✓ⓐ take an exam ⓑ pass an exam

4.

ⓐ 담임선생님 ✓ⓑ 교장 선생님

5.

ⓐ pass ✓ⓑ loud

6.

✓ⓐ bulletin board ⓑ report card

B. 우리말에 맞도록 주어진 알파벳으로 시작하는 단어를 써 보세요.

7. 난 시험을 **통과**해야만 해. — I have to **pass** the exam.
8. 난 시험을 **치러야**만 해. — I have to **take** the exam.
9. **성적표**를 받았어. — I got my **report card**.
10. 너 **게시판** 봤니? — Did you see the **bulletin board**?
11. 난 **사립**학교에 다녀. — I go to a **private** school.
12. 난 **공립**학교에 다녀. — I go to a **public** school.
13. 그는 오늘 **결석**이야. — He is **absent** today.

C. 다음 우리말을 보고 알맞은 영어 단어의 철자를 써 보세요.

14. 출석 — a t t e n d a n c e
15. 결석 — a b s e n c e
16. 주목 — a t t e n t i o n
17. (같은) 반 친구 — c l a s s m a t e
18. 시끄러운 — l o u d
19. 교장 — p r i n c i p a l
20. 보고 — r e p o r t

A. 다음 사진과 설명을 보고 연상되는 영어 단어나 우리말 뜻을 고르세요.

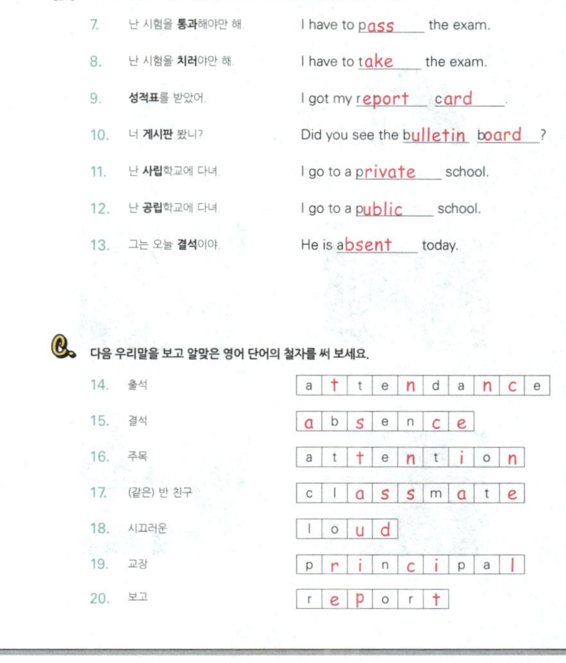

1.

✓ⓐ 동화 ⓑ 모험

2.

ⓐ hunt ✓ⓑ imitate

3.

ⓐ 거인 ✓ⓑ 해적

4.

ⓐ fairy ✓ⓑ giant

5.

ⓐ adventure ✓ⓑ fantastic

6.

✓ⓐ hunt ⓑ sail

B. 우리말에 맞도록 주어진 알파벳으로 시작하는 단어를 써 보세요.

7. 나는 **동화**를 좋아한다. — I like **fairy tale**s.
8. 그녀는 **작은** 소녀야. — She is a **little** girl.
9. 나는 우리 할머니 **흉내를 낸다**. — I **imitate** my grandmother.
10. 우리는 **해적**이야. — We are **pirate**s.
11. 그는 **선장**이야. — He is the **captain**.
12. 우리는 바다를 **항해**해. — We **sail** the seas.
13. 이 **우화**를 읽어보자. — Let's read this **fable**.

C. 다음 우리말을 보고 알맞은 영어 단어의 철자를 써 보세요.

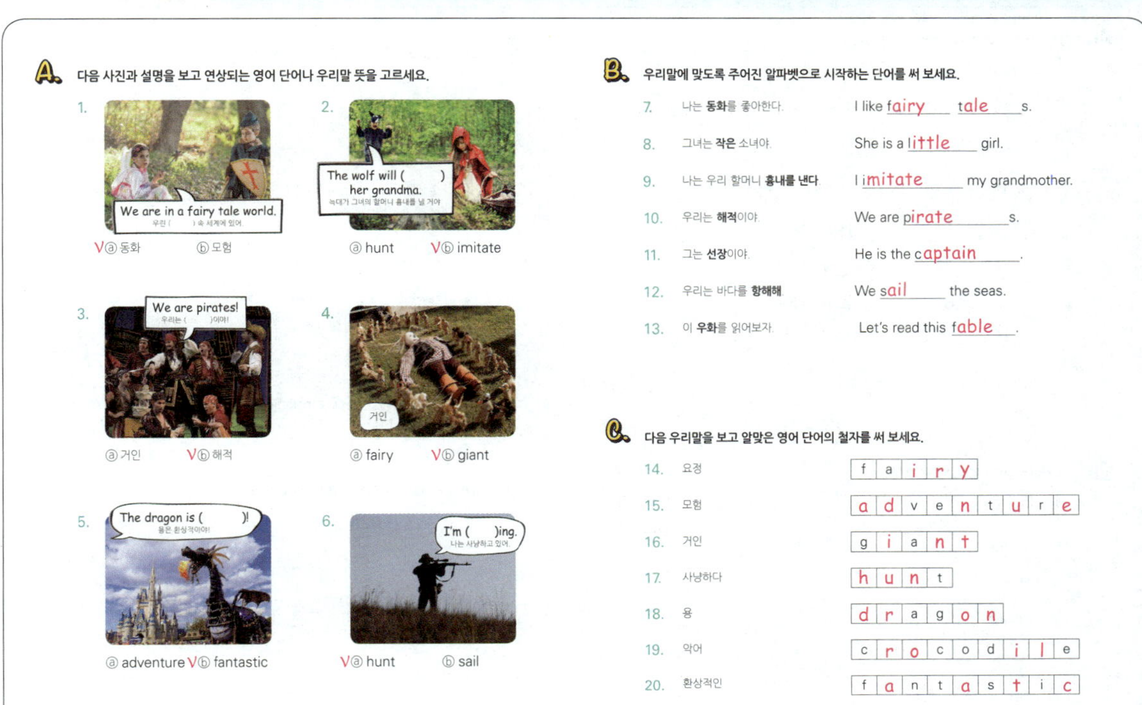

14. 요정 — f a i r y
15. 모험 — a d v e n t u r e
16. 거인 — g i a n t
17. 사냥하다 — h u n t
18. 용 — d r a g o n
19. 악어 — c r o c o d i l e
20. 환상적인 — f a n t a s t i c

A. 다음 사진과 설명을 보고 연상되는 영어 단어나 우리말 뜻을 고르세요.

1. 

ⓐ 주머니　Ⓥⓑ 단추

2. 

Ⓥⓐ pocket　ⓑ vest

3. 

ⓐ bow tie　Ⓥⓑ blouse

4. 

ⓐ 찾아봐.　Ⓥⓑ 입어봐.

5. 

Ⓥⓐ sunglasses　ⓑ sweater

6. 

Ⓥⓐ pants　ⓑ boots

B. 우리말에 맞도록 주어진 알파벳으로 시작하는 단어를 써 보세요.

7. 나는 **블라우스**를 입고 있어.　I'm wearing a b<u>louse</u>
8. 나는 **반바지**를 입고 있어.　I'm wearing s<u>horts</u>
9. 나는 **티셔츠**를 입고 있어.　I'm wearing a T-<u>shirt</u>
10. 나는 **스웨터**를 입고 있어.　I'm wearing a s<u>weater</u>
11. 나는 **잠옷**을 입고 있어.　I'm wearing my p<u>ajamas</u>
12. 내 **주머니** 안에 뭐가 있어!　Something is in my p<u>ocket</u>!
13. 이 **사이즈**는 너무 커!　This s<u>ize</u> is too big!

C. 다음 우리말을 보고 알맞은 영어 단어의 철자를 써 보세요.

14. 단추　b u t t o n
15. 우비　r a i n c o a t
16. ~를 찾다　l o o k　f o r
17. 입어보다　t r y　o n
18. 조끼　v e s t
19. 너무　t o o
20. 청바지　j e a n s

A. 다음 우리말 뜻에 맞는 단어를 괄호 안에서 고르세요.

1. 나는 오븐을 사용해.　I use the (fan / (oven)).
2. 나는 세탁기를 사용해.　I use the (coffee maker / (washing machine)).
3. 나는 작가가 되고 싶어.　I want to be a (baker / (writer)).
4. 나는 과학자가 되고 싶어.　I want to be a ((scientist) / nurse).
5. 그녀는 오늘 결석했다.　She is ((absent) / attend) today.
6. 너무 시끄러워!　It's too (voice / (loud))!
7. 나는 동화를 좋아해.　I like ((fairy) / pirate) tales.
8. 나는 바지를 사고 싶어요.　I want to buy ((pants) / boots).
9. 새 스웨터를 갖고 싶어.　I want a new (blouse / (sweater)).

B. 아래 영어 단어의 우리말 뜻을 쓰세요.

10. dry　(물기 등을) 말리다
11. future　미래
12. classmate　반 친구
13. holiday　휴일, 휴가
14. imitate　흉내내다
15. homeroom teacher　담임 선생님
16. dessert　디저트
17. job　직업
18. report　보고
19. giant　거인
20. large　큰
21. raincoat　우비

C. 빈칸에 알맞은 단어를 찾아 줄로 연결하세요.

22. I use the _______.　나는 냉장고를 사용해.　— refrigerator
23. I use the _______.　나는 토스터기를 사용해.　— toaster
24. He gave me some _______.　그는 내게 충고를 해 줬어.　— advice
25. She is a _______.　그녀는 판사야.　— judge
26. I have to _______ the exam.　나는 그 시험을 통과해야만 해.　— pass
27. We are _______s.　우리는 해적이야.　— pirate
28. This _______ is comfortable.　이 티셔츠는 편안해.　— T-shirt

D. 다음 우리말을 보고 알맞은 영어 단어를 써 보세요.

29. 다림질하다　iron
30. 요리사　cook
31. 간호사　nurse
32. 시끄러운　loud
33. 환상적인　fantastic
34. ~를 찾다　look for
35. 주름　wrinkle
36. ~를 돌보다　take care of
37. 주목　attention
38. 선장　captain
39. 죽이다　kill
40. 입어보다　try on

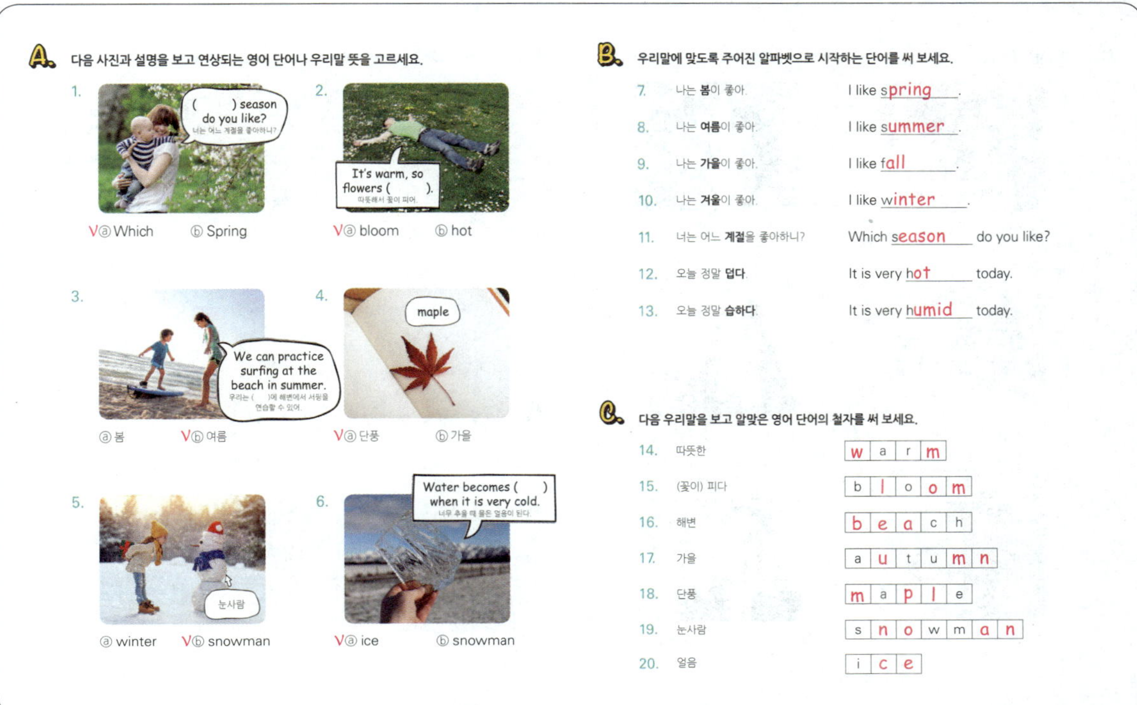
A. 다음 사진과 설명을 보고 연상되는 영어 단어나 우리말 뜻을 고르세요.
1. ( ) season do you like? 너는 어느 계절을 좋아하니?
ⓥⓐ Which   ⓑ Spring
2. It's warm, so flowers ( ). 따뜻해서 꽃이 피어.
ⓥⓐ bloom   ⓑ hot
3. We can practice surfing at the beach in summer. 우리는 ( )에 해변에서 서핑을 연습할 수 있어.
ⓐ 봄   ⓥⓑ 여름
4. maple
ⓥⓐ 단풍   ⓑ 가을
5. 눈사람
ⓐ winter   ⓥⓑ snowman
6. Water becomes ( ) when it is very cold. 너무 추울 때 물은 얼음이 된다.
ⓥⓐ ice   ⓑ snowman

B. 우리말에 맞도록 주어진 알파벳으로 시작하는 단어를 써 보세요.
7. 나는 봄이 좋아. — I like spring.
8. 나는 여름이 좋아. — I like summer.
9. 나는 가을이 좋아. — I like fall.
10. 나는 겨울이 좋아. — I like winter.
11. 너는 어느 계절을 좋아하니? — Which season do you like?
12. 오늘 정말 덥다. — It is very hot today.
13. 오늘 정말 습하다. — It is very humid today.

C. 다음 우리말을 보고 알맞은 영어 단어의 철자를 써 보세요.
14. 따뜻한 — warm
15. (꽃이) 피다 — bloom
16. 해변 — beach
17. 가을 — autumn
18. 단풍 — maple
19. 눈사람 — snowman
20. 얼음 — ice

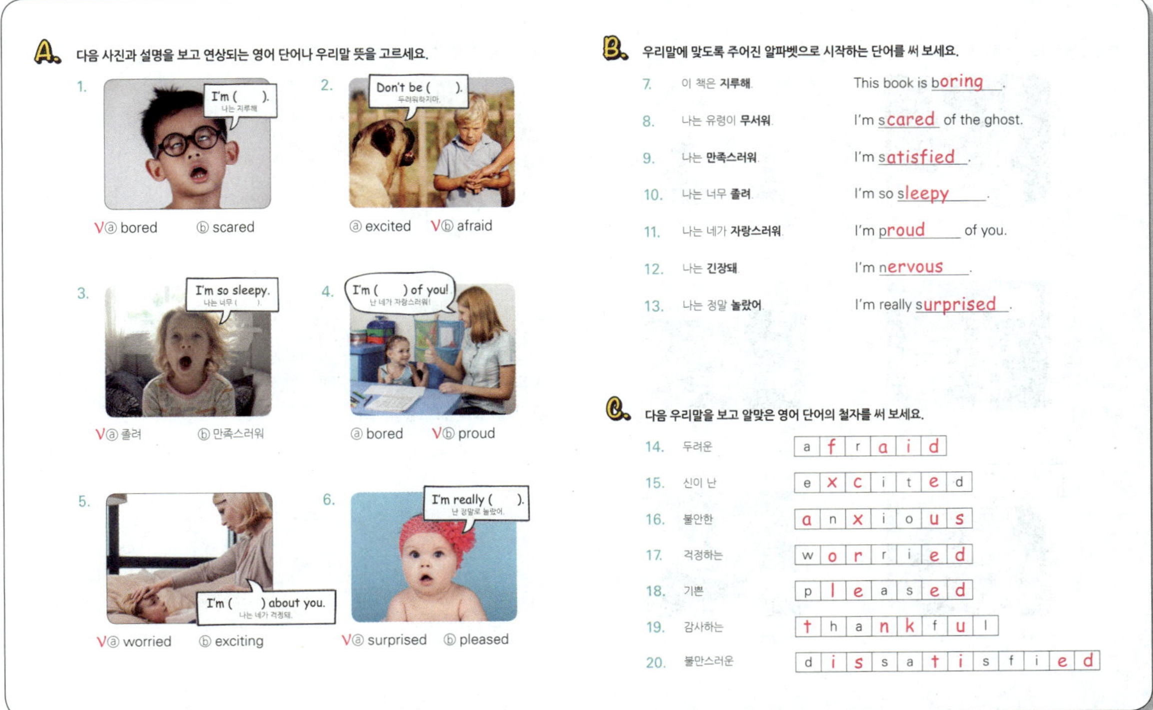
A. 다음 사진과 설명을 보고 연상되는 영어 단어나 우리말 뜻을 고르세요.
1. I'm ( ). 나는 지루해.
ⓥⓐ bored   ⓑ scared
2. Don't be ( ). 두려워하지마.
ⓐ excited   ⓥⓑ afraid
3. I'm so sleepy. 나는 너무 ( ).
ⓥⓐ 졸려   ⓑ 만족스러워
4. I'm ( ) of you! 난 네가 자랑스러워!
ⓐ bored   ⓥⓑ proud
5. I'm ( ) about you. 나는 네가 걱정돼.
ⓥⓐ worried   ⓑ exciting
6. I'm really ( ). 난 정말로 놀랐어.
ⓥⓐ surprised   ⓑ pleased

B. 우리말에 맞도록 주어진 알파벳으로 시작하는 단어를 써 보세요.
7. 이 책은 지루해. — This book is boring.
8. 나는 유령이 무서워. — I'm scared of the ghost.
9. 나는 만족스러워. — I'm satisfied.
10. 나는 너무 졸려. — I'm so sleepy.
11. 나는 네가 자랑스러워. — I'm proud of you.
12. 나는 긴장돼. — I'm nervous.
13. 나는 정말 놀랐어. — I'm really surprised.

C. 다음 우리말을 보고 알맞은 영어 단어의 철자를 써 보세요.
14. 두려운 — afraid
15. 신이 난 — excited
16. 불안한 — anxious
17. 걱정하는 — worried
18. 기쁜 — pleased
19. 감사하는 — thankful
20. 불만스러운 — dissatisfied

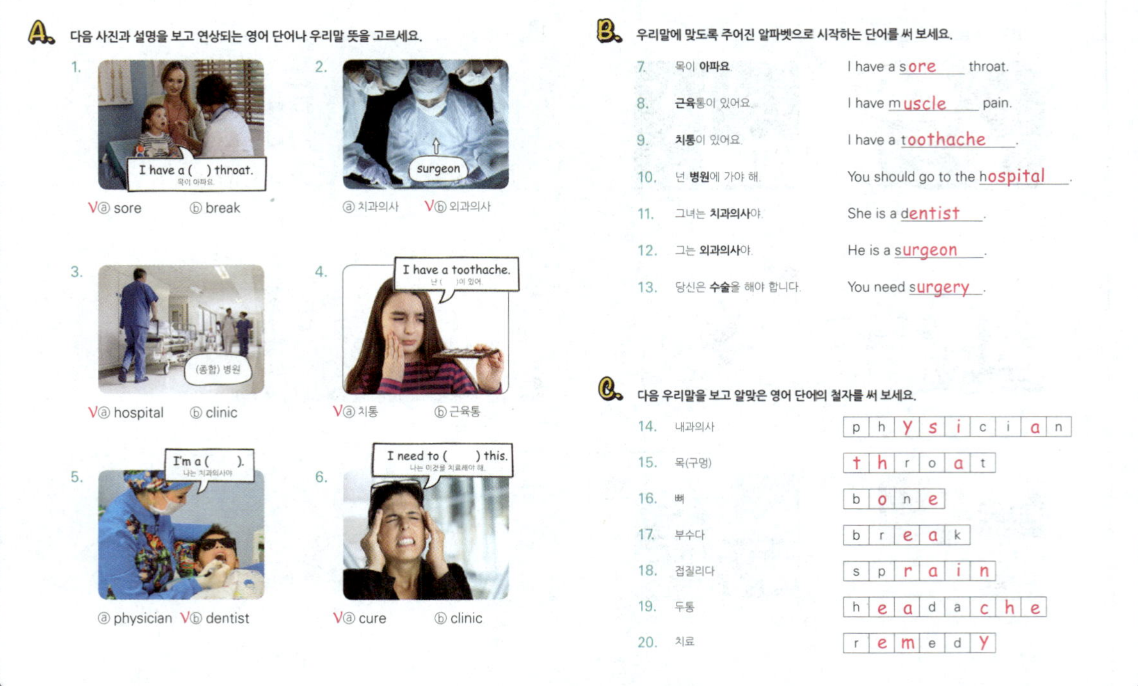

A. 다음 사진과 설명을 보고 연상되는 영어 단어나 우리말 뜻을 고르세요.

1. V ⓐ sore   ⓑ break
2. ⓐ 치과의사   V ⓑ 외과의사
3. V ⓐ hospital   ⓑ clinic
4. V ⓐ 치통   ⓑ 근육통
5. ⓐ physician   V ⓑ dentist
6. V ⓐ cure   ⓑ clinic

B. 우리말에 맞도록 주어진 알파벳으로 시작하는 단어를 써 보세요.

7. 목이 **아파요**.   I have a s**ore** throat.
8. **근육통**이 있어요.   I have m**uscle** pain.
9. **치통**이 있어요.   I have a t**oothache**.
10. 넌 **병원**에 가야 해.   You should go to the h**ospital**.
11. 그녀는 **치과의사**야.   She is a d**entist**.
12. 그는 **외과의사**야.   He is a s**urgeon**.
13. 당신은 **수술**을 해야 합니다.   You need s**urgery**.

C. 다음 우리말을 보고 알맞은 영어 단어의 철자를 써 보세요.

14. 내과의사   p h y s i c i a n
15. 목(구멍)   t h r o a t
16. 뼈   b o n e
17. 부수다   b r e a k
18. 겹질리다   s p r a i n
19. 두통   h e a d a c h e
20. 치료   r e m e d y

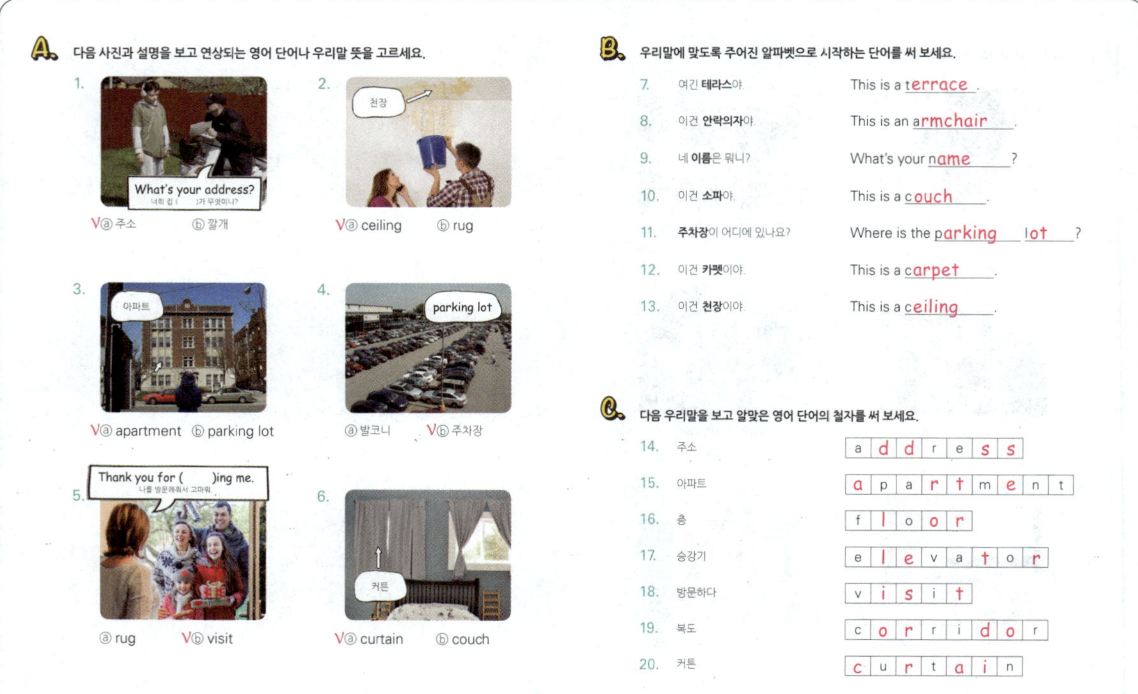

A. 다음 사진과 설명을 보고 연상되는 영어 단어나 우리말 뜻을 고르세요.

1. V ⓐ 주소   ⓑ 깔개
2. V ⓐ ceiling   ⓑ rug
3. V ⓐ apartment   ⓑ parking lot
4. ⓐ 발코니   V ⓑ 주차장
5. ⓐ rug   V ⓑ visit
6. V ⓐ curtain   ⓑ couch

B. 우리말에 맞도록 주어진 알파벳으로 시작하는 단어를 써 보세요.

7. 여긴 **테라스**야.   This is a t**errace**.
8. 이건 **안락의자**야.   This is an a**rmchair**.
9. 네 **이름**은 뭐니?   What's your n**ame**?
10. 이건 **소파**야.   This is a c**ouch**.
11. **주차장**이 어디에 있나요?   Where is the p**arking** l**ot**?
12. 이건 **카펫**이야.   This is a c**arpet**.
13. 이건 **천장**이야.   This is a c**eiling**.

C. 다음 우리말을 보고 알맞은 영어 단어의 철자를 써 보세요.

14. 주소   a d d r e s s
15. 아파트   a p a r t m e n t
16. 층   f l o o r
17. 승강기   e l e v a t o r
18. 방문하다   v i s i t
19. 복도   c o r r i d o r
20. 커튼   c u r t a i n

A. 다음 사진과 설명을 보고 연상되는 영어 단어나 우리말 뜻을 고르세요.

1. 

V ⓐ insect   ⓑ cricket

2.

V ⓐ 모기   ⓑ 파리

3.

V ⓐ 벼룩   ⓑ 꿀벌

4.

ⓐ sting   V ⓑ scratch

5.

V ⓐ swell   ⓑ scratch

6.

V ⓐ worm   ⓑ honeybee

B. 우리말에 맞도록 주어진 알파벳으로 시작하는 단어를 써 보세요.

7. 나는 이 **곤충**을 관찰해.   I observe this i**nsect**.
8. **모기**가 날 물었어.   A m**osquito** bit me.
9. **벼룩**이 어디 있지?   Where is the f**lea** ?
10. 그것은 **더러워**.   It's d**irty**.
11. 그 자리가 **부어올라**.   The spot s**well** s up.
12. 벌이 나를 (벌침으로) **찔러**.   A bee s**ting** s me.
13. 나는 **개미**가 좋아.   I like a**nt** s.

C. 다음 우리말을 보고 알맞은 영어 단어의 철자를 써 보세요.

14. 관찰하다 | o | b | s | e | r | v | e |
15. 귀뚜라미 | c | r | i | c | k | e | t |
16. 달팽이 | s | n | a | i | l |
17. 물다 | b | i | t | e |
18. 가려운 | i | t | c | h | y |
19. 파리 | f | l | y |
20. 꿀 | h | o | n | e | y |

A. 다음 우리말 뜻에 맞는 단어를 괄호 안에서 고르세요.

1. 오늘 정말 덥다.   It is very (hot / humid) today.
2. 이 책은 지루해.   This book is (boring / exciting).
3. 나는 긴장돼.   I'm (nervous / proud).
4. 목이 아파요.   I have a sore (throat / muscle).
5. 그는 치과의사야.   He is a (dentist / surgeon).
6. 이건 카펫이야.   This is a (carpet / ceiling).
7. 이건 안락의자야.   This is an (armchair / apartment).
8. 모기가 날 물었어.   A (flea / mosquito) bit me.
9. 나는 내 팔을 긁어.   I (scratch / sprain) my arm.

B. 아래 영어 단어의 우리말 뜻을 쓰세요.

10. warm   따뜻한
11. satisfied   만족스러운
12. anxious   불안한
13. break   부수다
14. ceiling   천장
15. bite   물다
16. become   ~가 되다
17. worried   걱정하는
18. surgery   수술
19. bone   뼈
20. curtain   커튼
21. dirty   더러운

C. 빈칸에 알맞은 단어를 찾아 줄로 연결하세요.

22. Which _______ do you like?
너는 어느 계절을 좋아하니?   — season
23. I like _______.
나는 가을을 좋아해.   — dissatisfied
24. I am _______.
나는 기뻐.   — autumn
25. I am _______.
나는 불만족스러워.   — hospital
26. I have to go to the _______.
나는 병원에 가야 해.   — pleased
27. This is a _______.
이건 우체통이야.   — honey
28. Bears like _______.
곰은 꿀을 좋아해.   — mailbox

D. 다음 우리말을 보고 알맞은 영어 단어를 써 보세요.

29. 봄   spring
30. 꽃이 피다   bloom
31. 놀란   surprised
32. 접질리다   sprain
33. 아파트   apartment
34. 가려운   itchy
35. 얼음   ice
36. 두려운   afraid
37. 치통   toothache
38. 치료하다   cure
39. 주소   address
40. 관찰하다   observe

초등교과서 영단어 2400 4학년 받아쓰기 답안지

DAY 01
1. bracelet 팔찌
2. side 옆구리
3. toe 발가락
4. ankle 발목
5. knee 무릎
6. chin 턱
7. teeth 치아(여러 개)
8. tooth 치아(하나)
9. skin 피부
10. wrist 손목
11. touch 만지다
12. mustache 콧수염
13. guy 남자
14. beard 턱수염
15. brush 빗 / 빗질하다
16. tongue 혀
17. eye 눈
18. eyebrow 눈썹
19. forehead 이마
20. lip 입술

DAY 02
1. thank 감사하다
2. beg 간청하다
3. Pardon? 뭐라고요?
4. luck 운
5. God 신
6. My pleasure. 저도 기뻐요.
7. take care of ~을 돌보다
8. bless 축복하다
9. may ~해도 되다
10. help 돕다
11. miss 그리워하다
12. What's up? 요즘 어때?
13. Excuse me. 실례합니다.
14. How about you? 너는 어때?
15. Sure. 물론이죠.
16. introduce 소개하다
17. myself 내 자신
18. from ~로부터
19. shake hands 악수하다
20. shake 흔들다

DAY 03
1. invite 초대하다
2. invitation 초대
3. card 카드
4. congratulation 축하
5. age 나이
6. blow 불다
7. candle 양초
8. make a wish 소원을 빌다
9. wish 소망, 소원
10. give 주다
11. cake 케이크
12. surprise 놀라게 하다 / 깜짝 놀라게 하기
13. present 선물
14. gift 선물
15. receive 받다
16. Happy birthday to you. 너의 생일을 축하해.
17. birthday 생일
18. guest 손님
19. party 파티
20. host (손님을 초대한) 주인

DAY 04
1. singer 가수
2. teenage 십대의
3. musician 음악가
4. comedian 코미디언
5. photographer 사진작가
6. perform 공연하다
7. fashion 패션
8. fashionable 유행하는
9. model 모델
10. sing 노래하다
11. idol star 아이돌 스타
12. dance 춤 / 춤추다
13. group 무리, 집단
14. dancer 춤추는 사람
15. hero 영웅
16. Korean wave 한류
17. wave 파도
18. celebrity 유명인
19. popular 인기 있는
20. fan 팬

DAY 05
1. local 그 지역의
2. local food 그 지역의 음식(토속음식)
3. fill out 작성하다
4. form 양식
5. sightseeing 관광
6. tour 관광
7. tourist attraction 관광명소
8. famous 유명한
9. overseas 해외의
10. overseas travel 해외 여행
11. train 기차
12. airplane 비행기
13. souvenir 기념품
14. trip 여행
15. must ~해야 한다
16. driver 운전사, 기사
17. return ticket 왕복 티켓
18. return 돌아오다
19. single ticket 편도티켓
20. single 하나의

DAY 06
1. waterfall 폭포
2. desert 사막
3. soil 흙
4. North Pole 북극
5. South Pole 남극
6. peaceful 평화로운
7. river 강
8. rock 바위
9. hill 언덕
10. pond 연못
11. island 섬
12. horizon 수평선
13. landscape 경치
14. sea 바다
15. peace 평화
16. cliff 절벽
17. mountain 산
18. steep 가파른
19. stream 개울
20. flow 흐르다

DAY 07
1. example 예시, 본보기
2. dictionary 사전
3. learn 배우다
4. well 잘
5. carefully 신중히
6. history 역사
7. read 읽다
8. prepare 준비하다
9. review 복습
10. problem 문제
11. knowledge 지식
12. know 알다
13. subject 과목
14. mathematics 수학
15. difficult 어려운
16. ask 묻다
17. question 질문
18. answer 답 / 답하다
19. correct 정확한
20. wrong 틀린

DAY 08
1. breeze 산들바람
2. tornado 토네이도
3. sky 하늘
4. icy 얼어붙은
5. overcast 구름이 뒤덮인
6. thunder 천둥치다 / 천둥
7. mild 부드러운
8. sunshine 햇살
9. sunny 화창한
10. gloomy 우울한
11. umbrella 우산
12. weather forecast 일기 예보
13. storm 폭풍
14. rainy 비오는
15. lightning 번개
16. chilly 쌀쌀한
17. freezing 몹시 추운
18. freeze 얼다
19. weatherman 일기예보 아나운서
20. frost 서리

DAY 09
1. approach 다가가다
2. beside 옆에
3. cow 소
4. cat 고양이
5. sheep 양
6. goose 거위
7. deer 사슴
8. leopard 표범
9. lake 호수
10. careful 조심하는
11. duck 오리
12. cheetah 치타
13. tail 꼬리
14. chicken 닭
15. bird 새
16. buffalo 버팔로
17. horn 뿔
18. rabbit 토끼
19. pig 돼지
20. animal 동물

DAY 10
1. multiplication 곱셈
2. odd number 홀수
3. even number 짝수
4. division 나눗셈
5. minus 뺄셈
6. eleventh 열한 번째의
7. quarter 4분의 1
8. equals sign 등호
9. add 더하다
10. plus 더하기
11. sixth 여섯 번째의
12. seventh 일곱 번째의
13. eighth 여덟 번째의
14. ninth 아홉 번째의
15. tenth 열 번째의
16. first 첫 번째의
17. second 두 번째의
18. third 세 번째의
19. fourth 네 번째의
20. fifth 다섯 번째의

DAY 11
1. dinner 저녁식사
2. go to bed 자다
3. wake (잠에서) 깨다, 깨우다
4. sleep 자다
5. dream 꿈
6. lunch 점심식사
7. diary 일기장
8. keep a diary 일기를 쓰다
9. come 오다
10. take a shower 샤워를 하다
11. late 늦은
12. busy 바쁜
13. begin 시작하다
14. homework 숙제
15. finish 끝내다
16. get up 일어나다
17. early 일찍
18. ready 준비된
19. apple 사과
20. breakfast 아침식사

DAY 12
1. gardening 정원 가꾸기
2. garden 정원
3. fire 불
4. letter 편지
5. skiing 스키타기
6. couple 두 사람, 두 개
7. hiking 도보여행
8. activity 활동
9. outdoor 야외의
10. rafting 래프팅
11. sky diving 스카이 다이빙
12. have fun 재미있다
13. interest 관심
14. be interested in ~에 관심이 있다
15. jogging 조깅
16. tent 텐트
17. enjoy 즐기다
18. camping 캠핑
19. alone 혼자
20. climb 오르다

DAY 13
1. day 일
2. half 반 시간, 30분
3. past ~을 지나서 / 과거
4. quarter 15분
5. to 전, ~쪽으로
6. tomorrow 내일
7. before ~전에
8. after ~후에
9. year 년
10. month 월
11. hour 시간
12. minute 분
13. second 초
14. yesterday 어제
15. today 오늘
16. time 시간
17. now 지금
18. watch 손목시계
19. clock 시계
20. then 그 이후에

DAY 14
1. cinema 영화관
2. downtown 시내
3. avenue 거리(큰 길)
4. people 사람들
5. street 거리
6. book 책
7. beauty shop 미용실
8. beauty 아름다움
9. shop 가게
10. pharmacy 약국
11. store 상점
12. clerk 점원
13. convenience 편의
14. bookstore 서점
15. department store 백화점
16. there is ~가 있다
17. restaurant 레스토랑, 식당
18. corner 모퉁이
19. cafeteria 구내식당
20. self-service 셀프서비스

DAY 15
1. Wednesday 수요일
2. Thursday 목요일
3. Friday 금요일
4. Saturday 토요일
5. Sunday 일요일
6. October 10월
7. November 11월
8. December 12월
9. Monday 월요일
10. Tuesday 화요일
11. May 5월
12. June 6월
13. July 7월
14. August 8월
15. September 9월
16. date 날짜
17. January 1월
18. February 2월
19. March 3월
20. April 4월

DAY 16
1. play 연극
2. stage 무대
3. creative 창의적인
4. can ~할 수 있다
5. believe 믿다
6. brush 붓
7. genre 장르
8. theater 극장
9. actor 남자 배우
10. actress 여자 배우
11. artist 예술가
12. soft 부드러운
13. painting 그림
14. paint 물감 / 그리다
15. palette 팔레트
16. what 무엇
17. theme 주제
18. master 장인
19. piece 작품
20. masterpiece 명작

DAY 17
1. cosmos 코스모스
2. rose 장미
3. dandelion 민들레
4. lily 백합
5. sunflower 해바라기
6. pine tree 소나무
7. made of ~로 만든
8. palm tree 야자나무
9. under ~밑에
10. wildflower 들꽃, 야생화
11. branch 가지
12. tree 나무
13. radish 무
14. root 뿌리
15. pot 화분
16. seeding 씨 뿌리기
17. sow (씨를) 뿌리다
18. leaf 나뭇잎
19. leaves 나뭇잎들
20. new 새로운

DAY 18
1. building 건물
2. east 동쪽
3. west 서쪽
4. south 남쪽
5. north 북쪽
6. opposite 건너편의
7. straight 똑바로
8. far 멀리 있는
9. near 근처의
10. here 여기
11. in front of ~앞에
12. behind ~뒤에
13. between ~사이에
14. next to ~옆에
15. across ~을 건너
16. where 어디
17. way 방향
18. turn 돌다
19. left 왼쪽
20. right 오른쪽

DAY 19
1. grape 포도
2. pear 배
3. diet 식이요법, 다이어트
4. potato 감자
5. sweet potato 고구마
6. pepper 후추
7. garlic 마늘
8. corn 옥수수
9. peach 복숭아
10. onion 양파
11. orange 오렌지
12. strawberry 딸기
13. carrot 당근
14. cabbage 양배추
15. cucumber 오이
16. would you ~하시겠어요?
17. some 몇몇의, 조금
18. Help yourself! 마음껏 드세요!
19. yourself 너 자신
20. healthy 건강한

DAY 20
1. puzzle 퍼즐
2. piece 조각
3. jigsaw 조각그림 맞추기
4. cube puzzle 큐브 퍼즐
5. cube 정육면체
6. speed 속도
7. line 선, 줄
8. skateboard 스케이트보드
9. build 만들다
10. block 블록
11. game 놀이, 게임
12. chess 체스
13. bubble 거품, 비누방울
14. teddy bear 곰인형
15. skate 스케이트를 타다
16. play 놀다
17. with ~를 가지고
18. toy 장난감
19. robot 로봇
20. doll 인형

DAY 21
1. refrigerator 냉장고
2. iron 다리미 / 다림질하다
3. wrinkle 주름
4. desk lamp 탁상용 스탠드
5. lamp 램프
6. dry (물기 등을) 말리다
7. fan 선풍기
8. air conditioner 에어컨
9. turn on (전기·가스·수도 등을) 켜다
10. rice cooker 밥솥
11. coffee 커피
12. make 만들다
13. toast 토스트
14. toaster 토스터기
15. hair dryer 헤어 드라이어
16. do the laundry 빨래를 하다
17. washing machine 세탁기
18. oven 오븐
19. dessert 디저트, 후식
20. bake 굽다

DAY 22
1. scientist 과학자
2. want 원하다
3. nurse 간호사
4. take care of ~를 돌보다
5. president 대통령
6. court 법원
7. decision 결정
8. lawyer 변호사
9. law 법
10. advice 조언
11. baker 제빵사
12. cook 요리하다 / 요리사
13. writer 작가
14. firefighter 소방관
15. judge 판사
16. future 미래
17. treat 치료하다
18. police officer 경찰관
19. job 직업
20. doctor 의사

DAY 23
1. public school 공립학교
2. bulletin board 게시판
3. report card 성적표
4. pass 통과하다
5. report 보고
6. principal 교장 선생님
7. homeroom teacher 담임선생님
8. loud 시끄러운
9. voice 목소리
10. private school 사립학교
11. attention 주목
12. take an exam 시험을 보다
13. midterm exam 중간고사
14. final exam 기말고사
15. classmate (같은) 반 친구
16. holiday 휴일, 휴가
17. attend 출석하다
18. attendance 출석
19. absent 결석한
20. absence 결석

DAY 24
1. large 큰
2. fantastic 환상적인
3. dead 죽은
4. hunt 사냥하다
5. kill 죽이다
6. giant 거인
7. dragon 용
8. travelogue 여행기
9. fable 우화
10. crocodile 악어
11. pirate 해적
12. sailing ship 범선
13. captain 선장
14. sail 항해하다
15. adventure 모험
16. fairy tale 동화
17. fairy 요정
18. imitate 흉내내다
19. wolf 늑대
20. little 작은

DAY 25
1. pants 바지
2. shorts 반바지
3. sweater 스웨터
4. jeans 청바지
5. pajamas 잠옷
6. vest 조끼
7. sunglasses 선글라스
8. raincoat 우비
9. boots 부츠, 장화
10. underwear 속옷
11. pocket 주머니
12. look for ~을 찾다
13. blouse 블라우스
14. T-shirt 티셔츠
15. try on 입어보다
16. bow tie 나비넥타이
17. button 단추
18. jacket 재킷
19. size 사이즈
20. too 너무

DAY 26
1. change 변하다
2. winter 겨울
3. snowman 눈사람
4. become ~이 되다
5. ice 얼음
6. beach 해변
7. autumn 가을
8. fall 가을
9. fallen leaves 낙엽
10. maple 단풍
11. bloom (꽃이) 피다
12. summer 여름
13. hot 더운
14. humid 습한
15. surfing 서핑
16. which 어느
17. season 계절
18. spring 봄
19. warm 따뜻한
20. flower 꽃

DAY 27
1. disappointed 실망한
2. really 정말로
3. surprised 놀란
4. pleased 기쁜
5. thankful 감사하는
6. sleepy 졸리는
7. proud 자랑스러운
8. nervous 긴장되는
9. anxious 불안한
10. worried 걱정하는
11. excited 신이 난
12. exciting 신나는
13. satisfied 만족스러운
14. dissatisfied 불만스러운
15. so 너무
16. bored 지루한
17. boring 지루하게 하는
18. scared 무서운
19. scaring 무섭게 하는
20. afraid 두려운

DAY 28
1. sprain 접질리다, 삐다
2. need ~해야 한다
3. headache 두통
4. cure 치료하다
5. remedy 치료
6. bone 뼈
7. break 부수다
8. arm 팔
9. dentist 치과의사
10. dental 치과의
11. clinic (소규모) 병원
12. hospital (종합) 병원
13. muscle 근육
14. toothache 치통
15. leg 다리
16. sore 아픈
17. throat 목(구멍)
18. physician 내과의사
19. surgery 수술
20. surgeon 외과의사

DAY 29
1. basement 지하실
2. terrace 테라스
3. utility room 다용도실
4. curtain 커튼
5. mailbox 우체통
6. balcony 발코니
7. corridor 복도
8. visit 방문하다
9. carpet 카펫
10. couch 소파
11. apartment 아파트
12. floor 층
13. elevator 승강기
14. parking lot 주차장
15. name 이름
16. address 주소
17. furniture 가구
18. armchair 안락의자
19. inside ~안에
20. ceiling 천장

DAY 30
1. wasp 말벌
2. sting 찌르다, 쏘다
3. honey 꿀
4. honeybee 꿀벌
5. worm 벌레
6. flea 벼룩
7. itchy 가려운
8. scratch 긁다
9. up 위에, 위쪽으로
10. swell 붓다
11. mosquito 모기
12. bite 물다
13. ant 개미
14. fly 파리
15. dirty 더러운
16. insect 곤충
17. cricket 귀뚜라미
18. observe 관찰하다
19. bedbug 빈대
20. snail 달팽이

초등교과서 영단어 2400 4학년 쪽지시험 답안지

DAY 01
1. 턱수염
2. 발목
3. 만지다
4. 남자
5. 콧수염
6. 턱
7. 팔찌
8. 빗/ 빗질하다
9. 치아 (하나)
10. 눈
11. teeth
12. knee
13. forehead
14. toe
15. skin
16. wrist
17. tongue
18. side
19. lip
20. eyebrow

DAY 02
1. 돌보다
2. ~로부터
3. 돕다
4. 소개하다
5. 간청하다
6. 운
7. 요즘 어때?
8. 흔들다
9. 실례합니다.
10. ~해도 되다
11. bless
12. miss
13. Sure.
14. shake hands
15. How about you?
16. Pardon?
17. God
18. thank
19. myself
20. My pleasure.

DAY 03
1. (손님을 초대한) 주인
2. 주다
3. 카드
4. 받다
5. 케이크
6. 파티
7. 선물
8. 소원을 빌다
9. 생일
10. 불다
11. congratulation
12. age
13. invitation
14. candle
15. wish
16. Happy birthday to you.
17. present
18. guest
19. invite
20. surprise

DAY 04
1. 인기 있는
2. 파도
3. 유행하는
4. 춤추는 사람
5. 십대의
6. 음악가
7. 유명인
8. 코미디언
9. 모델
10. 사진작가
11. sing
12. dance
13. idol star
14. group
15. fashion
16. singer
17. perform
18. Korean wave
19. hero
20. fan

DAY 05
1. 하나의
2. 그 지역의 음식(토속음식)
3. 관광명소
4. 관광
5. 비행기
6. 편도 티켓
7. 해외 여행
8. 여행
9. 작성하다
10. 왕복 티켓
11. sightseeing
12. train
13. form
14. must
15. famous
16. overseas
17. local
18. souvenir
19. driver
20. return

DAY 06
1. 북극
2. 언덕
3. 연못
4. 바다
5. 강
6. 섬
7. 사막
8. 산
9. 경치
10. 폭포
11. stream
12. flow
13. horizon
14. rock
15. peace
16. soil
17. cliff
18. peaceful
19. steep
20. South Pole

DAY 07
1. 잘
2. 묻다
3. 배우다
4. 예시, 본보기
5. 틀린
6. 수학
7. 질문
8. 읽다
9. 역사
10. 신중히
11. knowledge
12. problem
13. dictionary
14. correct
15. review
16. difficult
17. prepare
18. answer
19. know
20. subject

DAY 08
1. 천둥치다 / 천둥
2. 부드러운
3. 토네이도
4. 서리
5. 폭풍
6. 일기 예보
7. 일기예보 아나운서
8. 화창한
9. 하늘
10. 얼다
11. freezing
12. icy
13. rainy
14. sunshine
15. breeze
16. lightning
17. gloomy
18. overcast
19. umbrella
20. chilly

DAY 09
1. 소
2. 양
3. 표범
4. 새
5. 뿔
6. 다가가다
7. 조심하는
8. 닭
9. 옆에
10. 오리
11. cat
12. cheetah
13. deer
14. lake
15. buffalo
16. animal
17. pig
18. tail
19. goose
20. rabbit

DAY 10
1. 더하기
2. 등호
3. 첫 번째의
4. 여덟 번째의
5. 열한 번째의
6. 다섯 번째의
7. 아홉 번째의
8. 두 번째의
9. 네 번째의
10. 짝수
11. minus
12. tenth
13. add
14. third
15. division
16. seventh
17. odd number
18. quarter
19. sixth
20. multiplication

DAY 11
1. 점심식사
2. 끝내다
3. 사과
4. 자다
5. 저녁식사
6. 일기를 쓰다
7. 숙제
8. 오다
9. 준비된
10. 바쁜
11. dream
12. begin
13. late
14. early
15. diary
16. sleep
17. get up
18. take a shower
19. wake
20. breakfast

DAY 12
1. 즐기다
2. 정원 가꾸기
3. 텐트
4. 도보여행
5. 혼자
6. 정원
7. 야외의
8. 래프팅
9. 조깅
10. 스키 타기
11. fire
12. couple
13. camping
14. be interested in
15. letter
16. have fun
17. sky diving
18. climb
19. interest
20. activity

DAY 13
1. 일
2. 손목시계
3. 어제
4. 시계
5. 내일
6. 시간
7. 15분
8. 분
9. 그 이후에
10. ~ 전에
11. half
12. second
13. hour
14. past
15. year
16. today
17. after
18. now
19. month
20. to

DAY 14
1. 미용실
2. 약국
3. 서점
4. 셀프서비스
5. 사람들
6. 영화관
7. 정원
8. ~가 있다
9. 편의
10. 거리(큰 길)
11. department store
12. downtown
13. shop
14. beauty
15. book
16. restaurant
17. store
18. cafeteria
19. corner
20. street

DAY 15
1. 수요일
2. 일요일
3. 12월
4. 10월
5. 9월
6. 5월
7. 2월
8. 금요일
9. 8월
10. 날짜
11. Saturday
12. July
13. November
14. June
15. March
16. April
17. Monday
18. January
19. Thursday
20. Tuesday

DAY 16
1. 무엇
2. 물감/ 그리다
3. 무대
4. 극장
5. 명작
6. 주제
7. ~할 수 있다
8. 장인
9. 그림
10. 장르
11. play
12. brush
13. actress
14. piece
15. palette
16. soft
17. believe
18. artist
19. creative
20. actor

DAY 17
1. 뿌리
2. ~로 만든
3. 나뭇잎
4. 야자나무
5. 민들레
6. 새로운
7. 씨 뿌리기
8. 코스모스
9. 무
10. 나뭇잎들
11. tree
12. rose
13. wildflower
14. pine tree
15. pot
16. branch
17. sow
18. under
19. sunflower
20. lily

DAY 18
1. 어디
2. ~ 앞에
3. ~ 뒤에
4. 북쪽
5. 근처의
6. 똑바로
7. 여기
8. ~ 사이에
9. ~ 옆에
10. ~을 건너
11. right
12. far
13. west
14. south
15. building
16. left
17. way
18. opposite
19. turn
20. east

DAY 19
1. 양파
2. 마늘
3. 포도
4. 후추
5. 고구마
6. 오이
7. 몇몇의, 조금
8. 배
9. 오렌지
10. 복숭아
11. would you
12. healthy
13. corn
14. carrot
15. strawberry
16. diet
17. yourself
18. cabbage
19. potato
20. Help yourself!

DAY 20
1. 속도
2. 큐브 퍼즐
3. 조각
4. 만들다
5. 선, 줄
6. 체스
7. 인형
8. 스케이트보드
9. 놀이
10. 블록
11. puzzle
12. cube
13. skate
14. robot
15. bubble
16. teddy bear
17. toy
18. game
19. with
20. jigsaw

DAY 21
1. (전기·가스·수도 등을) 켜다
2. 오븐
3. (물기 등을) 말리다
4. 토스터기
5. 밥솥
6. 빨래를 하다
7. 토스트
8. 에어컨
9. 냉장고
10. 주름
11. hair dryer
12. washing machine
13. dessert
14. iron
15. coffee
16. bake
17. make
18. fan
19. desk lamp
20. lamp

DAY 22
1. 제빵사
2. 미래
3. 요리하다 / 요리사
4. 원하다
5. 간호사
6. 직업
7. 조언
8. 판사
9. 과학자
10. 대통령
11. law
12. doctor
13. lawyer
14. take care of
15. treat
16. court
17. firefighter
18. writer
19. police officer
20. decision

DAY 23
1. 출석하다
2. 통과하다
3. 교장 선생님
4. 시험을 보다
5. 결석한
6. 기말고사
7. 보고
8. 사립학교
9. 출석
10. 공립학교
11. voice
12. absence
13. holiday
14. loud
15. classmate
16. report card
17. midterm exam
18. homeroom teacher
19. bulletin board
20. attention

DAY 24
1. 죽은
2. 우화
3. 죽이다
4. 동화
5. 해적
6. 용
7. 악어
8. 작은
9. 요정
10. 선장
11. adventure
12. imitate
13. fantastic
14. wolf
15. hunt
16. sail
17. sailing ship
18. large
19. travelogue
20. giant

DAY 25
1. 부츠, 장화
2. 주머니
3. 속옷
4. 선글라스
5. 단추
6. 사이즈
7. ~을 찾다
8. 반바지
9. 우비
10. 잠옷
11. jacket
12. blouse
13. vest
14. jeans
15. sweater
16. T-shirt
17. try on
18. pants
19. bow tie
20. too

DAY 26
1. 가을
2. 봄
3. 얼음
4. 어느
5. 가을
6. 겨울
7. (꽃이) 피다
8. 변하다
9. 습한
10. 꽃
11. snowman
12. hot
13. warm
14. become
15. maple
16. summer
17. fallen leaves
18. beach
19. season
20. surfing

DAY 27
1. 지루한(지루함을 느끼는)
2. 감사하는
3. 불만스러운
4. 무서운(무서움을 느끼는)
5. 걱정하는
6. 만족스러운
7. 불안한
8. 실망한
9. 두려운
10. 무서운(무섭게 하는)
11. exciting
12. really
13. boring
14. sleepy
15. nervous
16. proud
17. excited
18. pleased
19. surprised
20. so

DAY 28
1. 외과의사
2. 아픈
3. 치료
4. ~해야 한다
5. 다리
6. 뼈
7. 목(구멍)
8. 팔
9. 치료하다
10. 치과의사
11. dental
12. headache
13. break
14. muscle
15. surgery
16. toothache
17. physician
18. clinic
19. hospital
20. sprain

DAY 29
1. 테라스
2. 가구
3. 우체통
4. 복도
5. 소파
6. 다용도실
7. 천장
8. 커튼
9. 아파트
10. 이름
11. carpet
12. inside
13. basement
14. floor
15. address
16. elevator
17. balcony
18. visit
19. parking lot
20. armchair

DAY 30
1. 개미
2. 찌르다, 쏘다
3. 더러운
4. 파리
5. 위에, 위쪽으로
6. 관찰하다
7. 붓다
8. 달팽이
9. 빈대
10. 꿀
11. wasp
12. mosquito
13. cricket
14. flea
15. honeybee
16. worm
17. insect
18. scratch
19. bite
20. itchy

2023 마더텅 제3기
초등학교 성적 우수 장학생 모집

2023년 저희 교재로 열심히
 공부해 주신 분들께 장학금을 드립니다! 

🏆 지원 자격 및 장학금

초1 ~ 초6

지원 과목 국어 / 영어 / 한자 중 최소 1과목 이상 지원 가능
※여러 과목 지원 시 가산점이 부여됩니다.

제 출 서 류
아래 2가지 항목 중 최소 1개 이상 서류 제출
① 2022년 2학기 혹은 2023년 1학기 초등학교 생활통지표 등 학교에서 배부한 학업성취도를 확인할 수 있는 서류
② 2022년 7월~2023년 6월 시행 초등학생 대상 국어/영어/한자 해당 인증시험 성적표
책과함께 KBS한국어능력시험, J-ToKL, 전국영어학력경시대회, G-TELP Jr., TOEFL Jr., TOEIC Bridge, TOSEL,
한자능력검정시험(한국어문회, 대한검정회, 한자교육진흥회 주관)

대상 30 만 원　**금상 10 만 원**　**은상 3 만 원**

📣 위 조건에 해당한다면

마더텅 초등교재로 공부하면서 **느낀 점**과 **공부 방법, 학업 성취, 성적 변화** 등에 관한 자신만의 수기를 작성해서 마더텅으로 보내 주세요. 우수한 글을 보내 주신 분들께 **수기 공모 장학금**을 드립니다!

[응 모 대 상] 마더텅 초등 교재들로 공부한 초1 ~ 초6

뿌리깊은 초등국어 독해력, 뿌리깊은 초등국어 독해력 어휘편, 초등영문법 3800제, 초등영문법 777, 초등영어 받아쓰기·듣기 10회 모의고사, 초등교과서 영단어 2400, 비주얼파닉스 Visual Phonics, 중학영문법 3800제 스타터, 뿌리깊은 초등국어 한자 중 최소 1권 이상으로 신청 가능

[응 모 방 법]

① 마더텅 홈페이지(www.toptutor.co.kr)의 [고객센터-이벤트] 게시판에 접속
② [2023 마더텅 초등학교 장학생 선발] 클릭 후 지원하는 분야의 [2023 마더텅 초등학교 장학생 지원서 양식]을 다운
③ [2023 마더텅 초등학교 장학생 지원서 양식] 작성 후 메일(mothert.marketing@gmail.com)로 발송

[선 발 일 정]　**접수기한** 2023년 7월 26일　**수상자 발표일** 2023년 8월 16일　**장학금 수여일** 2023년 9월 13일

※**유의 사항** 1. 마더텅 장학생 선발에 응모하며 제출한 자료(이름, 학교명, 성적 인증 자료, 후기 등)는 장학생 선발을 위해 사용되며, 마더텅 장학생에 선발될 경우 위의 자료가 출판사의 교재 개발 및 홍보에 사용될 수 있습니다. 마더텅 장학생으로 선발된 것을 승인하고 장학금을 수령한 경우 위의 사항에 동의한 것으로 간주합니다. 2. 위와 같이 개인 정보를 수집하고 이용하는 것에 대해 동의를 거부할 수 있으며, 동의를 거부할 경우 참여가 불가능합니다. 만 14세 미만은 부모님께서 신청해 주셔야 합니다. 3. 제출한 자료는 반환되지 않으며, 제출한 자료의 내용과 관련하여 확인이 필요한 경우 관련 자료의 우편 제출을 요구할 수 있습니다. 4. 장학금 지급 방법은 선발된 분께 개별적으로 통지합니다. 5. 마더텅 장학생 선발 후에도 소정의 활동(심층 소비자 조사, 교재 후기 작성 등)이 있을 예정입니다. 6. 제출한 자료의 내용이 사실과 다를 경우 장학생 선발은 취소될 수 있으며, 장학금을 수령한 경우 반환하여야 합니다. 7. 10만원 이상의 장학금(수기 공모 당선금) 수령 시 관계법령에 따라 제세공과금(22%)은 당첨자 본인 부담이며, 제세공과금 처리 및 장학금 발송을 위해 장학금 수기 공모 당선자의 개인정보를 요청할 수 있습니다. 8. 위 상금은 제세공과금을 제외하고 수상자에게 실제 지급되는 금액입니다.

원어민 발음 듣기 파일 이용 방법

모바일로 이용하기

마더텅의 교재용 MP3는 모바일 스트리밍과 다운로드를 지원합니다.

본문 QR코드 이용하기

1단계	본문 각 제목 옆에 있는 QR코드를 스마트폰을 이용해 스캔합니다.
2단계	자동으로 재생되는 음원을 들으면서 학습합니다.

모바일 홈페이지에서 이용하기

1단계	방법 1) 스마트폰으로 교재 뒤표지에 있는 QR코드를 스캔합니다. 방법 2) 스마트폰 브라우저 주소창에 모바일 홈페이지 주소 　　　　(www.toptutor.co.kr)를 입력합니다. 방법 3) 포털 검색창에 '마더텅'을 검색합니다.
2단계	모바일 홈페이지에서 [MP3 자료실] 버튼을 터치합니다.
3단계	상단에 있는 카테고리에서 [초등·유아]를 선택한 다음 필요한 교재를 터치한 후 나오는 목록에서 필요한 챕터의 자료의 스트리밍 또는 다운로드를 선택하여 이용합니다.

함께 수록된 CD 이용

함께 수록된 CD는 컴퓨터에서 재생이 가능합니다.
(windows media player 혹은 기타 mp3 파일이 재생 가능한 플레이어 사용)

CD 구성 내용

본문 듣기 파일 (본문을 학습할 때 활용합니다)	받아쓰기 듣기 파일 (받아쓰기를 할 때 활용합니다)
[본문] 폴더 － ○학년 DAY01.mp3 － ○학년 DAY02.mp3 － ○학년 DAY03.mp3 ⋮ － ○학년 DAY28.mp3 － ○학년 DAY29.mp3 － ○학년 DAY30.mp3	[받아쓰기] 폴더 － 받아쓰기 ○학년 DAY01.mp3 － 받아쓰기 ○학년 DAY02.mp3 － 받아쓰기 ○학년 DAY03.mp3 ⋮ － 받아쓰기 ○학년 DAY28.mp3 － 받아쓰기 ○학년 DAY29.mp3 － 받아쓰기 ○학년 DAY30.mp3

홈페이지에서 다운로드

마더텅 홈페이지(www.toptutor.co.kr)에 접속하여 필요한 원어민 선생님 녹음 파일을 다운로드 받을 수 있습니다.

홈페이지에서 찾아가기

1단계	인터넷 브라우저 주소창에 마더텅 홈페이지 주소를 입력합니다.
2단계	상단 메뉴 중 [초등·유아]의 [교재자료실]을 선택합니다.
3단계	[교재를 선택하세요.]를 눌러 해당 교재명을 찾아 선택합니다.
4단계	원하는 자료를 선택한 후 첨부파일을 다운받아 학습에 활용합니다.

LEARNING SCHEDULE

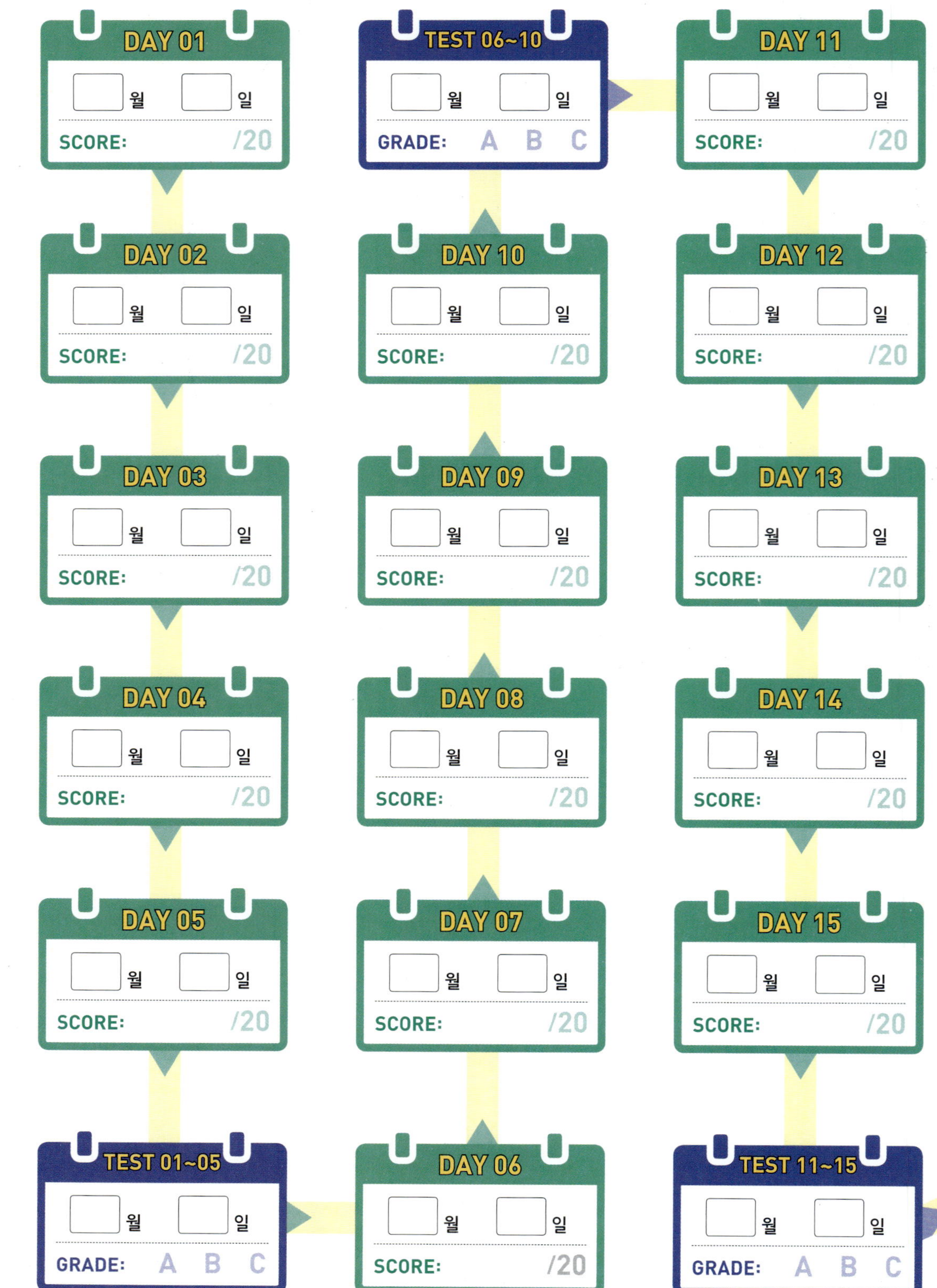